རྒྱ་ཚའི་ལོ་རིམ་མེ་ལོང་།

加查年鉴

2017

（总第1卷）

加 查 县 人 民 政 府　主办

加查县地方志编纂委员会　编

方志出版社

Publishing House of Local Records

辖区面积：4646平方千米

年末常住人口：22175人

地区生产总值：113063万元

第一产业：6958万元

第二产业：76722万元

第三产业：29383万元

全社会固定资产总额：201948万元

全社会消费品零售总额：29500万元

地方公共财政预算收入：8215万元

工业增加值：15177万元

招商引资到位资金：9170万元

农牧民人均可支配收入：12383元

县委书记　李贤荣

县委副书记、县长　西洛次仁

县委副书记、县人大常委会主任　扎　西

县政协主席　普　琼

2016年6月17日，国家发改委副主任，国家能源部部长、党组书记努尔·白克力（前排左四）到加查县调研能源开发建设情况。（图为在西藏开投嘎堆水电站调研）

2016年6月17日，国家发改委副主任，国家能源部部长、党组书记努尔·白克力（左五）到加查县调研能源开发建设情况。（图为在华能藏木水电站调研）

2016年9月25日，国家义务教育均衡验收组到加查县中学开展均衡教育验收工作

2016年10月13日，西藏自治区党委书记吴英杰（左四）在山南市委副书记、市长普布顿珠（左三）和加查县委书记李贤荣（左二）的陪同下到加查调研重点项目建设情况

2016年10月13日，西藏自治区党委书记吴英杰（右一）到加查县华能藏木水电站调研

西藏自治区党委副书记、自治区主席齐扎拉到冷达乡蓝莓基地查看蓝莓生长情况

2016年9月11日，西藏自治区党委副书记、自治区人大常委会主任白玛赤林率领“中华环保世纪行——西藏行”活动第一检查组成员到加查县检查指导工作

2016年5月31日，西藏自治区党委常委、西藏军区政委刁国新到加查调研

2016年3月21日，西藏自治区副主席、区党委统战部常务副部长、区党委政法委副书记、区民宗委党组书记格桑次仁（右二）到加查县调研指导工作

2016年12月1日，西藏自治区副主席德吉到加查调研

2016年5月6日，西藏自治区副主席汪海洲（前排左二）到加查调研

2016年9月7日，山南市委书记张永泽（左二）在市委常委、市委政法委书记、市公安局党委书记龚兵（左三）的陪同下到加查调研指导工作

2016年9月7日，山南市委书记张永泽（左二）到加查慰问一线值班民警

2016年6月18日，山南市委副书记、市长普布顿珠（左二）到加查县索朗沟调研

2016年9月22日，湖北省第八批援藏总领队陈正祥（右二）到加查调研看望慰问援藏工作队员

2016年10月9日，山南市委常委、副市长格桑到加查县莫热坝易地扶贫搬迁点调研指导工作

2016年1月28日，山南地委委员、地委秘书长、地直机关工委书记赫沛（右二）到加查调研

2016年6月15日，山南市委常委、政法委书记龚兵（右一）到加查县调研指导工作

2016年2月9日，县委书记李贤荣慰问全国三八红旗手、全区道德模范次仁宗巴

2016年4月17日，县委书记李贤荣在拉绥乡人大代表选区当选为县人大代表

2016年8月1日，县委书记李贤荣到县人武部慰问

2016年9月，县委书记李贤荣（右一）、县长西洛次仁（左一）、人民银行山南市中心支行行长次旺朗杰（右二）参观新建成的农行加查县支行

国家义务教育均衡验收组到拉绥乡完小检查指导工作，县委副书记、县长西洛次仁陪同

2016年5月20日，加查县党代表出席山南市第一次党代会

2016年9月12日—13日，中国共产党加查县第九次代表大会召开。县委书记李贤荣（左一）代表中国共产党加查县第八届委员会作工作报告

2016年9月14日，加查县委召开九届一次委员会议

2016年3月11日，加查县委召开县委八届七次全委扩大会议

加查县召开十二届人大工作表彰大会

2016年11月8日，加查县召开巡视、巡察整改动员会

2016年4月11日，加查县召开政法工作会议

2016年9月30日，加查县委在加查镇举行乡（镇）、村党建观摩活动

2016年3月24日，加查县委党的群团工作会议召开。县委书记李贤荣（主席台左三）出席并作重要讲话

2016年9月28日，加查县组织开展“两学一做”学习教育暨“迎十一庆国庆”演讲比赛

2016年3月12日，加查县召开2016经济工作会议

加查县2016年经济工作会议上表彰2015年度先进集体和个人

2016年5月，宜昌市第三批援藏工作队投资兴建的安绕镇农牧民文化体育设施项目

2016年3月18日，加查县达布文化艺术中心正式投入使用

2016年4月至6月，加查县把临时党支部建立在虫草采集点

2016年，加查县第二届人力资源洽谈会

2016年5月14日，第三批短期援藏专业技术人员抵达加查

2016年9月23日，加查县首个道德教育基地在安绕镇热果村次仁宗巴家中揭牌

物交会上售卖的加查竹编

物交会上展示的核桃油

位于安绕镇列岗村的核桃树树龄超过1300年，被称为“千年幸运树”的千年核桃王

编辑说明

一、《加查年鉴》自2017年开始编纂，每年出版1卷，2017年卷为第1卷。

二、《加查年鉴》以马克思列宁主义、毛泽东思想、邓小平理论、“三个代表”重要思想、科学发展观和习近平新时代中国特色社会主义思想为指导，始终坚持“实事求是、质量第一、存史资政、服务大众”的办鉴宗旨，全面、系统、翔实地记述加查县上一年度政治、经济、文化、社会等各项事业的基本情况，为社会各界与国内外人士了解和研究当今加查县提供翔实资料。

三、《加查年鉴》分为正文与彩页两部分。正文采取分类编辑法，以类目、分目、条目为主要框架结构，个别包含多方面资料的条目，则在段落间加插楷体标题提示，方便读者查阅全书。

四、《加查年鉴（2017）》载录加查县2016年经济社会发展的基本资料，设有特载、综述、大事记、政治、群团组织、武装、法治、经济管理、农牧林水、社会事业、城建·环保·气象、交通·旅游·通信、金融、乡（镇）概况、附录、统计资料等内容，通过这些内容，可以为人们了解加查县、认识加查县提供一个全新的窗口。

五、《加查年鉴》的编辑宗旨，在于求真务实，力求真实生动地反映加查县在改革开放和现代化建设中取得的崭新成就。

六、《加查年鉴》所提供的内容和数据，分别来自于加查县各有关部门和乡（镇）人民政府，经各级领导审核，但由于口径与统计方法不同，恐有不一致之处，使用时应以县统计局提供的数据为准。

《加查年鉴》编辑部

2017年11月1日

《加查年鉴》编纂委员会

《加查年鉴》编辑部

图书在版编目（CIP）数据

加查年鉴. 2017 / 加查县地方志编纂委员会编. --
北京：方志出版社，2017. 11
ISBN 978-7-5144-2798-1

Ⅰ. ①加… Ⅱ. ①加… Ⅲ. ①加查县－2017－年鉴
Ⅳ. ①Z527.54

中国版本图书馆CIP数据核字(2017)第309272号

加查年鉴（2017）

编　　者：加查县地方志编纂委员会
责任编辑：王　俊

出 版 人：冀祥德
出 版 者：方志出版社
地址　北京市朝阳区潘家园东里 9 号（国家方志馆 4 层）
邮编　100021
网址　http://www.fzph.org
发　　行：方志出版社图书经销中心
电话（010）67110500
经　　销：各地新华书店
印　　刷：河南匠心印刷有限公司

开　　本：889×1194　　1/16
印　　张：17.5
字　　数：281千字
版　　次：2017年11月第1版　　2017年11月第1次印刷
印　　数：001～500册

ISBN 978-7-5144-2798-1　　定价：350.00元

目 录

特 载

综 述

加查县概况

大事记

政 治

中共加查县委员会

加查县人民代表大会常务委员会

加查县人民政府

中国人民政治协商会议加查县委员会

中共加查县纪律检查委员会（监察局）

加查县民族宗教事务局

加查县创先争优强基础惠民生活动领导小组办公室

加查县藏语文工作委员会办公室（编译局）

加查县机关后勤服务中心

群团组织

加查县总工会

共青团加查县委员会

加查县妇女联合会

武　　装

加查县人民武装部

加查县公安消防大队

法　　治

加查县人民法院

加查县人民检察院

加查县公安局

加查县司法局

经济管理

加查县发展和改革委员会

加查县工业和信息化局

加查县统计局

加查县财政局

加查县商务局

加查县安全生产监督管理局

加查县国家税务局

加查县工商行政管理局

加查县供电有限责任公司

农牧林水

加查县农牧局

加查县林业局

加查县水利局

加查县扶贫开发办公室（农业综合开发办公室）

社会事业

加查县人力资源和社会保障局

加查县教育（体育）局

加查县文化新闻出版广电局（文物局）

加查县卫生局

加查县食品药品监督管理局

加查县人民医院

加查县民政局

城建·环保·气象

加查县住房和城乡建设局

中国移动通信集团西藏有限公司加查县分公司

联通山南分公司加查县营业部

金　　融

中国农业银行股份有限公司加查县支行

中国人民财产保险股份有限公司山南分公司加查县营销服务部

乡（镇）概况

安绕镇

加查镇

坝乡

崔久乡

拉绥乡

洛林乡

冷达乡

附 录

统计资料

彩页目录

特 载

抢抓机遇 奋勇争先
努力把加查建成全市水平较高的小康社会

——在中国共产党加查县第九次代表大会上的报告

县委书记 李贤荣

（2016年9月12日）

中国共产党加查县第九次代表大会，是在山南地区撤地设市、实施“十三五”规划、全面建成小康社会决胜阶段开局之年召开的一次重要会议。大会的主题是：高举中国特色社会主义伟大旗帜，以邓小平理论、“三个代表”重要思想、科学发展观为指导，全面贯彻落实党的十八大、十八届三中四中五中全会和中央第六次西藏工作座谈会精神，贯彻落实习近平总书记系列重要讲话精神，特别是“治国必治边、治边先稳藏”的重要战略思想、“加强民族团结、建设美丽西藏”的重要指示和“依法治藏、富民兴藏、长期建藏、凝聚人心、夯实基础”的重要原则，贯彻落实自治区第八次党代会和区党委八届七次八次全委会、山南市第一次党代会精神，回顾总结加查过去五年的工作，安排部署今后五年工作，选举产生中国共产党加查县第九届委员会和纪律检查委员会，动员全县各族干部群众紧紧围绕“23355”发展思路，坚持以科学发展观为指导，以民生改善为根本，以和谐稳定为基础，以改革创新为动力，抢抓机遇，奋勇争先，为建成全市水平较高的小康社会而努力奋斗。

一、过去五年的工作

过去的五年是不平凡的五年。面对复杂多变的外部环境和艰巨繁重的改革发展稳定任务，县委认真贯彻落实党中央、国务院，区党委、政府和市委、市政府重大决策部署，分别就“七个加查”建设、深化农村体制改革、抢抓大型项目建设机遇推动县域经济长足发展、加强和改进新形势下党的建设、制定“十三五”时期国民经济和社会发展规划等重大问题作出决定，团结带领全县各族干部群众，坚定不移抓发展，全力以赴保稳定，尽心竭力惠民生，多措并举强党建，全县政治、经济、文化、社会、生态和党的建设取得了显著成就。

（一）县域经济快速发展，综合实力跃上新台阶。2015年，全县生产总值达到11.87亿元、固定资产投资达到25.36亿元、县级财政收入达到8728万元、社会消费品零售总额达到2.51亿元、农牧民人均纯收入达到11278元，分别是2010年的2.55倍、1.60倍、2.12倍、2.66倍、2.27倍，各项指标均位居全市前列。“十二五”目标顺利完成，为“十三五”开局奠定了良好基础。

（二）发展方式科学转变，产业结构实现新调整。“十二五”期间，经济发展方式实现了“四个转变”，即由经济较快增长向突破性、持续性、更好更快增长转变，由主要依靠传统农牧业、虫草采集向项目拉动和以基础建材、商贸物流为主的新兴特色产业带动转变，由相对落后向快速争先进位转变，由相对封闭、欠开发向加快开放转变。以干果种植、蔬菜生产、药材采集、畜牧养殖为主的第一产业，以水电建设、基础建材和建筑业、矿产开发为主的第二产业，以商贸、运输、餐饮、文化、旅游为主的第三产业协调发展，三次产业结构进一步优化，在生产总值中的比重由“十一五”末的9：71：20调整为“十二五”末的5：75：20。

（三）发展蓝图稳步实现，城乡面貌得到新改观。始终坚持规划先行、建设同步，先后完成了政务中心、文化广场、达布文化艺术中心等一批重点工程建设，城区面貌大为改观。100%完成“十二五”时期既定的农牧民安居工程任务，新建和改造住房3347户，农牧民人均居住面积达30㎡以上，完成了77个行政村的人居环境综合整治项目和3个村的基层政权建设项目，社会主义新农村建设成果初步显现。全县村、户通水率分别达到100%、94%；通电率分别达到100%、97%；七个乡镇油路全部贯通，乡镇、村公路总里程达到660公里，通达率100%，乡村基础设施不断完善。

（四）社会事业更加繁荣，发展成果取得新成效。不断加大对社会事业的投入力度，5年来累计落实科教文卫等民生资金4.66亿元。科技宣传、培训力度不断加大，各族群众学科学、用技术的意识逐步增强，经济社会发展中的科技含量明显提升，科技对经济社会的贡献率逐年提升；教育“两基”水平不断巩固提升，义务教育阶段小学适龄儿童入学率、巩固率均达100%，初中阶段毛入学率达109.4%，义务教育均衡发展工作顺利推进，教育资源配置趋于合理；县、乡、村三级文化活动场所设施不断完善，公共文化服务水平进一步提升；医药卫生体制改革深入推进，县医院“二级综合医院创建工作”顺利推进，“一村两医”实现全覆盖；社会保障更加健全，“五大保险”参保率达到100%；有意愿的五保户集中供养和孤儿集中收养率达100%。

（五）社会局势和谐稳定，平安建设开创新局面。全面落实区、市两级关于维护稳定工作的一系列部署要求，持续加强社会治安综合治理，“平安加查”创建工作扎实推进，扎实开展“先进双联户”创建，筑牢了维护稳定的铜墙铁壁；加强安全生产监管，事故起数、死亡人数连续5年未超出控制指标，安全生产工作成效明显。

（六）开放步伐日益加快，改革发展迸发新活力。以农林牧经营、财税金融、行政职能转变等为主的体制机制改革与创新深入推进，整体发展环境不断优化，招商引资工作成效明显，生态文化旅游产业蓬勃发展，强基础、借外力、促发展、增实力的快速发展模式日趋成熟。五年来，湖北省宜昌市委、政府无私援助，开创了经济援藏、教育援藏、就业援藏、科技援藏、干部人才援藏和系统援藏的新局面，以理念、技术、人才和项目支援为主的全方位、多领域的援藏工作格局基本形成。“十二五”期间共落实各类援助资金8840万元，援藏项目17个，为全县经济社会发展注入了新血液，增添了新活力。

（七）民主法治协调发展，文明创建收获新成果。坚持以政策理论为主导，统领理想信念、精神文明、社会道德等多个层面，着力构建社会主义核心价值体系，各族干部群众共同团结奋斗、共同繁荣发展的思想基础进一步巩固，对伟大祖国、中华民族、中华文化、中国共产党、中国特色社会主义的认同感进一步增强，尤其是“双建设、双整治”“道德模范评选表彰”等活动的开展，推选出了全国劳动模范次仁宗巴、自治区级青年五四奖章获得者陈明果等先进人物，在社会上起到了很好的正面典型示范带动作用。大力支持人大、政协、司法机关依照法律和各自章程履行职责，加强对工青妇等群团组织的领导，充分发挥其桥梁和纽带作用，积极推进民主法治建设，民主政治、依法行政理念深入人心。

（八）从严治党扎实推进，基层党建展现新气象。坚决贯彻落实中央、自治区和山南市关于从严治党的决策部署，深入开展了党的群众路线教育实践活动、“三严三实”专题教育、“两学一做”学习教育、“四个一流”“察担当促有为”“三进五访”“机关在职党员到村居报到服务”等活动，强化政治意识、大局意识、核心意识、看齐意识，广大党员干部在思想、政治、行动上始终同以习近平同志为总书记的党中央保持高度一致，特别是在反分裂斗争这个重大原则问题上，做到了旗帜十分鲜明、立场十分坚定。基层党建不断加强，党的组织实现全覆盖，共建立各级党组织120个，党员数量已发展到4255名，占全县总人口的18.7%，其中农牧民党员3260名，占党员总数的76.6%；配全配齐了村党支部第一书记。作风建设全面加强，中央八项规定、区党委“约法十章”“九项要求”和市委“十项规则”全面落实，“老西藏精神”“两路精神”得到继承和弘扬，“四风”问题持续深入全面整治，机关作风和党员干部形象明显好转。党风廉政建设不断加强，西藏在党风廉政建设和反腐败问题上没有任何特殊性的思想深入人心，“两个责任”全面落实，惩治腐败力度不断加大，制度建设的笼子越织越密，全县风清气正的政治生态逐步形成。

同志们，过去的五年是加查经济社会发展速度最快，人民生活水平改善最大，社会局势保持持续稳定的五年。回顾五年来的工作，我们深深感受到，加查改革发展稳定工作所取得的成绩离不开党中央的亲切关怀和区党委、市委的坚强领导，离不开湖北省宜昌市的无私援助，离不开县委、人大、政府、政协班子的扎实工作，离不开全县各级党组织、广大党员、驻军部队和各族人民群众的艰苦奋斗，离不开华能西藏发电有限公司等一批骨干企业的鼎力支持。在此，我代表中国共产党加查县第八届委员会，向所有关心加查、支持加查、建设加查的同志们、朋友们表示衷心的感谢，并致以崇高的敬意！

总结过去五年的实践，我们深刻体会到：做好加查工作，必须坚持中国共产党的领导，坚持社会主义制度，坚持民族区域自治制度，坚持走有中国特色、西藏特点的发展路子。必须坚定正确政治方向，增强政治意识、大局意识、核心意识、看齐意识，始终在思想上政治上行动上同以习近平同志为总书记的党中央保持高度一致。必须坚持党的治藏方略，坚持“治国必治边、治边先稳藏”的重要战略思想，坚持“依法治藏、富民兴藏、长期建藏、凝聚人心、夯实基础”的重要原则，坚决落实好党在西藏的路线方针政策。必须把握西藏社会的主要矛盾和特殊矛盾，把维护祖国统一、加强民族团结作为工作的着眼点和着力点，把改善民生、凝聚人心作为经济社会发展的出发点和落脚点，全面贯彻“五位一体”总体布局和“四个全面”战略布局，认真落实“五大发展理念”，坚定不移地抓好抓实加查改革发展稳定各项事业。必须正确处理好“离不开”与“不依赖”的关系，把中央关心、全国支援同各族干部群众的艰苦奋斗紧密结合起来，加强党政军警民团结，凝聚好各方面力量，汇聚好各方面智慧。必须坚持党要管党、从严治党，加强各级党组织和干部人才队伍建设，持续开展党风廉政建设和反腐败工作，巩固好党在加查的执政基础。

在充分肯定成绩的同时，我们也要清醒地认识到前进道路上面临着基础设施建设滞后、产业发展质量和效益不高、公共服务能力和水平有待提升、维稳任务艰巨繁重、机关和干部作风有待改进等问题和困难。对此，我们要高度重视，采取有力措施，认真加以解决。

二、今后五年的奋斗目标和主要任务

山南撤地设市，标志着山南发展步入新的历史起点。全县各级党政组织和2万多各族干部群众要立足新起点、认清新形势，切实把握好中央第六次西藏工作座谈会的政策机遇、山南撤地设市的历史机遇、重大项目的建设机遇，紧紧围绕“23355”县域经济社会发展总体思路，团结一心、众志成城，开拓创新、锐意进取，共同开创加查更加美好的未来。

今后五年全县工作的总体要求是：认真贯彻落实中央、区、市会议精神，紧紧围绕“23355”县域经济社会发展思路，加快“七个加查”建设，全力把加查建成山南东部副中心、藏中清洁能源基地核心县、生态文化旅游圣地，确保到2020年建成全市水平较高的小康社会，确保社会大局持续稳定、长期稳定、全面稳定。

今后五年的奋斗目标是：全县生产总值、固定资产投资、财政收入、社会消费品零售总额、农牧民人均可支配收入力争实现年均增长10%、12%、12%、13%、12%。到2020年，人民生活水平全面提升，城乡居民可支配收入达到或超过全国平均水平，基本公共服务主要指标接近或达到西部地区平均水平，基础设施条件全面改善，生态文明建设取得明显成效，自我发展能力明显提升，社会大局持续长期全面稳定，成为拉萨—山南一体化发展的先行县和山南“沿江百亿产业走廊”建设的能源基地，建成安居乐业、保障有力、家园秀美、民族团结、文明和谐的小康社会。

围绕实现上述目标，今后五年，重点要抓好五个方面工作。

（一）坚持维稳第一责任，确保社会局势更加和谐。要牢固树立稳定压倒一切的思想，积极适应维稳工作新常态，坚定不移地贯彻落实中央、自治区、山南市系列维稳举措，敢于担当、主动作为，多措并举、综合施策，抓早抓快抓小抓好，切实做好维护稳定各项工作。一要加强思想教育。大力开展“三性”教育，让广大干部群众充分认识“团结稳定是福、分裂动乱是祸”的道理，深刻认识反分裂斗争的长期性、尖锐性、复杂性。二要狠抓社会面管控。全面落实自治区“十个方面维稳措施”和山南市维稳“十条规定”，重点加强对重大项目工区、旅游景区景点等地的管控。

（二）坚持发展第一要务，确保县域经济更加繁荣。要始终坚持发展第一要务，紧紧围绕全面建成小康社会的宏伟目标，以增强内生动力为核心，主动适应经济发展新常态，用好用足用活中央赋予的特殊优惠政策，加快推进加查发展。一要加快发展以核桃为代表的特色农牧业。紧紧围绕“藏中特色产业大县”这一定位，着力在“建基地、扩规模、聚要素、深加工、创品牌”上做文章，做大做实做强优质特色农牧产业。二要加快推进以重大项目建设为主的第二产业发展。要抢抓加查、冷达、嘎堆水电站和加桑油路、拉林铁路（加查段）等重大项目建设机遇，着力在“引外资、借外力，一体化、促联动，优环境、建秩序”上下功夫，以重大项目建设持续推动县域经济大发展。三要加快发展以现代旅游服务业为主的第三产业。紧紧围绕打造“藏东文化旅游名县”这一目标，着力在“树亮点、建体系”上求突破，全力打造旅游“兴一业、旺百行”的阳光产业和绿色产业。四要全面深化改革激发经济发展活力。积极推进经济体制改革、投资融资改革、行政审批改革、财税体制改革，巩固改革亮点成果。加大招商引资力度，壮大非公经济市场主体，不断提升非公经济增加值和贡献率。

（三）坚持民生第一要求，确保人民群众更加幸福。要牢固树立执政为民理念，坚持一切为了人民、一切服务人民，持续提升广大农牧民群众的“获得感”，让各族群众在社会主义大家庭中真切感受到温暖、真心体会到幸福。一要深入推进精准扶贫工作。全面贯彻落实中央、自治区、山南市扶贫开发工作会议精神，坚持因地因户因人因贫分类实施，全面抓好“六个精准”“十个一批”“十个到位”，确保2017年底建档立卡扶贫对象全部脱贫，贫困人口人均可支配收入年均增长16%以上。二要提高公共服务水平。大力发展教育、卫生、文化、科技、社保等事业，着力解决群众在教育、就业、住房、看病、出行、生产等方面的突出问题，不断提升公共服务水平。三要抓好就业和社会保障。要坚持就业第一，以市场为导向，以发展产业增就业、以推动创业带就业、以加强培训促就业，鼓励各类市场主体吸纳就业，利用援藏优势扩大就业，让各族群众就业有门路、收入有来源。

（四）坚持保护第一原则，确保生态环境更加优美。要坚持“生态保护第一”原则，严守生态安全底线、红线、高压线，建立健全生态环境保护“党政同责、一岗双责”责任体系，严格生态文明建设责任追究。一要加快推进生态环境保护与建设。加强森林、草原、湿地保护，加快生态安全屏障建设，加大植树造林力度，建设和管理好千年核桃林园区、拉姆拉措湿地公园，实施好造林绿化、地质灾害防治等生态建设工程，全面开展生态乡镇、生态村创建。二要加快推进生态环境监管和整治。要严格执行自治区“四个决不能”和山南市“六不”要求，加大水电、矿产、旅游等重点资源开发和重大基础设施建设环境执法监管。三要加快推进生态文明保障机制建设。健全完善生态环境监管、政绩考核等生态文明建设制度体系，实行最严格的生态保护制度、环境准入制度、责任追究制度，用严格的制度保护好加查的碧水蓝天。

（五）坚持法治第一保障，确保民主政治更加完善。要坚持党的领导、人民当家作主和依法治县的有机统一，大力建设法治加查，切实把人民群众的根本利益维护好、实现好、发展好。一要加快民主政治建设。坚持和完善人民代表大会制度，加强党对人大工作的领导，支持和保障人大及其常委会依法履行职责，加强对“一府两院”的监督，坚持和完善中国共产党领导的多党合作和政治协商制度，支持人民政协围绕团结和民主两大主题，履行政治协商、民主监督、参政议政职能。坚持和完善民族区域自治制度，严格执行民族区域自治法，充分保障各族人民的民主权利。坚持和完善基层群众自治制度，扩大基层民主，充分发挥工会、共青团、妇联等人民团体的作用。二要提升依法行政能力。要以建设法治社会为目标，以关乎依法行政全局的体制机制创新为突破口，以增强领导干部依法行政的意识和能力为切入点，着力提升政府公信度和执行力，全面推进依法行政。要大力支持法院、检察院、公安机关依法行使职权，切实做到公正司法、文明执法。要采取各种有效形式深入开展法治宣传教育，精心组织普法活动，大力弘扬社会主义法治，切实增强干部群众依法维护权利、自觉履行义务的意识，努力推进法治社会建设进程。三要完善法治监督机制。要建立健全决策权、执行权、监督权既相互制约又相互协调的权力结构和运行机制，始终坚持用制度管权、管事、管人。要进一步完善政务公开制度，创新监督形式，切实做到党内民主监督、社会舆论监督、人民群众监督相统一，形成监督合力。四要加强民族团结和爱国统一战线工作。深入开展民族团结宣传教育和民族团结进步创建活动，大力表彰民族团结先进集体和个人，扎实推进民族团结模范区建设，积极构建平等、团结、互助、和谐的社会主义新型民族关系，推动各民族和睦相处、和衷共济、和谐发展。突出发挥统战、工商联职能作用，广泛联系各族各界，培养一批党外知识分子、非公经济领军人物，不断发展壮大爱国统一战线。

三、落实从严治党新要求，不断开创党建工作新局面

打铁还需自身硬，治国必先治好党。全县各级党组织一定要主动扛起党要管党、从严治党的政治责任，为“十三五”时期开好局起好步提供坚强的政治和组织保证。

（一）切实抓好思想政治建设。思想政治建设贵在驰而不息，持之以恒。要坚持将政治理论学习贯穿工作的始终，组织党员干部把学习党章党规、习近平总书记系列重要讲话、党的十八大以来中央系列重大部署要求作为长期重要政治任务，作为理论中心组学习、专题研讨、个人自学的重要内容，不断用党的最新理论成果武装头脑、指导实践、推动全县各项事业进步。要以深入开展“两学一做”学习教育为载体，引导广大党员干部强化“四个意识”，严守党的政治纪律和政治规矩，特别是在反分裂斗争这个重大原则问题上，坚决做到旗帜十分鲜明、立场十分坚定。

（二）切实抓好干部队伍建设。干部队伍建设要着力提升素质，优化结构。要认真践行“好干部”标准，全面贯彻干部“四化”方针和德才兼备原则，真正打造一支想干事、会干事、干成事、能共事、不出事的优秀党员干部队伍。严格执行党政领导干部选拔任用工作条例，注重选拔重用优秀乡镇干部和年轻后备干部，特别是在高寒乡镇、基层一线、驻村驻寺岗位上的党员干部。要坚决贯彻党的组织原则，充分发扬党内民主，严格执行民主集中制，健全“一把手”用权行为监督制约机制，防止和克服软弱涣散和分离主义倾向。要突出抓好基层党组织书记、党务工作者、大学生村官、新党员的培训工作，坚持党管人才原则，凝聚推动加查各项事业发展的强大智慧。

（三）切实抓好基层组织建设。组织建设要着眼固本强基，落实保障。要加强乡镇党委建设，当前尤其要注重换届后新的乡镇党委班子的磨合，大胆探索和创新乡镇管理模式和运行机制。要加强村“两委”班子建设，建优建强村“两委”班子，健全基层党组织分类定级、晋位升级动态管理机制，大力整顿软弱涣散党组织。要认真做好新形势下党员发展和管理工作，加强党建带工建、带团建、带妇建，实现党群工作一体化。要不断规范组织生活制度，进一步按照制度化、规范化建设要求，坚持民主集中制原则，进一步梳理完善党内规范管理措施，认真开展组织生活。要深入贯彻落实党内激励关怀帮扶政策，落实村干部报酬待遇相关政策，建设好乡镇干部周转房，重视和加强以基层组织活动场所、现代远程教育网络为重点的基层阵地建设。

（四）切实抓好党的作风建设。作风建设要突出求真务实，真抓实干。要持之以恒贯彻落实中央“八项规定”、区党委“约法十章”“九项要求”和市委“十项规则”，继续巩固党的群众路线教育实践活动和“三严三实”专题教育成果，认真开展好“两学一做”学习教育，坚决防止“四风”问题反弹回潮。要大兴求真务实、调查研究之风，发扬“老西藏精神”、“两路精神”，坚持“四个一流”标准，切实深入基层、深入群众，在基层实践中了解情况，在一线调查中发现问题，在工作实践中解决问题。要认真落实好领导干部联系乡镇、村制度，扎实开展好干部驻村驻寺工作和“党员干部进村入户、结对认亲交朋友”活动，引导党员干部与群众常联常新、常走常亲。

（五）切实抓好反腐倡廉建设。廉政建设要体现立党为公，执政为民。要全面落实从严治党要求，牢固树立西藏在党风廉政建设和反腐败问题上没有任何特殊性的思想，认真落实好党委的主体责任和纪委的监督责任。要以党员干部为重点，以党章、《准则》《条例》和习近平总书记系列重要讲话为学习教育主要内容，切实加强党员干部的理想信念教育和廉洁从政教育，筑牢反腐倡廉的思想防线。要坚持以无禁区、全覆盖、零容忍的态度惩治腐败，做到真管真严、敢管敢严、长管长严。

（六）切实抓好党的制度建设。制度建设要突出科学规范，有效管用。要严格执行党务公开、“三会一课”、民主生活会、述职述廉、民主评议、诫勉谈话和报告个人有关事项等制度；完善各级党组织议事规则、集体决策等制度；健全党内情况通报、情况反映、重大决策征求意见等制度；同时强化监督制约，加强对党组织执行各项工作制度和工作程序的监督检查，形成教育靠制度来保证，监督靠制度来落实，作风靠制度来规范的良好局面，确保全县党建工作健康发展。

各位代表、同志们，天堑变通途，高峡出平湖。当前，我县各项事业正处于快速发展的机遇期。让我们更加紧密地团结在以习近平同志为总书记的党中央周围，以邓小平理论、“三个代表”重要思想、科学发展观为指导，深入贯彻落实习近平总书记系列重要讲话精神，在区党委和市委的坚强领导下，在湖北省宜昌市的大力援助下，凝心聚力、攻坚克难，抢抓机遇、奋勇争先，为把加查建成全市水平较高的小康社会而努力奋斗！

加查县人民代表大会常务委员会工作报告

——在加查县第十三届人民代表大会第二次会议上

加查县人民代表大会常务委员会主任 扎 西

（2017年3月21日）

过去一年的主要工作

过去一年，在县委的正确领导下，在上级人大的有力指导和帮助下，县人大常委会全面贯彻党的十八大、十八届三中四中五中六中全会精神，坚持以邓小平理论、“三个代表”重要思想、科学发展观为指导，深入学习贯彻习近平总书记系列重要讲话精神和中央第六次西藏工作座谈会精神，以开展换届选举工作为重点，以实现“五个新常态”为目标，紧紧围绕县委的决策部署和全县中心工作，认真履行宪法和法律赋予的各项职责，为推动全县经济社会科学发展和谐稳定作出了积极贡献。

一、坚持党的领导，依法依规重点做好换届选举工作

去年，我县按照上级关于做好人大代表和领导班子换届工作要求，严格执行中央“九严禁”换届纪律要求，扎实做好代表换届和领导班子换届工作。

依法做好代表换届工作。按照县委换届领导小组的统一安排部署，成立了县人大代表换届选举工作委员会，去年3月8日至4月17日，开展了县、乡两级人大代表换届选举工作。选举中，始终坚持党的领导，依法组织、严格按照选区划分和代表候选人提名，严把代表“入口关”。在选举程序、选举结果、开展代表资格审查等方面，都做了严格规定和周密部署，确保圆满完成换届工作任务。于4月17日，依法选举产生加查县第十三届人民代表大会代表93名，其中：非党7名、占8%，女性19名、占20.3%，少数民族83名、占89%，农牧民代表39人、占42%，代表连任达49人、占52.6%；选举产生乡镇第十四届人大代表266名，其中：女性55名、占21%，少数民族256名、占96.3%，农牧民代表58人、占21.8%，代表连任187人、占70%。

依法做好领导班子换届工作。去年，6月20日至23日，各乡镇依法召开了乡镇第十四届人大一次会议，依法选举产生了新一届乡镇人大主席团和乡镇人大、政府领导班子成员。9月16日至18日，隆重召开了加查县第十三届人民代表大会第一次会议，听取审议了县人大常委会和“一府两院”五年工作报告；接受辞去人大常委会副主任1人、委员1人，接受辞去政府县长1人、副县长3人，接受辞去县人大代表5人；依法选举了加查县人民政府县长1名、副县长9名和加查县人大常委会主任1名、副主任4名、委员20名，加查县人民法院院长1名、县人民检察院检察长1名。

二、把握履职重点，实现监督工作实效性的新常态

紧扣全县经济社会发展大局和人民群众普遍关注的热点难点问题，强化经济、民生监督工作，坚持依法合规，依法行使讨论决定重大事项和人事任免工作，进一步增强人大监督实效。

强化经济工作监督。去年初，十二届人大九

次会议听取审议了“一府两院”工作报告、审查了加查县2015年国民经济和社会发展计划执行情况、2016年国民经济和社会发展计划草案的报告、2015年财政预算执行情况及2016年财政预算草案的报告。同时，书面印发了加查县关于制定“十三五”时期经济社会发展“多规合一”总体规划建议（讨论稿）。县十二届人大十次会议，选举产生了加查县出席山南市第一届人民代表大会代表16名（其中，市直代表4名、驻县代表12名），为推动全县经济社会持续发展起到了极大作用。

*强化民生工程监督。*十三届人大第一次常委会听取了2016年全县精准扶贫工作和环境保护工作进展情况，作出了评议。组织常委会委员和人大代表对莫热坝扶贫搬迁工程进行了视察，陪同上级领导对我县藏医药保护和发展、食品安全执法、优化发展环境等情况进行了专题调研。

*加强对法律实施情况监督。*组织部分人大代表和常委会委员对《中华人民共和国食品安全法》《西藏自治区实施中华人民共和国食品药品管理办法》《西藏自治区气象条例》《西藏自治区气候资源条例》《中华人民共和国邮政法》和《西藏自治区邮政条例》等法律法规开展了执法检查，有效促进了相关法律在我县全面贯彻实施。

*认真处理群众来信来访。*信访监督是人大监督的重要组成部分，按照分级负责、归口办理的原则，对来信来访等督促有关方面依法依规处理。去年，共收到1件来信来访，在县人大的协调和相关部门的配合下，已得到解决。在虫草采集期间，常委会领导深入虫草采挖区，积极参与协调化解社会矛盾，在维护群众合法权益和维护社会稳定、促进社会和谐中发挥了积极作用。

*依法行使重大事项决定权。*加查县第十三届人民代表大会第一次常委会议，表决通过了《县政府关于2014年度预算调整方案》《关于批准加查县2016年预算调整方案的决定》和县人民政府提交的《加查县公安局关于户口迁入管理暂行办法》。

*依法行使好人事任免权。*常委会坚持党管干部和人大依法任免有机统一，加强任前审查工作，共任免国家机关工作人员6名。依法终止1名被罢免的县十三届人大代表的代表资格。

*加强建议意见交办督办。*加查县第十二届人民代表大会第九次会议和第十三届人民代表大会第一次会议分别收到代表建议意见62件和76件，分别于3月和11月向县政府进行交办。采取召开专题督办会等方式，及时督促县政府相关部门高度重视，按规定要求限时答复办理，努力做到件件有着落，件件有回音。

三、夯实阵地基础，实现代表活动扎实开展的新常态

*开展代表履职培训。*在县委的高度重视和县政府的大力支持下，成功举办了为期两天的第十三届人大代表第一期培训班，采取集中听课、现场观摩、座谈交流等方式，就如何当好人大代表、如何审议“六个报告”、《监督法》《代表法》和代表议案与代表建议的提出与办理等相关内容进行讲解学习。并结合我县大型项目建设实际，组织代表对加查电站、藏木电站、法院科技法庭功能室等进行参观学习，有效提高了代表的思想认识，激发了代表的责任意识和履职能力。同时，组织代表赴湖北宜昌（区、县）对接交流、学习考察，建立了深厚的宜加情，既拓宽了人大代表的视野，又促进了我县人大工作上台阶、上水平，为扎实做好人大工作奠定了良好的基础。

*注重活动平台建设。*在上级人大的指导和关心下，在县委的高度重视和县政府的大力支持下，本级财政预算投入资金114万元，市人大解决7万元，累计资金121万元，高标准全面完成了8个“代表之家”和20个“代表小组”的创建任务。我们注重内容与形式的相互统一，在优化履职环境、健全制度上下功夫，在代表履职档案规范、履职能力提升上做文章，努力把“代表之家”和“代表小组”建设成为闭会期间代表开展活动的阵地、联系群众的窗口、执行职务的平台。

*激发代表履职积极性。*为提高代表的履职积极性，去年初，按照中发〔2015〕18号、藏党发〔2016〕9号、藏人大发〔2016〕3号文件精神，

积极协调，主动争取，县政府大力支持，从2016年开始每年由县财政追加经费，按照县、乡两级无固定收入的农牧民代表每人每年分别1500元、1000元的履职补助发放。同时，县人大常委会将在每年人民代表大会闭幕后，组织召开全县人大工作会议，对先进人大工作单位、先进人大代表和优秀个人进行表彰。

夯实乡镇人大工作。各乡镇人大主席团紧紧围绕县委、政府和乡镇党委、政府中心工作，在职能作用发挥、激发代表履职等方面发挥了不可替代的作用。尤其在去年的乡镇领导班子换届时，配齐配强了乡镇人大主席团主席，完善了主席团成员，为各乡镇人大主席团依法履行职能奠定了良好基础。县人大常委会多次指导乡镇换届选举工作，确保代表换届和乡镇人大、政府领导班子换届圆满完成；指导督促乡镇创建并利用好“代表之家”和“代表小组”，有效发挥好职能作用。

四、加强依法治县，实现加快民主法治建设进程的新常态

为推动地方民主法治建设深入开展，我们坚定不移地推进民主法治建设常态化，紧紧围绕全面建设法治加查、大力推进依法治县。在县委的正确领导下，大力推进依法治县，依法行使民主选举、民主决策、民主管理和民主监督等权利。积极争取专家咨询费，有效监督和支持“一府两院”依法行政、公正司法。及时向县委请示报告设立“三委”，设立法制司法民族宗教委员会、财经农牧城建环保委员会、教育科学文化卫生委员会，逐步完善机构，有效推进法治化进程，为把加查建成全市水平较高的小康社会提供有力的法治保障。

五、坚持围绕中心，实现服务大局工作有效开展的新常态

抓好综治维稳工作。高度重视维稳工作，始终把维稳工作当作重中之重来抓。在重大节假日和3月敏感期，常委会副主任分别蹲点乡镇督导维稳工作确保安全。积极组织常委会委员和部分人大代表参与优化发展环境、农村土地征用、拆迁等难点、热点问题，尤其在重大项目建设、征地拆迁等方面加强思想宣传工作，积极为县委、政府分忧。在日常工作中，县人大常委会加强对机关工作人员进行意识形态领域的反分裂斗争教育，进一步坚定了政治理想信念。

落实党风廉政建设责任。人大常委会按照县委职责分工要求，认真履职尽责，做到任务明确、职责明确、责任到人，层层签订人大机关干部落实党风廉政建设责任书，坚持管人与管事相结合，管业务与管党风廉政建设相结合，做到了两手抓、两手都要硬。形成一级抓一级、一级促一级的党风廉政责任体系。组织学习了新《准则》、新《条例》等，观看了党风廉政教育警示片，督促常委会班子成员严于律己、克己奉公，确保了人大机关干部清正廉洁。

认真开展结对帮扶工作。紧扣打好全县扶贫攻坚战和“两学一做”学习教育、积极践行县委“八个载体”活动要求，开展了“结对帮扶、走亲戚交朋友”活动累计13次，涉及慰问金及慰问品20000元。同时，人大系统全体人员主动为一名患重病的工勤人员，献爱心捐款22300元。

六、强化宣传教育，实现人大自身建设工作上水平的新常态

加强思想政治建设。常委会始终把加强思想政治建设摆在首位，以邓小平理论、“三个代表”重要思想、科学发展观统领人大工作，以“两学一做”为契机，认真学习贯彻党的十八大、十八届三中四中五中六中全会和习近平总书记系列重要讲话精神，学习党的路线方针政策，切实增强“四个意识”，特别是核心意识和看齐意识。认真学习法律法规和人大业务知识，传达学习了上级系列有关人大工作文件精神。坚持人大常委会党组学习、主任会议学习、人大常委会学习和全县理论中心组学习，积极推进学习型党组织和学习型机关建设，切实提高常委会组成人员和机关干部的思想政治意识和履职能力。

强化干部作风建设。着力加强常委会及机关作风建设，始终保持同人民群众的密切联系。坚持深入实际、深入基层、深入群众进行调查研究，通过召开座谈会、实地查看、回访代表、走访群众等方式和多渠道广泛倾听民声、了解民情、集中民智，使人大工作更加贴近民心、民意、民生。

抓好人大宣传工作。切实抓好人民代表大会制度和人大会议、执法检查、视察、专题调研、对外交流等经常性工作的宣传，着力提升人大宣传质量和效果。全年在《环球华网》《山南网》《山南报》《手机报》《网信加查》等报刊杂志上均有稿件刊登，有效扩大了人大工作的影响力。

各位代表，过去一年常委会取得的成绩，是县委正确领导的结果，是各位代表、常委会组成人员以及人大机关全体工作人员辛勤工作的结果，是“一府两院”密切配合的结果，是全县各族人民和社会各界大力支持的结果。在此，我谨代表县人大常委会表示衷心的感谢并致以崇高的敬意!

回顾过去一年的工作，我们也清醒地认识到工作中存在的不足。主要表现在：机构建立和完善有待进一步加强；监督实效有待进一步增强；代表作用发挥有待进一步提高；常委会自身建设有待进一步提升等。我们对这些问题和不足将高度重视，在今后工作中认真研究解决。

2017年主要工作任务

今年，是全面深化改革的关键之年，是全面实施“十三五”规划的重要一年，是加查实现脱贫摘帽的决战之年，县人大常委会工作的总体思路是：高举中国特色社会主义伟大旗帜，深入贯彻落实党的十八大、十八届三中四中五中六中全会精神和中央第六次西藏座谈会精神，以邓小平理论、“三个代表”重要思想、科学发展观为指导，深入贯彻落实习近平总书记系列重要讲话精神和治国理政新理念新思想新战略、特别是治边稳藏重要战略思想，坚持“五位一体”总体布局和“四个全面”战略布局，按照自治区第九次党代会和山南市第一次党代会、县委第九次党代会的部署和各级人大工作会议的要求，在县委的正确领导下，围绕中心、服务大局、关注民生，认真履行法定职责，着力提高监督实效，为把加查建成全市水平较高的小康社会而努力奋斗。根据这个总体要求，常委会将着重做好以下几方面的工作。

一、以更高的要求坚持党的领导

始终坚持党的领导，是做好人大工作的重要前提。服从和依靠党的领导，自觉地将人大工作置于党的领导之下，坚持党的领导、人民当家作主和依法行政、依法治县有机统一，增强做好人大工作的责任感和使命感。要牢固树立“四个意识”，特别是核心意识和看齐意识，坚持向县委请示报告制度，做到无论是讨论决定重大事项，还是工作监督、法律监督、人事任免，都要做到与县委在思想上同心，在政治上同向，在行动上同步。

二、以更严的标准强化学习提高

以创建学习型党组织、学习型机关为抓手，深入学习党的十八大、十八届三中四中五中六中全会精神和中央第六次西藏座谈会精神，学习贯彻习近平总书记系列重要讲话精神和治国理政新理念新思想新战略、特别是治边稳藏重要战略思想，学习各级党委和人大工作会议精神，真正把思想和行动统一到区党委、市委、县委的决策部署上来。同时，要加大对全县人大系统干部的法制教育和业务培训力度，认真学习法律、经济、科技、文化、社会知识，熟悉人大工作的规律和特点，掌握人大工作的规则和程序，做到真学、真懂、真用，不断提高县乡两级人大干部的履职能力和业务水平。

三、以更好的作为服务全县发展大局

我们要正确处理好监督与支持的关系，综合运用听取和审议专项工作报告、专题调研、视察、执法检查、规范性文件备案审查、专题询问等监督方式，进一步改进监督方法、丰富监督形式、规范监督程序、提高监督实效，督促和推动“一府两院”按照各自目标任务开展工作，确保县委重大决策部署的贯彻落实，推动全年经济社会发展任务的顺利完成。一是着力推动经济社会发展。围绕实施精准扶贫工作、优化发展环境、大型项目建设实施等重点组织视察调研，审议政府工作情况报告、国民经济和社会发展计划执行情况报告，提出审议意见、建议。审议预算报告、决算报告，听取重点专项项目资金预算落实情况的报告，加强对重点支出预算安排、各类财政专项资金的监督，更好地发挥财政对经济社会发展的促进作用。二是持续关注生态治理保护。审议2017年度城建重点工程项目安排，加强大型项目建设对生态环境发展与保护工作影响的跟踪问效，开展生态环境整治与保护的专题调研。三是围绕民生热点难点开展视察调研。组织开展虫草采集工作及食品药品安全执法检查，开展高寒地区供暖工程等相关惠民政策的专题调研。

四、以更实的举措保障代表积极履职

充分发挥好人大“代表之家”和“代表小组”的履职平台作用，保障好代表履职的积极性。一是更加注重发挥代表主体作用。继续扩大代表对常委会各类监督活动的参与，组织代表参加调研、视察、执法检查和审议工作，认真吸纳和办理代表提出的意见建议，使代表参与常委会各项工作制度化、常态化。二是更加注重完善督办工作机制。以提高代表建议的提出和办理水平为目标，积极探索“提、督、问、评”的办理工作机制。完善培训机制，加强分类培训，提高代表建议质量和办理工作水平。完善交办督办机制，提高代表建议意见办结率和满意率。探索完善公开机制，通过社会监督提升办理实效。探索完善满意度测评和督办问责机制，建立科学的评价体系，切实提高办理工作质量。三是更加注重代表履职服务保障。推进代表联系群众常态化，不断巩固和完善“双联”制度，密切常委会与代表、代表与人民群众的双向联系，扩大代表知情知政、参与监督。推进代表履职管理制度化，落实代表履职登记制度，稳步推进县、乡人大代表向原选区履职报告制度，始终把人大代表置于人民群众的监督之下。

五、以更新的标准提升自身建设水平

我们要以上级党委的决策部署和各级人大工作会议精神为主线，加强法律法规和人大知识的学习，切实提高履行职责的理论水平和业务能力。加强制度建设，健全完善常委会和人大机关各项规章制度，为人大工作规范高效运转奠定坚实基础。加强调查研究，坚持把调查研究与常委会审议议题结合起来，与贯彻落实“两学一做”结合起来，与学习区内兄弟县、区人大先进经验结合起来，着力提高常委会工作的针对性。加强队伍建设，巩固和扩大“两学一做”学习教育取得的成果，着力提升人大机关干部的思想政治水平和业务素质，提高常委会工作效能。加强人大宣传，扩大对外交流，不断提升人大工作的影响力。加强廉政建设，认真贯彻落实中央八项规定和严格执行党风廉政建设的各项规定，牢固树立廉洁自律意识，树立良好形象。

各位代表，时代赋予的使命光荣神圣，人民的期盼殷切厚重。让我们紧密地团结在以习近平同志为核心的党中央周围，在县委的坚强领导下，紧紧依靠全县各族人民，同心同德、锐意进取、不辱使命、不负厚望、求真务实，依法履行职能，开创人大工作新局面，以优异成绩迎接党的十九大胜利召开！

加查县人民政府工作报告

——在加查县第十三届人民代表大会第二次会议上

加查县人民政府县长 西洛次仁

（2017年3月21日）

2016年工作回顾

2016年，我县面对错综复杂的经济环境和艰巨繁重的改革发展任务，认真贯彻落实党的十八大和十八届三、四、五、六中全会精神，深入学习贯彻习近平总书记系列重要讲话精神和治国理政新理念新思路新战略，特别是习近平总书记“治国必治边、治边先稳藏”重要战略思想和“加强民族团结、建设美丽西藏”重要指示，坚持“五位一体”总体布局和“四个全面”战略布局，以中央第六次西藏工作座谈会和自治区第九次党代会精神为统领，紧紧围绕山南市“六个模范区”和“七个山南”发展格局以及我县“23355”经济社会总体发展思路，牢固树立新理念，主动适应新常态，积极应对新变化，团结带领全县各族干部群众艰苦奋斗、真抓实干，我县经济结构转型步伐坚实、全面从严治党纵深推进、全面依法行政实施深入、民生民利得到改善、脱贫攻坚有序推进、社会局势和谐稳定，“十三五”实现了良好开局。

经济运行稳中趋缓。2016年，我县面对重大项目建设投资放缓、虫草价格持续走低的诸多不利叠加因素，县委、县政府积极应对，科学调整产业结构、壮大自身发展动力，实现了经济增长由依托重大项目拉动逐步向壮大本县项目建设带动转变，群众增收由长期依赖虫草逐步向劳务创收、旅游服务增收等多渠道转变，经济增速由高速增长逐步向平稳健康发展转变，全县经济运行稳中趋缓。主要经济指标呈现“三升两降”。预计，全县生产总值完成113063万元、社会消费品零售总额完成29500万元、农牧民人均纯收入完成12405元，同比分别增长7.4%、17.4%、10%；固定资产投资完成201948万元、地方财政收入完成8215万元，同比分别降低20%、5.9%。

产业层次日趋合理。三次产业结构比调整为5：77：18。一产方面。粮食产量实现“九连增”，全年粮食产量8340吨；牲畜总存栏数5.3万头（只、匹），出栏率达31.3%；核桃种植规模发展到1.8万余亩、47.1万余株，加查核桃成为国家质检总局注册产品。二产方面。全年新建项目44个、续建项目22个，完成固定资产投资201948万元，完成206个总投资9.6亿元的项目前期和录入工作；县域内加查水电站、拉林铁路等重大项目预计完成投资15.19亿元；招商引资完成投资8215万元；藏木水电站、博盛矿业等规上企业，全年预计实现工业增加值15177万元。三产方面。全年共接待游客7.2万人次，实现旅游综合收入2500万元，被农业部评为“2016年全国休闲农业和乡村旅游示范县”；农牧区劳务输出1.25万人次，劳务创收达3259.5万元，人均创收5343.4元；非公经济持续向好，登记注册个体工商户发展到1719户，从业人员达2904人，注册资金达1.11亿元。

脱贫攻坚有序推进。369户1250人的莫热坝易地扶贫搬迁项目加快推进，佳吾坝易地扶贫搬迁项目规划评审和仲巴村易地搬迁红线内搬迁户选址征地工作顺利完成；申报了区、市、县三级农牧民群众扶贫创业就业基地；为323户建档立卡贫困户发放了贫困小额信用贷款1615万元；全年实现贫困户就业培训430人、贫困户转移就业56人、安置就业援助206人，落实生态补偿岗位2481个；兜底保障236户低保户、269户五保户生产生活，全县122户428名一般贫困户对象达到退出标准。

民生民利极大改善。义务教育均衡发展顺利通过自治区、国家评估认定。连续5年实现无孕产妇死亡。全国第二批公共文化服务体系示范区创建工作高标准通过了国家验收，县民间艺术团创编的《雅砻之梦》被市委宣传部评为优秀作品，加查镇文化站被自治区授予全区首批“十佳文化站”。强基础惠民生活动深入开展，全年落实惠民项目27个、资金达330.51万元，县强基办获得自治区级“先进单位”称号。全年新增就业210人，城镇失业人员再就业15人，开发就业岗位256个，职业介绍成功296人。全年共发放低保金、五保供养金和各类救助、补贴补助资金841.55万元。农村危房改造196户。

生态保护全面提升。全年全县新增林地面积1051亩。投资200万元实施了20个农村饮用水源地项目，农村饮水环境得到改善。新增28名环保监督员和197名村级保洁员岗位，农村环境综合整治全面提升。取缔、关停非法采集砂石厂6家。成功创建自治区级生态乡镇1个、行政村7个，安绕镇拉岗村被评为全国生态文化村。

援藏工作力度加大。16个援藏村级卫生室投入使用。完成了新一轮援藏干部轮换。坚持对口支援资金向基层、向农牧区倾斜，坚持80%的资金投入到基层，坚持援受双方协商一致，对口市委领导亲自带队进藏调研援藏工作，搞好了新一批援藏工作计划，规划了一批总投资3400万元，涵盖扶贫、教育、卫生、生态文明等领域的援藏项目。广大援藏干部扎根加查、奉献加查，密切了宜加友谊。

社会局势更加稳固。民族团结宣传教育和民族团结进步创建活动深入推进，民族团结进步表彰力度逐年提升，“三个离不开”思想深入人心。圆满完成优化发展环境专项行动摸底排查工作，有力维护了虫草采集秩序，打击了53名冲击虫草采集秩序人员。信访调解力度全面加强，受理各类矛盾纠纷33件，调解成功率达100%。案件侦破力度不断加大，全年公安机关共立刑事案件33件，受理治安案件46起，交通事故164起，各类案件均得到及时有效侦破查处。“双联户”创建评选工作持续发力，洛林乡人民政府、拉绥乡拉绥村、冷达乡嘎玛吉塘村获得自治区级先进“双联户”表彰。安全生产管理不断加强，全年未发生较大及以上安全事故，无人员死亡。

廉政建设持续深化。以区党委、市委巡视巡察及区、市两级审计为契机，我们加强廉政建设，全面整治了2013年以来事关资金、项目等一系列不符合程序的问题，制定完善了《加查县基本项目建设管理办法（暂行）》《加查县公务接待管理办法》《加查县公务用车管理办法》，出台了《加查县加强和改进机关作风督导方案》，6名干部职工受到了党纪政纪处分，挽回经济损失57万余元，依法办事、依规办事、照章办事成为常态。

国防和双拥工作得到加强，妇女儿童、档案管理、统计审计、工商管理、质量监督、税收征管、地方志等各项工作都取得了新的成绩。

这些成绩的取得，是以习近平同志为核心的党中央亲切关怀的结果，是自治区党委、政府和市委、市政府坚强领导的结果，是湖北省宜昌市无私援助的结果，是全县广大干部群众共同努力的结果。在此，我代表县政府，向各位代表，向全县各级各部门和广大干部群众表示衷心的感谢！

在肯定成绩的同时，我们也清醒地认识到，全县经济社会发展中还存在一些不容忽视的困难和问题。主要是：经济总量不大，内生动力不足；农牧区贫困人口多，脱贫攻坚的任务还相当艰巨；城乡经济发展差距较大，统筹城乡发展任重道远；优化发展环境任务艰巨，政府行政效能有待提升等等，对于这些问题，我们必须引起高度重视，采取过硬措施，尽快加以解决。

2017年工作安排

2017年是实施“十三五”规划的重要一年，是供给侧结构性改革的深化之年，是贯彻落实自治区第九次党代会精神的开局之年，是全面建成小康社会、打赢脱贫攻坚战的关键之年。县第九次党代会科学绘制了在全市范围内率先建成水平较高的小康社会宏伟蓝图，为做好本届政府工作指明了方向。

2017年政府工作的总体思路是：全面贯彻落实党的十八大和十八届三中、四中、五中、六中全会精神，以邓小平理论、“三个代表”重要思想、科学发展观为指导，深入学习贯彻习近平总书记系列重要讲话精神和治国理政新理念新思路新战略，特别是习近平总书记“治国必治边、治边先稳藏”重要战略思想和“加强民族团结、建设美丽西藏”重要指示，坚持“五位一体”总体布局和“四个全面”战略布局，以中央第六次西藏工作座谈会和自治区第九次党代会精神为统领，全面落实“五大发展理念”，坚持“确保一条主线、实现三个突破、守好三条底线、打好四大战役”总要求，以山南十大“四年行动”为载体，突出项目建设、脱贫攻坚、民生改善、环境优化和提升特色产业、统筹城乡发展、深化改革开放等重点工作，全面推进小康加查建成步伐。

主要奋斗目标是：全县国民生产总值、全社会固定资产投资、地方财政收入、社会消费品零售总额、农牧民人均可支配收入分别增长7.8%、4%、41.7%、13%、14.3%。

（一）准确把握西藏“投资拉动”经济发展大趋势，搭建招商引资大平台，壮大自身发展动力

强化项目立项争取。立足“十三五”规划和援藏资金安排落实“两个倾斜”要求，对接山南市“基础设施提升四年行动”，全力做好项目储备、对接和争取工作，积极争取将产业扶贫、易地扶贫搬迁、城中村改造、城区功能提升、安绕镇政府搬迁等项目纳入区、市项目总盘子。积极主动适应项目前期审批新常态，全面落实“一门受理、联审联批”机制，集中力量、集约时间，加快项目前期手续办理，力争5月前完成“十三五”规划项目的录入工作。逐步提升行业部门垂直衔接力度，提升项目立项效率，确保项目有序接替、支撑有力。

强化项目服务监管。推行和完善“六个一”的工作机制，按照“一个项目、一名领导、一个部门、一队人马、一套方案、一抓到底”的要求，着力推进“十三五”项目库对接工作。继续落实重大项目建设协调服务机制，加快推进加查水电站、拉林铁路等重大项目，年内争取实施开复工项目15个、新建项目24个，力争固定资产投资达21亿元以上。并积极配合市委、市政府做好泽当至曲松至加查三级公路前期工作。进一步完善《加查县基本建设项目管理办法（暂行）》，明确政府投资项目管理及资金管理，规范资金拨付程序等环节，提升项目建成质量。建立项目质量和环保监管机制，出台《加查县项目评审暨跟踪审计、决（结）算管理暂行办法》，确保对项目事前、事中、事后全过程进行监管。建立工程质量分工负责制，对项目建设任务进行量化分工和责任细化，保障项目质量责任到人。

强化招商引资平台搭建。一是强化政策保障。主动适应“营改增”后的税收模式，整合我县招商引资税收政策、奖励政策和农业、林业、扶贫等方面的相关优惠政策，完善我县招商引资奖励办法、优惠政策，提升我县干部群众参与招商引资工作的积极性，优化招商引资环境，切实将招商引资企业引进来、属地化，争取将税源控制在本地。二是强化宣传推介。加强推介我县旅游、文化、能源等资源底蕴，加大招商引资成果案例和先进典型宣传力度，渲染我县“大招商、招大商”招商引资思路，展现我县招商引资诚意。三是强化渠道拓展。继续依托雅砻物资文化交流会和“对口援藏”机制，创新招商方式，拓宽引资渠道，实施重点领域招商，重点引进实施一批天然绿色饮品开发、旅游资源产业开发的公司企业，力争年度招商引资金额达6500万元。

（二）准确把握供给侧结构性改革主线，适度集中供给端生产要素，释放转型发展正能量

*提升农林牧产品供给能力。*以全市“粮食单产提高四年行动”为契机，发挥沿江乡镇农业种植地理气候优势，引进测土配方先进技术，积极推广藏青2000等良种作物，实现单产提高50斤目标；继续实施黄牛改良计划，提升畜牧业综合产能和产品区域竞争力，力争牲畜出栏率达33%、肉类产量达2200吨、奶类产量达4880吨；加强“一县一品”培育，宣传好“千年核桃之乡”这张名片，将核桃种植规模扩大至1.82万亩48万株，打造万亩核桃基地。

*提升自然资源开发能力。*加快推进加查水电站、嘎堆水电站建设，争取年内完成投资达8亿元，嘎堆水电站4月前实现首台机组发电，切实将加查打造成为藏中能源基地。督促矿产企业优化生产技术、提升产能产值，力争邦布岩金矿矿石产量达15万吨以上。加强天然饮水开发，推进中立鼎盛加查矿泉水项目尽快落地实施、投产运营。

*提升民族工艺品创新能力。*在保持和弘扬民族传统手工业技术优势的基础上，逐步加大现代技术的引进和创新力度，启动县级产业园规划工作，应用现代技术提升木碗、石锅、编织等民族手工艺水平，应用集约化加工提升手工艺规模，并加强品牌创建，拓展销售渠道，增加群众收入。同时，注重民族品牌保护，强力推进加查木碗、石锅地理标志申报和拉姆拉措28类商标注册保护进度，提升加查民族品牌知名度。

*提升生态休闲旅游挖掘能力。*修编完善县域旅游总体规划，深化“休闲农业和乡村旅游”建设，积极推介“高原水电之都、千年核桃之乡、生态文化旅游圣地”旅游品牌，加大旅游业招商引资力度，将加查打造成为藏东旅游环线节点县城，重点打造“一林两区三沟”（千年核桃林、达布民俗文化区、电站工业区和聂曲沟、色布荣沟、索囊沟景区）景点建设，争取年内接待游客11.5万人次、实现收入3300万元。

（三）准确把握城乡建设总体布局，积极优化资源配置，着力推进城乡协调发展

按照以人为本和经营城镇的理念，坚持“科学规划、严格管理、高标准建设”的原则，结合加查水电站和拉林铁路等重大工程建设，加快完善县城总体规划，实施“南改北拓”区域布局提升工程，适度扩大以安绕镇为中心的城市发展骨架，力争县城总体规划面积发展至16平方公里，重点加快县城北部新区的开发建设，积极稳妥地推进县城旧城区改造。加强交通建设，巩固提升乡村道路通达成果，优化路网结构，争取逐步实现村村通油路。推进莫热坝扶贫大桥建设，投资5400万元实施农村道路巩固提升项目。继续加强农网升级改造，投入资金8000余万元实施新一轮农网升级改造工程，确保农牧区通电率基本达到100%。加强水利和农业基础设施建设，完成莫热坝三级提灌站、灌溉配套设施和安全饮水工程，实施好加查县惹米干渠应急改造、达隆曲治理和洛林乡水土保持生态修复等水利工程；继续实施好农村饮水安全工程，保障饮水安全。加强通信设施建设，加快信息化进程，提升电信、移动、联通等通信网络覆盖率，服务质量得到明显改善，信息化水平显著提高。提升城镇功能，推进城市饮水管网改造，建立县城交通智能化管理体系，实施好市政道路改建，探索建立垃圾卫生处理和污水处理系统，规划好公用厕所、停车场、农贸市场等市政设施，提高县城品味。

（四）准确把握脱贫攻坚总目标，突出易地搬迁和产业脱贫，坚决打赢脱贫攻坚战役

全力抓好精准扶贫、精准脱贫工作，以易地扶贫搬迁为主体，以精准脱贫摘帽为目标，以基础设施建设为重点，以产业扶贫和劳动力转移就业为支撑，以国家投资、政府配套、社会融资、信贷扶贫、科技扶贫为主要形式，坚决打赢脱贫攻坚战役。认真抓好莫热坝易地扶贫搬迁工作，确保369户1250名搬迁群众于7月1日前入住，加大佳吾坝、仲巴村、扎雪村易地扶贫搬迁和同步搬迁项目跑办力度，确保项目尽早立项实施，加速推进20个产业扶贫项目。加强建档立卡贫困户技能培训，确保每个贫困家庭至少有1人掌握1项致富本领。加强就业岗位信息收集，举办好“扶贫就业暨人力资源洽谈会”，做好贫困户免费就业服务工作，力争为100名贫困户提供就业岗位。深化结对帮扶脱贫，对接华能西藏分公司结对帮扶我县111户234名建档立卡贫困户。继续落实好贫困小额信用贷款，保障贫困户创业资本。加强贫困人群尤其是贫困家庭子女的思想教育，提升贫困家庭造血功能，阻断贫困代际传递。加大城乡最低生活保障金和五保户供养资金兑现力度，巩固社会保障兜底脱贫成效。明确扶贫对象退出标准、退出程序，严格脱贫验收，让社会来监督、让群众来评议脱贫成效，确保群众脱真贫、真脱贫。力争到2017年底实现1192户建档立卡贫困户3031人全部脱贫摘帽，脱贫户人均年收入力争达到6000元及以上。

（五）准确把握民生民利改善先决条件，优化民生民利保障机制，增进群众民生福祉

提升教育教学质量。全面落实本级财政收入的25%用于教育事业发展的要求，巩固义务均衡教育工作成效，启动“教育质量三年提升”工程，提升教育教学水平；依托对口援藏机制，搭建教育信息化中心，加大组团式教育援藏和师资交流培训力度，实现教育资源共享；制定出台《加查县教学质量奖惩机制》，激发学校、家庭、教师、学生对教育工作的新活力；加强正确宗教知识教育，淡化宗教对青少年的影响。加强学前教育，取消中小学生虫草假期。

加快发展文化事业。严格落实本级财政收入的3%和援藏资金的20%用于文化事业发展的要求，持续巩固国家公共文化服务体系示范区创建成果，面向社会免费开放达布文化艺术中心、各乡镇文化站和村级农家书屋，实现文化资源共建共享；加大文物保护力度，推进文物挖掘和古籍整理工作；推进县级有线数字化电视建设，打造具有加查浓郁文化特色的文艺晚会，提高加查文化艺术品味，力争我县文化艺术节目进入区、市年度藏晚平台。建设好县级数字电影院，举办好加查县第六届达布文化核桃节，筹备好加查县拉姆拉措文化旅游节。

强化医疗卫生保障。依托援藏平台实施好“互联网+远程医疗”，提升联合会诊水平；继续落实好大病救助举措，5月底前完成先心病患儿免费筛选和全民免费健康体检工作；实施好农产品质量安全监测，加强包虫病预防，加大食药监管，确保群众饮食用药安全。落实好县人民医院医务人员农村就医制度，建设好我县藏医院，提高医疗卫生水平。

健全社会保障体系。大力实施全民参保计划，健全养老保险转移接续和城乡医保融合机制，全力推进“五险合一”工作；加快推进投入资金2020万元保障性住房建设项目，保障干部职工、城镇低收入家庭和外来务工人员住房条件。积极搭建创业就业平台，加大内地中职班、退伍军人、城镇失业人员的职业技能培训、职业指导、职业介绍等就业服务工作力度，力争全年实现新增就业330人，城镇登记失业率控制在2.1%以内。拓展劳务输出渠道，力争全年实现劳务输出1.35万人次、创收3300万元；实施好五保集中供养中心供暖工程和老年护理项目，扎实做好扶残助孤、五保集中供养、特困人群帮扶等工作。

（六）准确把握“三条底线”，全力维护社会稳定，营造和谐发展好氛围

提升社会稳控能力。严格落实自治区维护稳定工作“十项举措”和山南市维护稳定工作“十条规定”，创新完善社会治理体系，充分发挥驻村驻寺干部和“双联户”等群防群治力量，加大矛盾纠纷排查化解力度，全力做好党的十九大召开期间等重要敏感时段的风险防控工作。依法做好宗教工作，严厉打击非法宗教活动。抓好和谐模范寺庙创建工作，深入落实关心关爱僧尼的政策措施，持续改善僧尼修行条件。认真开展民族团结教育宣传和民族团结进步模范评选表彰工作，不断巩固和发展平等团结互助和谐的社会主义民族关系。严格落实“两个一律”的要求，强化学经回流人员教育管控。落实好草原植被恢复费返还举措，继续实行虫草采集临时党支部管理模式，做好虫草采集管理工作。

提升生态护航能力。落实好森林生态效益补偿、野生动物肇事补偿、草原奖补机制，完善环境卫生考核与奖惩机制，推进生态环境建设。建立日常巡查、“双随机”抽查、联审联批、信息公开等环保监管机制，着力加强项目环评审批，杜绝项目带来的环境破坏。实施好达拉岗布寺公路生态修复、安绕镇热果村和洛林乡加热村生态功能提升工程，着力抓好虫草采集点垃圾池建设项目。落实好退耕还林、荒山造林举措，争取全年完成人工造林1000亩、封山育林3000亩，逐步提升森林覆盖率，提高生态自我修复能力。扎实做好迎接中央环境保护督察工作，建立台账分类整改，提炼特色打造亮点，争取高质量、高水平通过中央督察。

提升事故防范能力。严格落实安全生产责任，继续落实“两限一警”措施，盯紧校园安全、道路交通、建筑施工、公共消防、危险化学品和非煤矿山等重点领域，加大隐患排查整治、加强地质灾害防治，提升安全事故防范能力，确保全年不发生较大及以上安全事故，全力做好国务院省级人民政府安全生产考核工作。

（七）准确把握对内改革和对外开放内在联系，推进体制机制改革，增强内生发展源动力

激发行政改革活力。加快推进政府机构改革，加速组建我县统计局和审计局，确保全国第三次农业普查圆满完成，保障我县财政支出合理规范。完善权责清单管理，依法依规编制行政职权目录、权力和责任清单、行政职权运行流程图、服务指南，推进各单位职责落实，切实做到“法无授权不可为、法定职责必须为”。依法推进农村土地“三权分置”工作，争取年内完成我县农村集体土地确权登记颁证工作。继续落实好政府法律顾问机制。

激发对口受援活力。加快推进援藏项目落地实施，争取全年完成援藏投资2500万元；依托受援平台，加大组团式交流培训力度，大力实施“互联网+”工程，打破距离限制约束，重点做好远程教育、远程医疗工作，提升受援质量；发挥援藏工作队纽带作用，加大招商引资优惠政策宣传，争取引进一批关联度高、产业带动能力强的优质企业。

激发环境优化活力。抓紧制定优化发展环境专项行动中已查明违法违规问题的处理方案，按照“四先四后”步骤，采取“五个一批”方式，分期化解违法违规“存量”，强化防违控违日常监管，坚决遏制“增量”。推进违规开采地材整治、村居“三资”清查等工作，出台房屋征收补偿标准及安置政策、举报违规行为奖励暂行办法等长效机制。

政府自身建设

政府系统各部门要忠于党、忠于人民，全心全意为人民谋福祉，聚精会神推进加查经济社会长足发展和长治久安。

绝对忠于党的领导。政府系统各部门要牢固树立政治意识、大局意识、核心意识、看齐意识，绝对忠诚于以习近平同志为核心的党中央，在思想上拥戴核心、政治上信赖核心、组织上忠于核心、行动上捍卫核心，用对以习近平同志为核心的党中央绝对忠诚的实际行动，做好改革发展稳定各项工作。

全面推进依法行政。深入贯彻实施山南市《法治政府建设实施纲要（2015－2020年）》，建立健全领导干部学法、用法制度，提高行政机关工作人员依法行政意识和能力。坚持依法科学民主决策，规范行政决策程序，加强跟踪反馈和责任追究，推进行政决策科学化、民主化、法治化。强化行政行为监督和执法责任追究，规范行政执法行为，推进综合执法，加强行政复议工作。健全政府信息公开发布机制，及时准确向社会公开政府信息，确保群众的知情权、参与权、表达权、监督权。

加强党风廉政建设。从严落实政府系统党风廉政建设责任制和党组主体责任，推进党风廉政建设和反腐败斗争，加强事前预防和事中监督，全力打造制约监督行政权力运行的制度“笼子”。开展反腐倡廉教育，坚决贯彻执行廉洁从政各项规定，严格落实“三重一大”和“末位表态”制度，严肃党内政治生活和“三会一课”制度。落实和完善工程招投标、政府采购、领导干部经济责任审计等制度，从源头上治理腐败。强化纪检监察，着力推进县级巡察机制。

切实改进工作作风。要理清工作思路，明确工作重点，量化工作目标，分解工作任务，制定推进计划，做到任务明确、责任到人，措施具体、奖优罚劣。要发扬“马上就办、真抓实干”工作作风，对确定的目标、议定的事项、明确的重点，各级干部必须靠前指挥，一抓到底。要强化对工作落实情况的督促检查，盯住要落实的事，追究不落实的人，提高政府执行力。完善政府目标责任考核体系和考评激励机制，用工作落实力度和落实程度来考评干部政绩，真正在全县上下形成促进工作、引领发展、真抓实干的良好局面。

各位代表，成绩属于过去、未来任重道远，让我们紧密团结在以习近平同志为核心的党中央周围，在县委的坚强领导下，在县人大、县政协的监督支持下，不忘初心、砥砺前行，以优异的成绩迎接党的十九大胜利召开！

中国人民政治协商会议
西藏加查县委员会常务委员会工作报告

——在政协第二届加查县委员会第二次会议上

县政协主席 普 琼

（2017年3月20日）

2016年工作回顾

2016年是“十三五”开局之年，也是打赢脱贫攻坚战、全面建成小康社会决胜阶段的关键之年。在以习近平同志为核心的党中央英明领导和亲切关怀下，在县委的坚强领导下，在县人大、县人民政府的大力支持和市政协的关心指导下，政协常委会广泛团结政协组织和广大委员，高举爱国主义、社会主义伟大旗帜，坚持团结民主两大主题，深入学习贯彻党的十八大、十八届三中、四中、五中、六中全会和自治区第九次党代会精神，贯彻落实习近平总书记系列重要讲话精神和治国理政新理念新思想新战略，贯彻落实习近平总书记治国必治边、治边先稳藏的重要战略思想和加强民族团结、建设美丽西藏的重要指示，贯彻落实俞正声主席对西藏政协提出的“一个平台、两个共同、三个更好”指示要求，坚持“五位一体”总体布局和“四个全面”战略布局，坚持党的治藏方略，坚持依法治藏、富民兴藏、长期建藏、凝聚人心、夯实基础的重要原则，全面贯彻落实区党委、市委、县委决策部署，担当履职、发挥作用，为助推加查长足发展和长治久安作出了积极贡献。

一、坚定立场、凝聚共识，牢牢把握正确政治方向

坚持中国共产党的领导，是政协事业发展进步的根本保证。以习近平同志为核心的党中央站在坚持和发展中国特色社会主义的历史高度，加强对政协的政治、思想和组织领导，开创了人民政协协商民主建设新局面。

县政协常委会始终把学习贯彻以习近平同志为核心的党中央治国理政新理念新思想新战略“政协篇”作为重要政治任务，深入学习贯彻党的十八届三中、四中、五中、六中全会、自治区第九次党代会、山南市第一次党代会、县委第九次党代会和经济工作会等重大会议精神，学习贯彻《中共中央关于加强社会主义协商民主建设的意见》《中国共产党统一战线工作条例（试行）》《关于加强人民政协协商民主建设的实施意见》，用马克思主义中国化最新成果统一思想、凝聚共识。学习贯彻区党委《关于加强西藏政协协商民主建设的实施意见》和关于政协工作的部署要求，牢牢把握政协工作的正确方向。

一年来，按照懂政协、会协商、善议政的要求，举办了全县新老政协委员培训，组织主席会成员集中学习12次、常委会集体学习4次、印发学习资料100余册。

二、团结包容、凝心聚力，同心共促社会和谐稳定

县政协常委会始终坚持把维护社会稳定作为履职的首要政治任务，充分发挥政协独特优势作用，勇于担当、靠前履职，为实现“三不出”“三无”目标凝心聚力。推动落实维稳举措。坚决贯彻中央、自治区、市委、县委各项维稳措施，在反分裂斗争等大是大非面前，始终做到立场十分坚定、旗帜十分鲜明、态度十分坚决。在重大节庆和重大敏感节点，为维护全县社会和谐稳定大局，县政协安排3位副主席到各自联系乡镇和寺庙督导维稳工作；在我县优化发展环境专项行动中倡议各界委员做好优化发展环境专项行动的支持者、宣传者、参与者、监督者。引领全体委员积极主动、发挥优势、以自身的有效作为带动和影响各方人士，共同投身于全县优化发展环境专项行动中，政协委员在我县优化发展环境专项行动工作中发挥了积极作用。促进宗教和睦。先后有2位副主席参加我县各寺庙佛事活动的协调服务工作，确保佛事活动依法、安全、有序开展。相关副主席经常深入到各寺庙检查指导宗教领域维稳和寺庙管理工作，督促指导各寺管会开展寺庙法制宣传教育、爱国爱教宣传服务下乡活动，促进寺教和睦、佛事和顺、寺庙和谐。

三、规范有序、注重实效，统筹推进经常性工作

县政协常委会坚持丰富和创新经常性工作的内容与形式，努力使政协工作规范有序、富有成效。联系服务基层群众。扎实开展创先争优强基础惠民生活动，深入基层，联系、服务、帮助群众，做好惠民生工作。加强党风廉洁和机关建设。政协党组十分重视党的建设和机关思想、组织、队伍、作风、制度建设，认真落实全面从严治党要求，坚决贯彻两个《准则》《条例》，坚决贯彻落实中央八项规定和区党委“约法十章”“九项要求”及山南市“十项规则”，紧紧围绕县委争创“十个一流”的工作要求，遵守各项规章制度，认真开展了机关廉洁建设各项工作。扎实开展“两学一做”学习教育，坚持问题导向、从严要求、以上率下、注重实效，突出“重点在学、关键在做”，政协党的建设全面加强。严守换届纪律，认真做好政协换届工作。严格按照地委撤地设市工作的安排部署，根据《中国人民政治协商会议章程》《中共中央关于加强和改进人大代表、政协委员有关工作的通知》精神，选举产生了政协第二届加查县委员会主席1名、副主席3名、常委会委员11名。县政协党组按照保留大多数，调整少部分的原则，共推荐了60名政协委员，其中党内委员24名，占40%；党外委员36名，占60%。比例符合“政协委员中党外人士不少于60%”的政策要求，换届工作得以顺利圆满完成。积极开展视察调研活动。一是配合区、市政协撰写了加查县政协关于促进边远乡镇人才培养使用专题的调研报告和加查县政协关于改善司法执法环境的调研报告》。二是组织委员先后到加查电站、藏木电站、县道德模范教育基地、达布文化艺术中心、精准扶贫易地搬迁点摸热坝等地进行参观视察。通过参观视察，委员们充分肯定了在电站运行和建设过程中、在环境保护和带动经济增收方面我县所做的工作，在县公共文化创建以及易地搬迁工作取得的成绩，并表示，在今后工作中，将发挥好政协委员的作用，积极为我县社会发展建言献策。开展委员培训和联系委员工作，提高委员履职能力。县政协邀请市政协业务专家举办了新老委员培训班，集中传达学习了党的十八届六中全会精神和政协业务知识。通过培训，增长了见识，充“电”蓄“能”，收益匪浅。始终坚持密切联系群众，联系委员，加强与各界别委员的沟通与联系，关心基层委员的生产、生活情况，积极引导和帮助基层委员拓宽致富门路，解决实际困难。广泛开展宣传活动。一是一年来，向自治区政协和市政协报送政协信息35篇，向县电视台、县网信办投送政协简报44期。撰写政协文史资料和《政协年鉴》加大了政协宣传力度，扩大了政协影响力。二是大力宣传《政协章程》、政协工作职能和性质、委员职能和义务、《提案工作条例》和《提案工作手册》等等，进一步提高广大群众对政协工作的认知度。

各位委员，过去一年我们取得的成绩，是县委坚强领导和县人大、县人民政府支持帮助的结果，是自治区政协和山南市政协精心指导的结果，是各级各部门积极配合和社会各界广泛参与的结果，是我县全体政协委员、政协机关干部职工共同努力的结果。在此，我代表常委会表示衷心的感谢！

我们也清醒地认识到，工作中还存在一些不足：政协协商民主制度化建设有待进一步完善，方式需要进一步改进；民主监督职能有待进一步强化；委员主体作用、界别优势和作用有待进一步发挥；自身建设有待进一步加强等。这些问题亟待研究解决，希望委员们多提宝贵意见，帮助我们改进工作。

2017年工作要点

2017年，是实施“十三五”规划承上启下的重要一年，政协工作总体要求是：高举爱国主义、社会主义旗帜，坚持团结民主主题，以邓小平理论、“三个代表”重要思想、科学发展观为指导，深入贯彻落实党的十八大、十八届三中、四中、五中、六中全会和中央第六次西藏工作座谈会精神，贯彻落实习近平总书记系列重要讲话精神，特别是治国理政新理念新思想新战略，贯彻落实习近平总书记治国必治边、治边先稳藏重要战略思想和加强民族团结、建设美丽西藏的重要指示，坚持“五位一体”总体布局和“四个全面”战略布局，坚持党的治藏方略，按照自治区第九次党代会的决策部署和市委、县委党代会、经济工作会议精神，坚持稳中求进、坚决维护核心、始终围绕中心、牢牢把握履职重心，认真履行政治协商、民主监督、参政议政职能，充分发挥政协协商民主重要渠道和专门协商机构作用，为推进落实“十三五”规划、精准脱贫、全面建成小康社会做出新的更大贡献。

一、坚持党的领导，夯实共同思想政治基础

毫不动摇坚持党的领导，牢固树立“四个意识”，坚决维护以习近平同志为核心的党中央权威，在思想上拥戴核心、政治上信赖核心、组织上忠诚核心、行动上捍卫核心。把坚持和发展中国特色社会主义作为巩固共同思想政治基础的主轴，深入学习贯彻党的十八届六中全会精神，切实把思想和行动统一到中央的决策部署上来。把学习贯彻党的十八届六中全会精神同学习贯彻今年下半年将要召开的党的十九大精神结合起来，同学习贯彻习近平总书记治国理政新理念新思想新战略结合起来，同学习贯彻自治区、市委、县委党代会精神结合起来，同学习贯彻政协理论方针政策结合起来，坚定不移地忠诚“一个核心”、贯彻“一个战略”、坚持“一个导向”、转变“一个观念”、补齐“一些短板”、弘扬“一种精神”，始终对中央和区党委、市委、县委的部署要求，坚定不移地贯彻、毫不迟疑地执行、千方百计地落实，始终与党思想一致、目标一致、行动一致。

二、坚持靠前履职，助推加查改革发展稳定

坚持以人民为中心的发展理念，按照自治区第九次党代会和全县经济工作会议部署要求，靠前履职尽责，贡献政协智慧和力量。坚决贯彻党的治边稳藏方略要求，发挥政协助推社会大局持续稳定、长期稳定、全面稳定的优势作用。把深入开展反分裂斗争作为履职硬任务，在坚决维护祖国统一、坚决贯彻中央对达赖集团斗争方针等方面，发挥好政协优势。一是要围绕创新完善社会治理、依法做好宗教工作、巩固发展民族团结等视察调研，选择影响社会稳定的重大问题开展调研议政，提出有针对性的意见建议。二是要着眼全面建成小康社会目标，紧扣供给侧结构性改革这一经济工作主线，围绕推动经济持续健康发展、加强基础设施建设、加快产业结构优化升级、统筹城乡和区域协调发展、围绕易地扶贫搬迁等问题调查研究，倾听群众呼声、反映群众需求，促进各族群众共享改革发展成果，坚决打赢脱贫攻坚战等问题视察调研、建言献策。三是要把助力建设美丽加查作为履行职能的光荣使命。推动绿色发展、循环发展、低碳发展，围绕树牢生态理念、加强生态建设、健全生态制度、培育生态文化等视察调研，为保护好加查的一草一木、山山水水，建设美丽加查竭智尽力。四是要选择切口小、可操作性强的题目集中调研，使视察调研成为政协的履职品牌和特色。

三、坚持创新发展，推进政协协商民主建设

坚决贯彻落实中央《关于加强社会主义协商民主建设的意见》《关于加强人民政协协商民主建设的实施意见》和区党委《关于加强西藏政协协商民主建设的实施意见》精神，进一步加强政协制度建设，创新履职方法，提高履职成效，努力寻求全社会意愿和要求的最大公约数、画出民心民愿的最大同心圆，广泛凝聚谱写中华民族伟大复兴中国梦西藏篇章的正能量。始终围绕事关我县改革发展稳定大局的重大决策，以及群众切身利益问题，制定实施好2017年协商计划。坚持协商计划与视察调研紧密衔接，增加协商密度、丰富协商内容、拓宽协商范围、规范协商程序、健全协商机制、改进协商方式，更加灵活多样地开展专题协商、对口协商、界别协商、提案办理协商。充分发挥人民政协民主监督重要职能，强力推进和做好民主监督工作。组织好委员视察调研、培训活动，发挥好委员的主体作用。坚持团结民主主题，把团结的精神、民主的作风、和谐的理念贯穿政协工作全过程，形成民主讨论、开诚布公、各抒己见的良好风气。

四、坚持示范带动，形成风清气正政治生态

坚持政协党组发挥领导核心作用与支持依法依章程履行职责相统一，深入学习贯彻习近平总书记关于正确处理“亲”“清”的新型政商关系重要指示精神，学习贯彻党的十八届六中全会和自治区第九次党代会精神，发挥政协在推进我县民主政治建设进程中的示范带动作用。围绕加强思想政治建设、加强政协组织特别是领导班子和委员队伍建设、加强履职作风建设等课题，开展视察调研，形成有价值的履职成果。发挥政协优势作用，做好团结联系各民族、各宗教、各阶层、各界别、各团体和党外代表人士、知名爱国人士、非公经济人士的工作，做好各项维稳工作。牢固树立反腐倡廉在西藏没有特殊性、在政协也没有特殊性的意识。把落实全面从严治党“两个责任”贯穿于政协履职全过程，充分发挥政协作为民主监督机构的职能作用。贯彻落实两个《准则》和两个《条例》，贯彻落实中央“八项规定”精神和区党委“约法十章”“九项要求”、市委“十项规则”，形成风清气正的政治生态。

五、坚持强基固本，加强政协自身建设

继续加强常委会自身建设，以创新理念和务实举措，在推进履职能力建设中充分发挥作用，不断提高政治把握、调查研究、联系群众、合作共事能力。着眼发挥政协机关“五个服务”作用，巩固“两学一做”学习教育成果，继续加强机关思想、组织、作风、制度和反腐倡廉建设，展现新气象、树立新形象、开创新局面。通过各种途径，大力宣传政协工作取得的新进展新经验新成果，扩大影响力。

各位委员，凝心聚力谱新篇、同心同德向未来。让我们更加紧密地团结在以习近平同志为核心的党中央周围，在县委的坚强领导下，讲政治、敢担当、有作为，为如期把加查建设成为全市水平较高的小康社会而努力奋斗，以优异成绩喜迎党的十九大胜利召开！

加查县人民法院2016年度工作报告

——在加查县第十三届人民代表大会第二次会议上

加查县人民法院院长　次仁罗布

（2017年3月20日）

2016年工作回顾

2016年，在县委坚强领导、人大有力监督、上级法院正确指导和政府、政协、社会各界关心支持下，深入贯彻落实党的十八大、十八届三中、四中、五中、六中全会和中央第六次西藏工作座谈会精神，贯彻落实习近平总书记系列重要讲话精神和治国理政新理念新思想新战略，贯彻落实习近平总书记治边稳藏重要战略思想和对政法工作防控风险、服务发展、破解难题、补其短板的重要指示精神，贯彻落实自治区第九次党代会、山南市第一次党代会精神，贯彻落实区、市政法工作会议和法院院长会议精神，坚持依法治藏、富民兴藏、长期建藏、凝聚人心、夯实基础的重要原则，紧紧围绕“努力让人民群众在每一个司法案件中感受到公平正义”的工作目标，忠实履行宪法法律赋予的司法审判职责，坚持司法为民、公正司法，大力推进平安加查、法治加查和过硬队伍建设，各项工作取得了新的成绩。全年共受理各类案件46件，审执结44件，结案率96%，同比分别上升28%、26%、1%，法定审限内结案率为100%，服判息诉率98%。

一、依法履行审判职责，维护社会公平正义

——依法惩处刑事犯罪，维护社会和谐稳定。始终把维护县域社会稳定、促进长治久安作为首要政治任务，依法严厉打击故意伤害、盗窃、赌博等各类违法犯罪行为，积极推进平安加查建设，不断增强人民群众安全感。共受理各类刑事案件11件，审结11件，结案率100%，受理案件数与去年同期相比下降15%，结案率上升8%。其中，故意毁坏财物罪1件、故意伤害罪1件、盗窃罪5件、单位行贿罪1件、交通肇事罪1件、赌博罪1件、非法猎捕杀害珍贵濒危野生动物罪1件。坚持惩防并举，严格落实宽严相济刑事政策，判处五年以上七年以下有期徒刑1人、三年以下有期徒刑8人，判处拘役、缓刑5人，免予刑事处罚1人，无上诉案件，实现了法律效果与社会效果、政治效果有机统一。

——依法调处民商事纠纷，促进社会和谐发展。牢固树立五大发展理念，突出司法服务的针对性、精准性、实效性，推动法院工作更好适应县域经济社会发展新常态，以服务全县经济社会发展为大局，围绕“保增长、惠民生、调结构”主线，促进经济社会和谐发展，保障人民群众安居乐业。共受理各类民商事案件31件，审结29件，结案率94%；其中调撤25 件，调撤率达86%，受理案件数与去年同期相比上升63%，结案率与去年同期相比下降6%。高度重视和妥善调处婚姻家庭、劳务合同、人身损害赔偿纠纷等与群众生产生活息息相关的涉及民生案件13件，有效化解矛盾纠纷，着力减少不和谐因素，依法保障各族群众共享改革发展成果。充分发挥民商事审判对规范、引导和调节市场行为的作用，依法审理买卖合同、租赁合同等涉及市场交易案件16件，有效净化市场交易环境，促进社会诚信建设。

——强化法治宣传力度，促进依法行政。以综治宣传月等活动为契机，通过悬挂横幅、发放宣传等单形式，积极宣传新修订的《行政诉讼法》及司法解释，正确引导行政相对人维护合法权益，推进行政机关依法行政，从源头预防和减少行政争议，着力减少社会不和谐因素，促进法治政府建设。全年无行政案件。

——努力破解执行难题，全力维护司法权威。以最大限度实现债权人权益为目标，坚持依法执行和规范执行并重，采取分散执行与集中执行、说服教育与强制执行相结合，加强法院内部立、审、执部门的沟通协调，从源头上减少执行案件，努力破解“执行难”，全力维护司法权威，积极推进社会信用体系建设。共受理各类执行案件4件，执结4件，执结率100%，执结标的22.1524万元。受理案件数与去年同期相比上升33%，结案率与去年同期相比持平。

二、围绕加查发展稳定工作大局，努力让人民群众感受到社会和谐稳定

——加强维稳工作，确保维稳“三不出”。始终坚持把开展反分裂斗争、维护社会稳定放在各项工作的首位，旗帜鲜明、立场坚定，严格按照区党委、市委、县委和上级法院关于维护稳定工作的指示精神和部署要求，坚决贯彻执行各项维稳措施，认真落实维护安全和社会稳定，全力确保社会局势持续稳定、长期稳定和全面稳定。坚持24小时值班带班和重大事项请示报告制度，建立健全维稳工作制度和各类突发事件处置预案，认真开展日常巡逻与安全隐患排查，做到安全保卫工作无盲点、无缝隙。在审判执行工作任务繁重的情况下，随时抽调警力、车辆全力配合参与县委组织的维稳蹲点、维稳指挥部值班带班、加油站监督员和政法系统武装拉练等维稳工作99人次，院内维稳值班带班、巡逻602人次。在维稳敏感阶段和法定节假日，组织开展矛盾纠纷排查、安全隐患排查，确保安全稳定。严格执行公务用车使用和管理，未发生公务用车交通事故。同时，结合“双联户”服务管理工作，加强对单位内部和出租房屋的安全管理，切实做到防火、防盗、防毒、防爆工作，真正做到了“三不出”和“三个稳定”。全年未出现因维稳措施不到位而发生影响稳定工作的重大事项。

——强化驻村工作，认真开展强基惠民活动。坚决贯彻落实县委关于创先争优强基惠民活动有关要求，扎实开展驻村工作。结合法院职能，大力开展法治宣传力度，积极宣传法律法规和党的惠民政策，妥善化解婚姻家庭、买卖纠纷、房屋租赁纠纷等矛盾纠纷，倾心尽力为群众办实事、解难事。一年来，共选派干警轮换驻村4人次，开展调研指导6次，解决矛盾纠纷6件。

——开展精准扶贫，全力帮扶贫困户脱贫。自开展精准扶贫工作以来，组织全体干警多次深入结对帮扶贫困户调研指导精准扶贫工作，以走亲戚、交朋友的方式，详细了解贫困户的生产生活情况和致贫原因，认真填写《精准扶贫入户调查摸底表》，为贫困户发放结对帮扶联系卡，将每户因病、因学、因灾、缺劳动力、缺项目等不同的致贫情况进行详细记录，并与驻村干部、村委员一一核实贫困户申报情况、制定帮扶脱贫计划，以实实在在的帮扶措施，全力为结对帮扶贫困户解决一些实际问题，达到“精准扶贫、精准脱贫”的目的。全院干警共结对帮扶贫困户9户，走访贫困户40人次，慰问折合资金共计7400元。

三、服务创新发展，努力让人民群众感受到司法为民

——加大司法救助力度。为伤残、失业、低保等人员实行优先立案、优先审理、优先执行。对经济困难的诉讼当事人，依法实行缓、减、免交诉讼费，确实保护弱势群体的合法权益。共免交诉讼费6件4166元，向困难群众发放执行救助金55000元，有效体现了司法的人文关怀。一年来，共实收诉讼费（21件20863元）、处罚金（11件案件并处罚金刑238000元）共计258863元，已全部上缴国库。

——大力开展巡回办案。充分发挥“车载流动法庭”作用，大力推行巡回办案、上门调解，能动司法访民忧、解民难。将法庭搬进乡村、田间地头，坚持现场立案、现场调解、现场履行，把每一次巡回办案活动都当作法治宣传、普法教育的法制课堂。选择赡养纠纷、邻里关系纠纷等典型案件现场开庭，用人民群众听得懂、看得见的方式解决纠纷，通过巡回审判的方式既方便了群众诉讼，又起到“审理一案、教育一片”的作用。共利用“车载流动法庭”开展巡回办案11件，回访案件当事人4人次，送达法律文书22次，出动法官及干警共17人50余人次，总行程2万余公里。

——重视涉诉信访工作。认真贯彻落实涉诉信访“四个必须” 和“五项制度”， 标本兼治预防和处置各类矛盾纠纷。健全涉诉信访工作机制，成立了涉诉信访工作领导小组，设立了专门的信访接待室，指派审判经验丰富的法官接访，动之以情、晓之以理，使信访案件得到依法及时妥善处理。对有重大涉诉信访和安全隐患的案件，仔细排查，摸清底数，采取专人负责、专案办理、专案施策的办法，有针对性的做好化解和稳控工作，做到案结事了。做好案件判后答疑工作，使当事人服判息诉，避免当事人因对法律不理解而发生上访。实行案件诉讼风险评估，每逢节假日、敏感节点，对有信访苗头案件进行摸底排查，并加强对审判时机的把握，制定隐患案件应急预案，责任落实到人。共接待群众来访 34件104人次，均得到有效处置，未发生越级访、集体访现象。

——强化法治宣传教育。认真落实普法工作规划，将普法宣传、以案释法活动贯穿于审判全过程，采取电视新闻、手机报、微信公众号等平台发布宣传信息，结合“法律七进”活动，开展送法下乡、法治讲座等活动。在乡镇村、学校、农牧区开展法治讲座。利用“法治宣传月”“法治宣传日”等活动为契机，在街道开展法制宣传活动。通过组织庭审观摩、案件旁听、公开审理案件等方式，将审判过程作为对群众进行法制宣传的课堂。共开展法治宣传18次（讲座7场次、宣传活动11次），散发藏（汉）宣传资料10000余份，法律咨询 36人次，受教育群众16000余人次。

四、坚持改革创新，努力让人民群众感受到司法高效

认真落实关于全面推进司法改革的决策部署，遵循司法规律，坚持脚踏实地，勇于突破创新，改革成效初步显现。

——严格落实司法责任制。严格落实“让审理者裁判、由裁判者负责”原则，改革裁判文书签发机制，努力做到“谁办案、谁签字、谁负责”。严格落实干预、插手、过问案件记录问责的“两个规定”。明确入额院庭长办案数量，并要求带头办理重大疑难复杂案件。

——稳妥推进人员分类管理。召开全面推进司法体制改革动员大会，制定《司法体制改革工作实施方案》等文件，指导全面推进司法体制改革。严格遴选标准程序，注重办案实绩，突出办案能力，严格按照员额法官、司法辅助人员、司法行政人员三大类归类定岗，分别占编制总数的39%、46%、15%，科学划定人员比例，全面启动员额法官选任，经统一笔试、考核和法官遴选委员会面试审查，已审核申报首批拟入额法官6名。

——全面推行阳光司法。围绕司法公开“六项公开”内容，利用互联网、科技法庭平台，积极落实司法公开制度。在立案大厅将立案流程、法律文书样式、诉讼费标准等内容上墙，向社会和当事人公开。依法公开审理案件，除法定情形外，一律公开开庭审理。2016年使用科技法庭开展庭审直播11次，使用率100%。实现了司法过程全公开，拓展了司法公开的广度和深度。强化司法文书公开，以公开为原则、不公开为例外，2016年在互联网上公布汉语裁判文书18篇、藏语裁判文书13篇，公开率100%。依法公开执行信息，加大对拒不执行裁判的“老赖”的曝光力度。利用电视新闻、手机报、公众微信号等平台，及时发布审判信息、主动对外公开，共撰写法院工作信息简报85期，发送手机报20条，电视新闻报道6次。

五、全面从严治院，努力让人民群众感受到司法清明

——加强领导班子建设。提高班子整体素质、管理水平，做到发扬民主，科学决策，整体合拍，敢抓敢管，令行禁止，发挥好示范、表率、指导作用。把团结作为班子建设第一原则，坚持民主集中制，凡属重要工作部署、干部调整任免等重大事项，都必须由党组集体讨论决定。把学习作为班子建设第一需要，班子成员努力加强政治理论和法律业务知识学习，在学习、工作、纪律方面做到率先垂范。把务实作为班子建设第一要务，从群众对法院工作最急、最盼的问题入手，班子成员不定期深入基层走访群众，为群众办好事、做实事，倾听群众对司法工作的心声。把廉洁作为班子建设第一形象，认真履行“第一责任人”职责，对班子成员做到常提醒、常监督，促使牢固树立勤政廉政意识。在县委和县委组织部的高度重视下，今年新提拔干部5名，目前法院领导班子2人，空缺1人。内设机构编制8名中层领导已配备7名，法院队伍建设逐步向规范化、正规化迈进。

——加强思想政治建设。以开展“两学一做”学习教育为契机，牢牢把握基础在学、关键在做的要求，引导干警树立“四个意识”。通过讲党课、大讨论等形式，加强教育学习，争做“合格党员”“合格法官”，人均撰写心得体会1篇以上，个人学习笔记达5000字以上，组织干警学习黄志丽同志先进事迹，忠实履行职责。组织党员“七一”上廉政党课，积极开展妇女“恒爱行动”捐款和“献爱心、送温暖”活动，全院干警踊跃为县患病干部、贫困党员捐款共计6580元。

——加强司法作风建设。严格执行请销假、着装、庭审规范等规定制度，进一步规范司法作风。坚持执行个人收入、礼品登记制度和重大事项报告制度，防止权力失控、行为失范，有效预防违法违纪行为的发生。一直以来，未发生一起违法违纪案件。

——加强司法能力建设。以创建学习型法院为载体，重视和加强教育培训工作，提高干警综合素质。加强对干警的教育培养，制定每周五为政治理论学习制度，鼓励干警参加司法考试和在职学历教育考试，积极组织干警参加专项业务培训，着力提高干警法律能力素质。全院干警共参加各类培训班13人次，在拉萨中院挂职锻炼1人，参加司法考试5人，通过西部线2人，在职专升本学历教育2人。开展庭审观摩活动，邀请系统法院参加本院案件庭审观摩活动2次，有效提高了法官庭审技能。

——加强司法廉洁建设。认真落实“两个责任”。狠抓“一岗双责”，筑牢拒腐防变防线。坚持不懈抓教育，经常性开展警示教育活动，学习典型案例，观看警示教育片，通过正反事例教育引导干警不断增强职业道德意识和自律意识，做到防微杜渐、警钟长鸣。院领导带头上廉政党课、开展廉政约谈、任前廉政谈话，筑牢拒腐防变的思想防线。坚持不懈抓制度，组织开展司法廉洁教育、党风廉政建设宣传月等活动。完善《廉政风险防范机制》，防范司法干扰，对领导干部干预司法活动、插手具体案件处理，以及法院工作人员过问案件，实行全程留痕。严格执行重大事项报告述职述廉、民主评议等制度，使党风廉政建设有章可循、重点明确。坚持不懈抓监督，认真开展审务督察和案件质量评查工作，实行廉政监督卡“随案发放”制度。主动查找司法不公、不实、不廉行为，对枉法裁判、滥用职权的，发现一起、查处一起。一直以来，未发现办“三案”现象，实现了“零举报”的良好局面。

六、坚定政治方向，努力让人民群众感受到司法民主

始终坚持党对法院工作的绝对领导，及时向县委政府汇报法院工作的重要部署、重要措施及需要解决的困难和问题。自觉主动接受人大及其常委会的法律监督，进一步加强人大代表联系制度，加强与人大、政协的联络工作，邀请代表、委员旁听案件、视察工作、参与执行，广泛听取社会各界对法院工作的意见和建议，自觉接受群众、新闻媒体对法院工作的监督，促进法院依法正确履行职责。共主动向人大及其常委委报告工作8次，走访县人大代表、政协委员、廉政监督员6次，邀请人大代表、政协委员座谈和视察法院工作6次、旁听案件5人次，13名人民陪审员参与审理案件21件25人次，参审率61%。

七、坚持把握司法重心，努力让人民群众感受到司法服务环境有新改善

在县委政府、上级法院和宜昌市两级法院的大力支持下，新建审判业务用房及“温馨工程”项目已基本竣工并争取今年投入使用，法院司法服务环境得到了显著改善。2016年10月，对口支援宜昌市两级法院莅临考察交流，向我院捐赠援助资金30万元，有力促进宜加法院沟通交流和共同发展。

各位代表，加查法院各项工作取得的点滴进步，得益于县委坚强领导、人大有力监督、上级法院正确指导，得益于政府及相关部门大力支持、政协民主监督、宜昌市法院无私支援和社会各界关心支持。在此，我代表加查法院表示衷心的感谢，并致以崇高的敬意！

回顾一年的工作，我们深切体会到：做好新时期人民法院工作，要必须做到“四个坚持”。一是要坚持党的领导，服从服务大局。必须牢固树立“四个意识”，始终与党中央、区党委、市委、县委保持高度一致，确保正确的政治方向。二是要坚持依法履职，严格公正司法。狠抓执法办案第一要务，坚守公平正义最后一道防线，让每一个案件都经得起法律和历史的检验。三是要坚持群众路线，保障民生权益。着力解决群众最关心、最直接、最现实的利益问题，以公正、高效、便捷司法赢得群众的信任。四是要坚持从严治院，加强队伍建设。主动适应新形势和新要求，励精图治，持之以恒，努力营造风清气正、干事创业的良好氛围。

同时，我们也清醒地认识到：法院工作还存在一些不容忽视的问题和不足：案件数量持续增长，疑难复杂和新类型案件不断涌现，办案任务日趋繁重；推进司法体制改革的相关配套制度亟待完善，改革创新的成效还不够明显；基础设施建设相对滞后，规范化、科技化建设步伐还需进一步加快。针对存在的问题和不足，我们将采取有力措施，切实加以解决。

2017年工作安排

2017年，法院工作总体思路：高举中国特色社会主义伟大旗帜，以邓小平理论、“三个代表”重要思想、科学发展观为指导，深入贯彻落实党的十八大、十八届三中、四中、五中、六中全会和中央第六次西藏工作座谈会精神，贯彻落实习近平总书记系列重要讲话精神、特别是“治国必治边、治边先稳藏”重要战略思想，贯彻依法治藏、富民兴藏、长期建藏、凝聚人心、夯实基础重要原则，贯彻落实自治区第九次党代会和山南市第一次党代会精神，紧紧围绕加快“七个加查”建设，主动把握和积极适应经济发展新常态，坚持“司法为民、公正司法”工作主线，忠实履行宪法法律赋予的司法审判职责，全面推进司法体制改革，进一步加强和改进各项工作，全面提升司法工作水平，努力把加查建成全市水平较高的小康社会提供有力司法保障。

*一是打造服务型法院，主动担当保障发展重任。*坚持严格公正司法，认真履行审判职责，服务经济社会发展大局。依法惩处危害人民群众生命财产安全的各类犯罪，坚决维护社会和谐稳定。加强职务犯罪审判工作，保持依法惩治腐败的高压态势。妥善化解各类民商事纠纷，增强人民群众人身财产安全感。加强行政审判，促进法治政府建设。加强案件执行力度，全力破解执行难问题。依法公正审理好每一件案件，确保每一起案件都经得起历史检验，让司法公正成为法治优良城市的显著标志。

*二是打造先锋型法院，坚决开展反分裂斗争。*始终把维护社会稳定作为各项工作的首要任务。旗帜鲜明、立场坚定地揭批十四世达赖集

团的反动本质，自觉维护祖国统一和民族团结，自觉主动参与维护社会稳定工作大局，坚守政治纪律和组织纪律。狠抓社会治安综合治理工作、“双联户”服务管理和安全生产工作，提高认识，统一思想，加强庭审防范和内部安全保卫工作。

三是打造公信型法院，努力确保司法公正高效。稳妥、有序推进司法体制改革，强化审判监督管理，实现审判执行全程留痕，细化司法责任落实，规范审判权行使。完善审判业绩考核，优化司法资源配置，创新司法公开方式，拓宽群众参与司法途径，健全法院内外监督机制，以公开促公正、以公正树公信。

四是打造便民型法院，充分回应群众司法需求。充分发挥车载流动法庭、科技流动法庭作用，就地化解矛盾纠纷。加快推进“三大平台”建设。健全科技流动法庭服务机制，完善裁判文书上网制度，加强法院系统内网维护，以司法公开倒逼司法公正，强化诉调对接，使纠纷解决更加高效便捷，加大法治宣传力度，引导群众通过法律途径解决问题，服务社会稳定发展。

五是打造廉洁型法院，全面树立良好司法形象。坚定政治方向，深入贯彻《关于新形势下党内政治生活的若干准则》和新修订的《中国共产党党内监督条例（试行）》。严格落实全面从严治党“两个责任”，加强司法廉洁建设，健全惩治和预防腐败体系，坚决查处违纪违法行为，努力巩固法官清廉、法院清明的良好政治生态。

六是打造标杆型法院，狠抓基层基础建设。加快推进新建审判业务用房、“温馨工程”建设，加强信息化工作，坚持服务人民群众、服务审判执行、服务司法管理，加快信息化设施建设、强化保障体系、提升应用成效，形成科学有效、快速便民的工作环境。

各位代表，法安天下，德润人心。新的一年，法院服务保障经济社会发展的责任更为重大，任务更为艰巨。我们深知，人民群众的期盼就是我们努力的方向，代表的建议就是我们改进工作的重点。我们决心在县委的坚强领导、人大有力监督、上级法院正确指导和政府、政协、社会各界关心支持下，牢记使命，忠诚履职，勇于担当，为如期把加查建成全市水平较高的小康社会提供有力司法保障，以优异的成绩向党的十九大献礼！

《西藏加查县人民法院工作报告》有关用语说明

1. “两个规定”：指中共中央办公厅、国务院办公厅印发的《领导干部干预司法活动、插手具体案件处理的记录、通报和责任追究规定》（中办发〔2015〕23号），中央政法委印发的《司法机关内部人员过问案件的记录和责任追究》（中政委〔2015〕10号），以及最高人民法院制定的《人民法院落实〈领导干部干预司法活动、插手具体案件处理的记录、通报和责任追究规定〉的实施办法》《人民法院落实〈司法机关内部人员过问案件的记录和责任追究规定〉的实施办法》。

2. “六项公开”内容：（1）、立案公开。立案阶段的相关信息应当通过便捷、有效的方式向当事人公开。（2）、庭审公开。有序开放、有效管理的旁听和报道庭审的规则，消除公众和媒体知情监督的障碍。（3）、执行公开。执行的依据、标准、规范、程序以及执行全过程应当向社会和当事人公开，但涉及国家秘密、商业秘密、个人隐私等法律禁止公开的信息除外。（4）、听证公开。对开庭审理程序之外的涉及当事人或者案外人重大权益的案件实行听证的，应当公开进行。（5）、文书公开。裁判文书应当充分表述当事人的诉辩意见、证据的采信理由、事实的认定、适用法律的推理与解释过程，做到说理公开。（6）、审务公开。人民法院的审判管理工作以及与审判工作有关的其他管理活动应当向社会公开。

3. 科技法庭：是指为保障审判活动公开、高效进行，通过科技法庭信息化建设，实现审判过程中视频、音频、多媒体证据等信息资源的实时采集、数字化以及存储管理；实现通过IP网络实时观看审判实况直播和庭审结束后进行庭审视频点播。科技法庭由布线系统、音视频管理系统、证据管理与展示系统、庭审记录系统、庭审记录系统、音响系统和其它设备等组成。

4. 以公开为原则、不公开为例外：根据我国法律法规和最高人民法院相关规定，为保守国家秘密、保障当事人合法权益，以下信息为例外情形，依法不予公开：涉及国家秘密、商业秘密、个人隐私的；涉及未成年人违法犯罪的；以调解方式结案的；其他不宜公开的。

5. 廉政监督卡“随案发放”：指为促进公正、高效、廉洁、文明司法，在立案时，法院工作人员在向当事人送达文书的同时，一并随案附上《廉政监督卡》。廉政监督卡上明确标明案号、案由、当事人基本情况、监督内容、监督意见的反馈方式等，让当事人一目了然；廉政监督卡上还详细列出了监督事项，案件当事人可对承办法官在办案过程中是否违反最高人民法院“五个严禁”的规定进行监督，也可对法官办案的整个过程提出监督意见和建议；监督卡上也注明了举报受理电话和举报受理邮箱，方便当事人投诉。

图表

2016年加查法院案件季度收、结案数柱状图

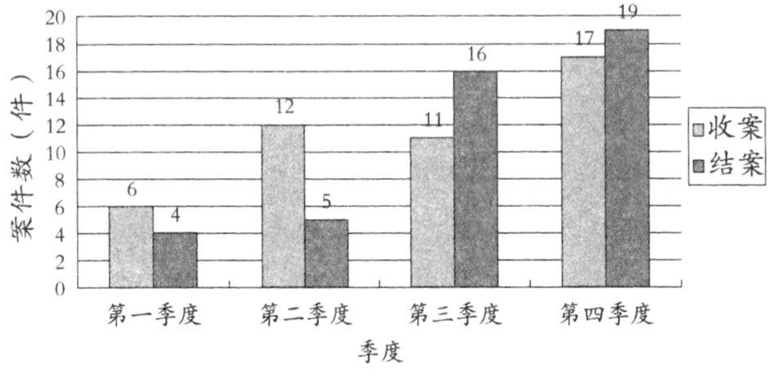

2016年加查法院案件受理类型饼图

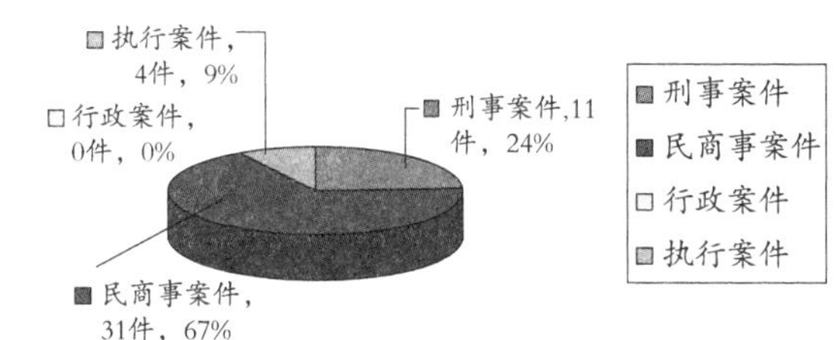

2016年加查法院刑事案件类型饼图

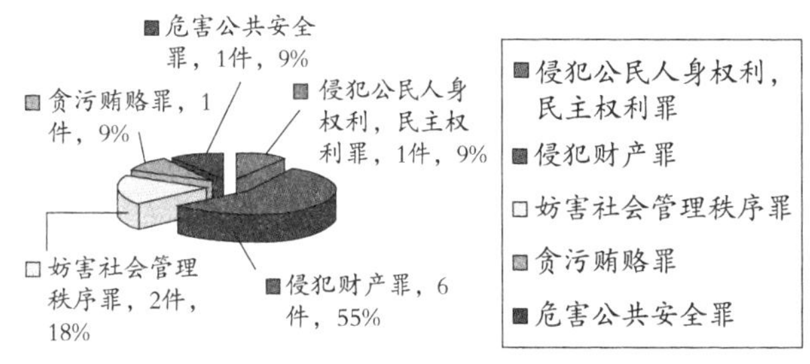

2016年加查法院生效判决16名被告人处罚结果饼图

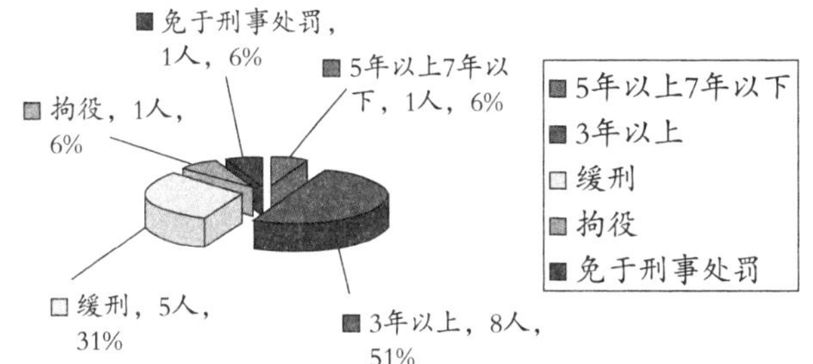

2016年加查法院民商事案件类型饼图

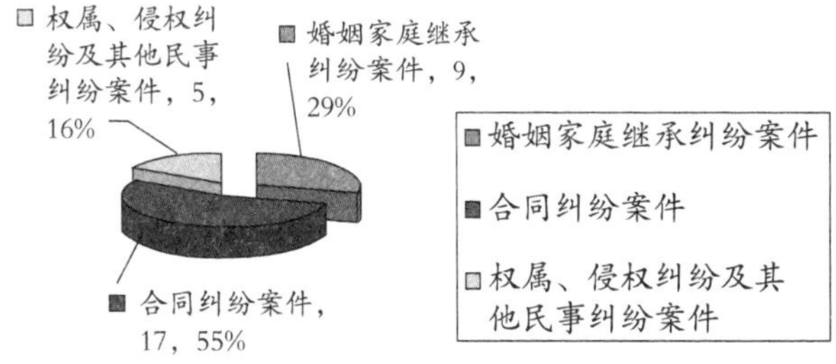

加查县人民检察院工作报告

——在加查县第十三届人民代表大会第二次会议上

加查县人民检察院检察长 尼玛次仁

（2017年3月20日）

2016年工作回顾

2016年以来，在县委、上级院的坚强领导，在县政府的大力支持，在人大、政协及社会各界的有力监督下，坚持以党的十八届三中、四中、五中、六中全会精神、中央第六次西藏工作座谈会精神及“十四检”会议精神为指导，认真贯彻落实张培中检察长重要指示精神，紧紧围绕“十三五”时期社会发展稳定大局和全县中心工作，以检察改革为动力，以履职尽责为抓手，忠诚践行“强化法律监督、维护公平正义”的检察工作主题，有序推进各项检察工作，为“平安加查”“清廉加查”“法治加查”建设、优化加查发展环境提供了坚实的法治保障，各项检察工作取得了明显成效。

一、认真履行检察职能，着力强化法律监督，推进各项检察工作

我院始终坚持 “治国必治边，治边先稳藏”的重要战略思想、严格按照上级检察机关的工作部署和要求，认真履行检察职能，全面开展各项检察工作，充分发挥了检察职能作用。

（一）加强立案监督和侦查活动监督。截止12月20日，侦监部门共受理公安机关提请批准逮捕案件9件12人，其中侵犯财产类案件7件9人（盗窃案），妨害社会管理秩序类案件1件3人（赌博案）。经审查，批准逮捕8件10人，不批准逮捕2人，批捕正确率为100%。我院适时提前介入引导侦查取证3次（强奸案、强迫卖淫案）。审查逮捕工作呈现的特点：一是受理审查逮捕案件数同比去年上半年有所增加，不批捕数有所上升；二是案件类型呈多样化，侵犯财产类案件仍居高不下。

（二）加强刑事诉讼监督和民事诉讼监督。截止12月20日，公诉部门受理审查起诉案件12件16人，其中职务犯罪类案件1件1人（单位行贿案），危害公共安全类案件2件2人（放火罪案和交通肇事案），侵犯公民人身权利民主权利类案件3件3人（故意伤害案、强迫卖淫案和过失致人死亡案），侵犯财产类案件4件5人（盗窃案），妨害社会管理秩序类案件2件5人（赌博案和非法猎捕、杀害濒危野生动物案）。提起公诉案件9件13人，作出不起诉决定2件2人（盗窃案和强迫卖淫案），法院依法判处8件10人，起诉成功率为100%。审查起诉工作呈现的特点：一是审结不起诉案件有所上升；二是犯罪类型呈现多样化，共同犯罪作案现象呈上升趋势。

（三）加大自侦案件的查办力度，坚持预防犯罪与惩治犯罪并重。为加强基层执法办案中心建设，推进基层县院自侦案件查办，结合我院实际情况，向县政府争取到项目建设资金50余万元，目前办案区已投入使用。我院为积极响应中央反腐的大政方针，严格落实上级院要求，积极开展反贪污贿赂、反渎职侵权工作，自侦案件今年已立案侦查2件2人。一是历时两周时间对县辖区内五乡两镇养老保险金收缴和发放情况开展专项调研活动。针对调研中发现的问题，发出《检察建议书》1份，采纳1份，口头提出纠正建议3次，采纳3次；二是惩防并举，积极开展职务犯罪预防工作。以“综治宣传月”“举报宣传周”为契机，精选业务骨干组成宣讲组分赴各乡镇、企事业单位、学校及主要街道开展“法律进万家”“法律进企业”等活动6次，走进企业、县直单位内部开展预防职务犯罪法制讲座3次。同时，积极与藏木电站各大施工企业就如何预防职务犯罪及精品工程的打造进行交流，并签订共建协议，打造检企预防职务犯罪新方式。

（四）加大控告申诉检察力度。一是进一步加强检察长接待室的建设和完善检察长接待日制度，对各类控告举报线索在规定时间按照规定办理，共接待群众来访3件5人次，有效化解了矛盾，其中4月初受理一起刑事案件被害人及委托人控告执法人员案件，我院受理后，派员及时调查了解、收集证据，并就公安机关执法过程进行监督，取得了良好的社会效果；二是把罢访息诉工作作为控告申诉工作的最终目的。来访群众提出的合理诉求，工作人员晓之以理、动之以情，均作出了合理的答复。三是加大举报线索的收集力度。通过设立举报箱，开展法制宣传等活动，与街道警务站、司法局等单位加强沟通联系，实行信息共享，从中获取线索，不定期走村入户，倾听群众呼声，向群众搜集案件线索。

二、维护社会和谐稳定，为我县经济社会发展营造良好法治环境

我院充分发挥检察职能，紧紧围绕县委、政府工作大局和工作部署，依照“23355”发展思路，主动服务保障全县法制建设，积极营造良好法治环境，扎实做好检察环节维护社会和谐稳定的工作。

（一）坚决执行县委、县政府维稳工作部署。我院始终把维护稳定作为压倒一切的首要政治任务，以高度的政治责任感和历史使命感，以饱满的政治热情，积极主动的完成各项维稳任务。严格落实区党委、市委、县委维稳措施，积极参与巡逻联防等各项维稳工作。今年以来，我院共投入警力参与值班备勤、巡逻等任务182人次，抽调干警参加县委、政府维稳中心工作30余人次，投入维稳资金2万余元。

（二）更加重视改进办案方式方法。坚持“三个慎重”，即慎重拘留逮捕涉嫌犯罪的关键岗位人员，确需拘留逮捕的，提前与主管部门沟通，帮助做好单位企业的衔接工作；慎重查封扣押冻结涉案财物，避免引发或加剧风险；慎重考虑办案方式和时机，维护单位、企业的形象和声誉。

（三）积极开展“创先争优强基惠民活动”。深入开展“创先争优强基惠民活动”，密切党群关系、检民关系。今年来我院为联村建设共投入物资2万余元、选派6人进驻冷达乡联村，全面开展强基惠民的各项工作。一是加强村委班子建设，强化组织保障；二是认真排查调处矛盾纠纷，维护驻村稳定，制定预案，成立护村队，强化安保工作，真正实现了“三不出”的维稳工作目标；三是积极为民办实事，竭力帮助联村解决困难，让群众得到真正的实惠。

三、坚持从严治检，深入推进司法规范化建设

（一）扎实开展规范司法行为专项整治。牢记打铁还需自身硬，防止“灯下黑”。集中整治自身司法不规范问题，广泛听取社会各界意见，让不规范行为“见人、见事、见案件”。认真学习贯彻廉洁自律准则和纪律处分条例，严格落实主体责任，狠抓党风廉政建设，确保检察队伍的政治性、人民性和纯洁性。

（二）切实加强检察文化建设。院办公室积极借助检察系统内部网络及“两微一端”平台，及时上传我院工作开展的文字、图片，便于上级院了解我院工作开展动态的同时，广泛接受社会各界监督，不仅提高了上级院及兄弟县院对我院的认知，加强检察工作的沟通交流，增强社会各界对检察院的职能了解。同时，我院检察文化建设彰显在县职工、对口联系村群众遭遇困难时，我院积极组织全体干警捐款一万余元，另外为正确引导干警健康的业余生活，完善了篮球场地和台球室建设，提升了干警的生活质量。

（三）着力推进检察改革和科学管理。我院按照上级院信息化建设要求，以“科技强检、科技兴检”为目标，扎实做好分级保护测评工作，现已建成并投入使用检察机关统一业务应用系统，形成案件网上录入、管理、监督、考核的执法规范化体系，严格落实“一案三卡”制度，健全了执法办案管理机制，建立案件质量标准和执法档案制度，进一步规范司法行为，维护司法公正。

（四）切实加强检察队伍建设。扎实开展“两学一做”学习教育，打造忠诚干净担当的检察队伍。大力加强业务能力的培训，我院共开展了大规模岗位培训和练兵10场、80余人次，开展以“模拟法庭”为形式的业务练兵活动，还原庭审现场，使全院干警都参与其中，大大提高了检察队伍的法律工作能力。

四、自觉接受监督，确保检察权在法治轨道上运行

（一）自觉接受人大监督。积极主动向人大报告检察工作。坚持重要工作部署、会议精神、办理大要案等情况及时报告。同时，聚焦法律监督的重点和社会热点，向人大作出专项报告，逐条梳理对检察工作的意见建议，印发对照材料进行整改。

（二）自觉接受民主监督。积极配合政协开展司法改革专题调研。邀请政协委员视察工作，召开座谈会，参与检察开放日活动，参与听庭评议，充分听取政协委员对检察工作的意见和建议，及时报告意见建议的落实情况，加强和改进工作。

（三）自觉接受社会和舆论监督。邀请社会各界代表走进检察机关，了解、监督检察工作。主动与媒体沟通，认真核查涉检舆情反映的问题，及时回应社会关切的问题。拓展人民群众参与司法渠道。通过“两微一端”及时发布检务工作，接受社会各界监督，有针对性地改进检察工作。

各位代表，加查检察工作的发展进步，是县委正确领导，县人大及其常委会有力监督，县政府大力支持，县政协和社会各界关心、支持、帮助的结果。在此，我代表加查县人民检察院表示衷心感谢！

在取得成绩的同时，我们清醒地看到，当前检察工作仍存在一些问题和不足，一是工作的方式方法需要创新；二是执法办案的力度仍需加大；三是回应群众关切、满足群众诉求的方法有待进一步改进；四是队伍综合能力建设仍需加快，加强人才培养、交流、使用等沟通协调机制；五是检察业务工作的基础设施建设需要进一步完善。针对以上问题，我们将高度重视、认真研究，争取支援，切实加以解决。

2017年工作安排

2017年，检察机关的工作思路是：认真学习贯彻党的十八届三中、四中、五中、六中全会、中央第六次西藏工作座谈会及第九次党代会精神，深入学习贯彻落实习近平系列讲话精神，紧紧围绕县委、政府中心工作，顺应人民群众对公共安全、司法公正、权益保障的新期待，以强化法律监督、强化自身监督、强化队伍建设为总的要求，以检察受援为依托，坚持有法必依、执法必严、违法必究，全力推进平安建设、法治建设，大力提升执法能力素质和执法公信力，更好强化法律监督、维护公平正义，更好地服务加查科学发展、和谐发展、跨越发展。

（一）更加注重围绕中心，服务加查经济发展和社会稳定大局。认真领会、牢牢把握中央、区党委、市委、县委的各项决策部署，在各项检察工作中始终坚持和贯彻落实好“六个必须”的要求，切实承担起检察机关在加查发展稳定中的历史责任，认真领会、牢牢把握西藏工作的着眼点和着力点，把维护祖国统一、加强民族团结贯彻工作始终，坚定不移开展反分裂斗争，确保国家安全和长治久安，认真领会、牢牢把握西藏工作的根本特征，落实全面加强党的建设要求。依法严厉打击各类犯罪，切实维护人民群众权益，保障人民群众生命健康安全。积极配合有关部门开展社会治安专项整治，妥善处理发展稳定中的各种矛盾纠纷，始终保持对严重刑事犯罪的高压态势。始终坚持中央对达赖集团的定性和斗争方针，坚持旗帜鲜明、针锋相对、掌握主动、争取人心、强基固本，坚持原则的坚定性和策略的灵活性相结合，牢牢掌握依法打击分裂国家、破坏民族团结的反动宣传、聚集闹事、暴力恐怖、煽动自焚等活动，依法打击达赖集团的分裂渗透活动，保持对严重刑事犯罪特别是分裂破坏活动的高压态势。

（二）更加注重反腐倡廉，加强查办和预防职务犯罪工作。认真贯彻党中央惩治和预防腐败的决策部署，突出办案重点，严肃查办损害民生民利、侵犯人民群众合法权益的职务犯罪案件；加强反渎职侵权工作，建立健全渎职侵权犯罪网络举报和受理、侦查办案机制，推进专案调查工作制度化、规范化。紧紧围绕推进惩治和预防腐败体系建设，强化侦防一体化机制，坚持专业化预防与社会化预防相结合，综合运用预防咨询、预防调查、预防检察建议等措施，全面开展个案预防、专项预防、行业预防。按照“上下一体，横向协作，内部整合，总体统筹”的工作模式，深化侦查一体化机制建设，积极查办重点建设领域、民生领域中的职务犯罪，履职尽责，积极为国家挽回经济损失，所查获的赃款、赃物按规定上缴国库。

（三）更加注重司法公正，全面加强法律监督力度。根据群众对检察工作的新要求，不断加大监督力度，拓宽监督渠道，提高监督水平，促进解决执法不严、司法不公的突出问题，坚持惩治犯罪与保障人权并重，加强刑事立案、刑事诉讼、刑罚执行和监管活动监督。加强与公安、法院和司法行政机关的监督制约和协作配合，积极完善行政执法与刑事司法衔接平台，大力推进“检调对接”工作，多手段、多渠道化解各类社会矛盾纠纷，努力实现法律效果、政治效果、社会效果“三个效果”相统一。

（四）更加注重队伍建设，全面夯实检察工作基础。一是加强思想政治建设，确保正确的发展方向。强化对《条例》和《准则》的学习贯彻，使全体干警始终保持高度的政治敏感性，始终保持思想上的纯洁性，始终保持检察工作的正确方向。立足检察职能，深刻领会会议文件精神实质，把握机遇，主动出击，积极破解改革难关，探索建立有效途径和措施。二是加强队伍素能建设，提升干警职业能力。要以专项活动为平台，积极开展争创学习型检察院、学习型检察官活动，坚持把教育培训和岗位练兵放在战略地位，着力提高检察队伍的业务素质和执法水平。广泛开展“以案析理、理论研讨、岗位能手等技能培训活动，强化培训措施，创新培训模式，全面提高队伍的业务能力和执法水平。三是加强自身监督，提高执法公信力和群众满意度。坚持把抓纪律、转作风作为创建文明单位、建设服务型检察机关的重要举措，认真执行廉政谈话、提醒谈话、诫勉谈话制度，开展执法检查、专项督察，强化日常管理和监督，针对发现的苗头性、倾向性问题，及时督促整改。

（五）更加注重受援工作，全面推动检察工作。深入学习贯彻中央第六次西藏工作座谈会精神和习近平总书提出的“20字方针、2个基本点、6个必须”长期建藏的战略思想，加强对曹建明检察长“六位一体”西藏检察受援战略部署和张培中检察长在全区分市院检察长座谈会上的重要讲话精神的学习贯彻。深刻领会好会议精神实质，统筹谋划好、规划好今后一段时期检察受援工作，把握机遇，主动出击，加强与对口支援省市院的沟通、协调、汇报力度，积极争取人才、业务、科技、项目资金受援力度，推动检察事业的全面协调发展。

各位代表，新的一年，我们将更加紧密团结在以习近平为总书记的党中央周围，高举中国特色社会主义伟大旗帜，强化法律监督，强化自身监督，强化队伍建设，努力向党和人民交出一份满意的答卷！为党的十九大胜利召开营造安全稳定的社会环境，谢谢大家！

加查县2016年国民经济和社会发展计划执行情况与2017年国民经济和社会发展计划草案报告

——在加查县第十三届人民代表大会第二次会议上

县发改委主任 扎西顿珠

（2017年3月20日）

2016年工作回顾

全县经济工作深入贯彻党的十八大、十八届三中四中五中六中全会和中央第六次西藏工作座谈会精神、习近平总书记重要讲话精神特别是“治国先治边、治边先稳藏”的重要战略思想和“加强民族团结、建设美丽西藏”的重要指示，紧紧围绕“23355”县域经济社会总体发展思路，按照建设“七个加查”要求，坚持既定目标，强化工作措施，狠抓工作落实，较好地完成了年初确定的各项工作目标，全县经济呈现平稳发展态势。

（一）经济稳中向好。2016年以来，县委、县政府团结带领全县2万多干部群众迎难而上，积极应变，狠抓项目建设、工业运行调度、大型项目服务等工作，一定程度上扭转了经济下滑的不利局面，经济总量由第1、2两个季度同比回落，到第3、第4季度转为加快增长态势。预计，全年实现生产总值113063万元，同比增长7.4%，完成年度计划的84.9%。本级财政收入8215万元，下降5.9%，完成年度计划的81.1%；税收6647万元，下降10.2 %，完成年度计划的92.3%；全社会固定资产投资201948万元，下降20%，完成年度计划的82.6%；社会消费品零售总额29500万元，同比增长17.4%，完成年度计划的100.1%；农牧民人均可支配收入12383元，同比增长9.8%，完成年度计划的96.2%。

1. 农牧业再获丰收。预计，实现农牧业总产值9720万元、增长8.5%，其中，农业产值8651万元、增长6.7%，牧业产值1069万元、增长8.7%。一是粮食生产“九连增”。农牧业产业化稳步推进，预计实现粮食产量8340万吨、增长0.3%，完成年度计划的100%。油菜籽产量 522吨、增长2.2%，完成年度计划的101.4%。二是畜牧业加快发展。畜牧业综合生产能力和产品区域竞争力进一步提高，年末牲畜存栏5.3万头（只、匹），出栏1.78万头（只），出栏率达31.3%。肉类产量2113.8吨、下降0.1%，完成年度计划的100.2%。奶类产量4866吨、增长0.1%，完成年度计划的100.1%。

2. 工业加快发展。2016年是我县工业化进程中十分困难的一年，藏木电厂发电不稳定、工矿企业推进缓慢、传统工业产品产销率低等问题相继凸显，全县上下积极应对复杂工业经济形势，全力实施企业“帮扶行动”，大力实施规上企业运行调度，持续采取针对性措施，一定程度上缓解了投资下滑带来的不利局面，工业优势逐步凸显。预计，实现工业产值5.5亿元，工业增加值15177万元，同比增长93.1%，完成年度计划的56.7%。一是重点企业正常运转。华能藏木发电厂运行正常，预计实现发电量16.8亿度，博盛矿业正常开采，生产金粉0.03吨，生产矿石3.09万吨。二是中小企业强劲增长。中小企业灵活应变，及早克服不利影响，延续了向好发展态势，砂石开采、砖加工、核桃加工实现加速发展，中小企业完成产值2800万元，实现增加值1540万元，增长7.7%

3. 服务业稳中有增。一是旅游业进入短期低谷阶段。旅游工作坚持以创建“藏东旅游环线上山南第一站”为目标，加强旅游基础设施建设、宣传工作、景区治理，旅游业基础设施不断完善，旅游服务功能不断提高。受加桑油路施工影响，旅游业进入短期低谷阶段，预计，接待国内外游客7.21万人次，实现旅游综合收入2500万元，同比下降8.7%，完成年度计划的79.6%。二是邮电业平稳增长。实现邮政业务总量217万元，增长35%，通信业营业额达到2339万元，增长3%。三是金融活力持续增强。各项存贷款余额分别达到13.52亿元和 10.43亿元，同比分别增长19.1%和13.8%。

（二）需求动力提劲。1. 投资稳步增加。一是项目建设稳步推进。坚持把项目建设作为我县的主责、主业，精心部署，狠抓调度，优化服务，全县项目建设稳步推进。预计，全年开复工项目66个，完成投资20.19亿元，下降20.4%。其中：国家投资、民间投资、招商引资分别完成18.45亿元、0.83亿元和0.91亿元，分别下降22.3%，增长13.5%和29.5%。重点项目建设方面，加查电站、嘎堆电站、拉林铁路加查段、加桑公路二期、拉林铁路供电工程（供电工程）等项目共完成投资15.19亿元，自身建设国家类投资项目3.26亿元。二是前期工作有序开展。为切实加快前期工作步伐，县委、县政府英明决策、果断出击，及时成立项目前期工作专班，明确目标责任，细化工作任务，在行业部门的通力协作下，前期工作进展良好。2016年，计划完成204个“十三五”规划项目前期工作。截至目前，完成总投资9.6亿、206个项目的前期和联网录入工作。

2. 消费持续升温。我县消费环境持续改善，更多企业、个体户选择落户加查。今年以来，受节假日前置消费效应的利好刺激，推动消费市场持续升温。预计，全年实现社会消费品零售总额29500万元，增长17.4%，完成年度计划的100.1%。其中，批发零售业2.18万元，增长14.5%；住宿餐饮业0.77亿元，增长25%。

（三）运行质量持续改善。1. 财税收入有所下滑。积极组织收入，优化财政支出，切实加强财政监管，严肃财经纪律，民生和经济社会发展的各项重点支出明显增加。受营改增政策等影响，财政收入略有下滑。预计，全年实现地方财政收入8125万元，下降5.9%，完成年度计划的81.1%。受民生支出和机关单位工资快速增长的影响，财政总支出增加明显，达到4.97亿元，增长64.5%。各项税收完成6647万元，下降10.2%，完成年度计划的92.3%。

2. 农牧民收入快速增长。各项民生事业和谐发展，政府积极组织农牧民在项目工地打工，更多施工企业雇佣本地运输队参与运输任务，加之虫草价格持续走高等利好因素影响，农牧民收入持续增加，预计，全年实现农牧民人均可支配收入12383元，增长9.8%，完成年度计划的96.2%。

3. 就业形势稳定向好。全面落实各项就业政策，积极做好高校毕业生等重点就业群体的就业创业工作，加强就业援助服务，及时帮扶就业困难群体和零就业家庭人员实现就业。农牧区劳务输出1.25万人次，劳务创收达3259.5万元，人均创收5343.4元。

4. 精准扶贫扎实推进。一是组织保障有力。成立了县、乡“两级”脱贫攻坚指挥部，解决了工作经费65万元。二是严格落实“六个精准”要求。在扶持对象和项目安排精准上严格按照户申请、村评议、乡镇审核、县审批的工作流程进行逐级审批。三是“十个一批”有序推进。结对帮扶、产业脱贫、易地搬迁脱贫、生态补偿脱贫、发展教育脱贫、社会保障兜底脱贫、金融惠农脱贫、培训转移脱贫、就业援助脱贫、城镇带动脱贫等脱贫措施统筹推进。四是“十个到位”全面开展。细化了“十个到位”工作措施，进一步完善了政策保障到位、资金投入到位、产业带动到位、项目安排到位、民生安置到位、社会帮扶到位等十个到位的工作方案，确保了“十个到位”各项工作有序开展。五是广泛深入基层宣讲。利用虫草采挖期间和农闲时间，宣讲了精准扶贫和易地搬迁、金融惠农、医疗救助、产业扶持、易地搬迁等扶贫政策。六是积极开展督导检查。全县县级干部组成7个调研组，利用6天时间深入7个乡（镇），针对精准扶贫工作开展情况、结对帮扶对接及措施落实情况、易地搬迁户型图方案选择等方面进行了深入督查调研，对检查出来存在的问题进行了限期整改。

5. 优化发展环境全面展开。成立了工作9个专班，明确了职责分工，细化了工作预案，配套了工作经费，确保我县优化发展环境专项行动顺利推进。推进工作中，我县积极采取摸清社情、加大宣传力度、强化责任落实、强化摸底调查、强化群众教育、落实既定任务、强化清理整顿等7大措施，优化发展环境工作知晓了不断提高，问题不断得到梳理，整体环境得到改善，整体局面逐步打开。

总体来看，全县经济发展的根基稳固，加快发展的机遇更加有利，但仍存在一些困难和问题，需高度重视并切实加以解决。

（一）面临的有利形势。一是“十三五”规划的第二年，项目储备规模不断扩大，为进一步发展提供了新机遇；二是加查电站、拉林铁路等重大项目将继续实施，发展支撑更加有力，带动作用更加明显；三是强基惠民活动和“两学一做”教育成效显著，基层基础更加扎实。

（二）存在的主要问题。一是部分指标完成不理想。全县经济总量保持稳步增长，但离全年任务仍有差距，没有达到预期目标，生产总值、财政收入、税收收入、固定资产投资均未完成目标任务。二是项目工作意识不强。个别单位对项目工作重视不够，前期工作衔接上存在畏难情绪和“等、推、磨”思想，导致项目前期工作进展较慢。“重建设实施、轻监督管理”的现象依然存在，导致部分项目推进缓慢，个别项目效益发挥不明显。三是重点项目投资回落。作为提升投资规模、拉动经济发展的火车头，重点项目实施进度对全县投资完成情况具有决定性影响。但由于重大项目建设周期不一、审批程序繁琐、协调服务水平较低等主客观因素影响，投资完成情况不理想。

2017年工作安排

（一）2017年主要奋斗目标。全县国内生产总值、全社会固定资产投资、地方财政收入、社会消费品零售总额、农牧民人均可支配收入分别增长7.8%、4%、41.7%、13%、14.3%。国家投资、招商引资、援藏投资、民间投资分别完成19.33亿元、0.65亿元、0.25亿元、0.78亿元。国内外游客接待人数11.5万人次，实现旅游综合收入3200万元；粮食产量8600吨、增长3.1%，油菜籽产量525吨、增长0.6%，肉类产量2200吨、增长4.1%，奶类产量4880吨、增长0.3%，出栏率33%、上升2.7个百分点；全年所有贫困户要实现脱贫摘帽，脱贫任务2580人。

（二）2017年工作安排。2017年是继续贯彻落实党的十八届三中、四中、五中、六中全会精神之年，做好全年的工作意义重大，我们要紧紧围绕县委、政府总体安排部署，重点做好以下几个方面工作：

1. 强化工业企业调度，努力实现工业大跨越。为顺利推进工业的大跨越，要加强对现有工业企业的运行调度。一要积极协调，做好企业生产恢复工作，与企业衔接好产值核算方法，确保企业上报产值与山南市相一致；二要加强藏木电站协调服务工作。进一步增强责任意识，加强对藏木发电厂的协调服务力度，努力为企业正常运转营造一个良好的外部环境。

2. 加快推进项目建设进度，争取早投产早受益。一要抓前期，优化投资结构。全县大型项目下滑的不力局面，促使我们务必要持续加大其他类基建项目投资储备量，加快其他基建项目的建设步伐，用来弥补大型项目下滑的短板，进一步优化现有的投资结构。要加快推进“三年滚动”投资项目前期工作和联网录入工作，确保项目有序接替、支撑有力。

二要抓调度，加快投资进度。实行项目工作每月调度制度，组织召开调度会议，通报当月工作情况，分析存在的问题，安排下个月目标任务。要抓好国家投资项目的调度工作，重点做好拉林铁路、嘎堆电站、加查电站等的协调工作，认真研究解决存在的困难问题，明确时间节点和建设任务，切实加快投资进度。

三要抓监管，规范项目管理。按照有关政策法规和《加查县基本建设项目管理办法》，进一步加强对项目工作程序、项目资金管理等方面的全方位监管，确保各项工作合法合规、扎实有序。开展经常性监督检查，及时发现和督促整改项目实施过程存在的问题，确保项目建设过程安全有序，项目建设进度不断加快，项目建设质量有效保障。

3. 切实加快特色农牧业步伐，力争实现农牧业大发展。一是大力发展干果种植。第一，着力打造核桃品牌。抓住加查核桃在2016年获得国家地理标志产品的品牌效应，重点扶持品牌核桃发展，扩大优质核桃种植面积，提高核桃产量和外销量。第二，着力加强产区建设。围绕建设全区优质核桃基地的目标，整合各项涉农资金和项目，努力打造沿江一线核桃产业带，形成规模优势。第三，着力加强生产管理。采取集中培训轮训、现场技术指导等形式，不断加大核桃生产管理技术的培训与推广力度，坚持向管理要产量，向管理要效益，确保核桃高产、丰产。第四，着力探索产品增值途径。始终坚持以市场需求为导向，积极探索核桃食品、饮品、保健品等产品深加工路子，着力延伸产业链，提高附加值，实现经济效益最大化。二是突出发展蔬菜种植。以提高加查人民群众生活水平为目标，支持大型项目建设工作，加大实用技术培训与指导，大力发展反季节、无公害蔬菜和瓜果种植，推进蔬菜和瓜果集约化、设施化生产。三是积极发展药材采集。着力在强化《西藏自治区冬虫夏草采集管理暂行办法》等政策法规宣传的基础上，认真总结、探索规律，进一步完善有利于虫草资源保护开发、有利于农牧群众稳步增收、有利于促进社会和谐稳定的虫草采集管理长效机制，以制度约束规范采集管理、保护虫草资源。同时，着力规范和整治虫草交易市场，加大虫草交易税征管力度，做到应收尽收。积极探索虫草衍生品加工模式和途径，提高虫草采集业的综合效益。

4. 坚持规划先行，实现旅游文化大发展。抢抓“拉萨山南一体化”发展机遇，将我县旅游文化发展融入到全市、全区大环境中。在我县旅游发展的大环境下，重点推进7个片区旅游景点打造和片区之间旅游公路的规划建设，同时要结合各旅游景点的实际情况，统筹协调发展微型旅游。要加快推进县域旅游资源开发，加快推进旅游和文化的有效融合，实现旅游文化同发展、同提升、同受益，助推服务业大发展。

5. 狠抓宏观调控，促进经济平稳运行。加强宏观经济监测预警，进一步完善宏观调控和部门工作协调机制，深入开展调查研究，加强经济发展的预测、预警工作，更加关注国内经济形势及国家宏观调控政策的变化，强化经济运行分析工作，密切关注经济运行中出现的不健康、不稳定因素，认真做好第三次全国经济普查的后期工作，为县委、政府决策提供有价值的参考依据。继续加强物价监管与监测，加大价格和收费的监管，进一步增强“保供稳价”工作力度，规范市场价格秩序，推进质量兴县各项工作。

各位代表，做好2017年国民经济和社会发展工作意义重大，我们要在县委、政府的坚强领导下，在县人大的法律、工作监督和县政协的民主监督下，在山南市发改委和宜昌市的大力支持下，以邓小平理论和“三个代表”重要思想、科学发展观为指导，全面贯彻落实党的十八大、十八届三中四中五中六中全会精神，正确处理发展改革稳定关系，紧紧围绕发展稳定两件大事，加强分析研究，全面把握经济社会发展规律，进一步提高研究谋划、运行调节能力，坚持在发展中不断调整和转变，为推动加查跨越式发展、长治久安和迎接党的十九大顺利召开做出新的贡献。

加查县2016年财政预算执行情况及2017年财政预算（草案）的报告

——在加查县第十三届人民代表大会第二次会议上

加查县财政局局长　妮　尼

（2017年3月21日）

一、2016年财政预算执行情况

2016年，我县财政以科学发展观为指导，贯彻落实区地县三级经济工作会议精神，在县委县政府的正确领导下，在县人大的有效监督下，在县政协的关心支持下，坚持“稳中求进”的总基调，紧紧围绕2016年加查县经济工作会议确定的目标，转变理财思路，深化财政改革，现将我县2016年财政预算执行情况汇报如下：

2016年财政一般预算收入完成60903万元。其中：上级补助收入完成52688万元，本级财政收入完成8215万元（其中：增值税完成1258万元；营业税完成1671万元；企业所得税完成118万元；个人所得税完成399万元；资源税完成78万元；城市维护建设税完成292万元；印花税完成101万元；耕地占用税完成287万元；非税收入完成4011万元）。本年财政收入完成8215万元。

2016年一般预算支出为62256万元。其中：一般公共服务完成13687万元。公共安全事务完成6786万元。教育支出完成8859万元。科学技术事务支出完成198万元。文化体育与传媒支出完成1222万元。社会保障和就业完成4576万元。医疗卫生支出完成3731万元。节能环保事务支出完成800万元。城乡社区事务完成4976万元。农林水事务完成12905万元。交通运输支出完成90万元。资源电力信息等事务完成131万元。商业服务业等事务、国土资源气象事务、粮油事务完成736万元。住房保障支出完成2365万元。其他支出完成1115万元。

2016年我县财政预算完成情况良好，但从当前和今后一段时期的形势来分析，财政仍然面临着一些问题和困难：一是我县财政收入总量基数较大，要较大幅度增收比较困难，财政收入可持续增长压力巨大。二是各项重点工程、民生事业的资金需求多，基本公共服务均等化发展水平与农牧民群众的预期仍有差距，财政刚性支出增长迅猛，收支矛盾突出，预算平衡面临巨大压力。三是财政支出绩效仍需提高，财政收支监管力度有待加强。这些问题，我们要高度重视并在今后的工作中努力加以解决。

二、2017年财政预算（草案）

2017加查县财政局将建立现代财政制度，改进预算管理制度，完善税收制度，发挥财政优化资源配置、维护市场统一、促进社会公平正义作用，为全面建设小康加查提供有力的财政保障。

（一）财政预算收入（草案）

2017年财政预算收入安排为47863.56万元，其中本级财政收入安排为7100万元，力争完成目标9713万元。上级补助收入安排为40763.56万元。

（二）财政预算支出（草案）

2017年财政预算支出安排为47863.56万元，

比上年预算增长22.01%。其中：一般公共事务预算14550.19万元；公共安全预算3831.05万元；教育预算7837.37万元；科学技术102.2万元；文化体育与传媒1016.19万元；社会保障和就业1644.37万元；医疗卫生3560.49万元；节能环保1126.72万元；城乡社区事务801.77万元；农林水事务10043.11万元，比上年增加5699.88万元，同比增加131.24%；11、交通运输91.95万元，比上年减少42.7万元，同比减少31.71%；资源勘探电力信息等事务420.53万元；1商业金融等事务308.67万元；国土资源气象等事务606.32万元；预备费1000万元；其他支出922.63万元。

（三）围绕县委、县政府制定的各项经济社会发展目标以及今年的财政工作目标，体现公共财政职能，应重点抓好以下几个方面的工作：

1. 抓收入、增强财政保障能力。

一是提高收入质量，着力构建财政收入持续稳定增长机制，确保财政收入实现高质量的增长。二是积极做好“营改增”推广工作，将国家结构性减税政策落到实处。三是全面落实西藏自治区相关招商引资政策，引进更多实力派企业入驻我县，为我县经济社会发展提供财力支撑。四是加快产业结构调整，提升科技创新和信息化建设对经济发展的贡献。

2. 重支出、调结构促进小康加查建设。

围绕建设小康加查建设，进一步优化财政支出结构，加大本级财政对社会公共事业方面的投入，继续从严控制一般性支出，加强对“三公”经费的财务监督，不断推进基本公共服务均等化。

（一）教育安排2053.75万元，其中：本级对小学教育投入1053.75万元，本级对初中教育投入996万元，学校周边环境综合整治4万元，占上年财政收入8215万元的25%。

（二）科技引领安排194.6万元，其中：科技三项经费100万元，科学特派员生活补助92.4万元。

（三）文化提升安排324.95万元，其中：文化产业建设246.45万元，为上年财政收入的3%，农村文化专项经费15.4万元，基层文化辅导员团体补助18.48万元；县乡综合文化活动中心免费开放78.5万元。

（四）卫生改善投入1576.26万元，其中：村级卫生室运行经费77万元，基本公共卫生服务经费138.28万元，藏医发展资金50万元，提高住院分娩率专项奖励经费90.39万元，新型农村合作医疗补助955.59万元，城乡居民及在编僧尼健康体检经费265万元。

（五）扶贫投入328.6万元，为上年财政收入8215万元的4%。

（六）旅游建设投入200万元，其中旅游发展基金投入50万元，旅游服务中心配套设施建设（变电箱及消防设施）150万元。

（七）农林水事务投入10043.11万元，其中：科技三项经费100万元，畜牧良种补贴5万元，森林生态效益补偿基金1054.87万元，退耕还林现金补助77.7万元，重点区域造林25.21万元，虫草管理费230万元，防汛仓库改造10万元，小型农田水利维修150万元。

（八）基层政权建设投入586.94万元，其中：基层政权保障经费220万元，每乡镇基层政权建设经费20万元，7个乡镇共140万元，每个村居第一党支部书记办实事1.5万元，77个村共90万元，每个乡镇环境综合整治、党风廉政建设、维稳工作经费各2万元，7个乡镇共42万元，三老人员生活补助94.94万元。

3. 深化改革、进一步提高财政管理水平。

一是配合上级财政部门做好财税库银横向联网工作，实行税收收入电子缴库，财税库信息共享，加快税收入库速度，提高财政资金运转效率，建立高效规范的税款收缴管理运行机制。

二是强化资产管理。进一步健全国有资产监管的措施和办法，提升国有资产使用质量和效率。加强行政事业单位国有资产管理，真实反映我县行政事业单位的资产和财务状况，保证行政事业单位国有资产的安全、完整、合理配置及有效利用。

三是厉行节约，严控一般性支出。从严从紧

编制部门预算，积极推进项目库管理模式，提高年初预算到位率。建立健全预算支出责任制度，控制预算追加，进一步提高预算执行的时效性和均衡性。贯彻落实党政机关厉行节约的各项规定，严格控制“三公经费”和一般行政运行支出，继续严控会议、论坛等活动。

四是加强财政干部队伍建设，提高财政部门的行政执行力。坚持深入基层调查研究，做到问需于民、问计于民、问政于民，进一步探索提高财政政策、民生政策和产业政策的针对性和有效性。加强业务培训，不断增强财政干部大局观念、创新观念和服务观念。进一步加强反腐倡廉建设，强化财政干部思想教育，努力建设为民、务实、清廉机关，打造一支政治坚定、忠于职守、清正廉洁、业务精良、奋发有为的财政干部队伍。

各位代表，新的一年财政工作任务艰巨而繁重，责任重大而光荣。我们将在县委、政府的正确领导下，在县人大的监督，县政协的关心支持下，凝心聚力，锐意进取，确保圆满完成2017年财政预算任务，为全面建设经济强、百姓富、环境美的新加查而努力奋斗。

综 述

加查县概况

【基本情况】 加查意为“汉盐”，相传因文成公主在此施舍盐巴而得名。加查县位于西藏自治区东南部，系山南市东大门，属多河流峡谷地带。县境东与林芝市朗县交界，西与山南市桑日、曲松两县相连，南与山南市隆子县毗邻，北与林芝市工布江达县接壤，东西跨度88.2公里，南北距离102.2公里，全县国土面积4646平方千米，平均海拔4000米，森林覆盖面积14万公顷，草场面积19万公顷，总耕地面积2.39万亩。加查有虫草、核桃、贝母等特产，是西藏著名的“千年核桃之乡、高原水电之都、生态文化旅游胜地”。县城位于雅鲁藏布江中下游南岸，海拔3240米，西距山南市政府所在地乃东区107公里，距自治区首府拉萨市250公里，东距林芝市政府所在地巴宜区315公里。全县辖5乡2镇，77个村委会，总人口6976户22305人，其中农村人口5665户20006人。

【资源】

（一）自然资源

1. 自然气候。加查县地处冈底斯山－念青唐古拉山与喜马拉雅山大地构造单位之陷凹地带，地貌区域为藏南谷地。全县境内有山峰211座，其中海拔5000米以上的有180座。加查地势西高东低，地形复杂，县域内峰峦叠嶂，河流纵横。崔久乡境内措木松主峰是全县最高山峰，海拔5908米。加查镇境内雅鲁藏布江流入朗县的江面海拔3180米，为全县最低点。加查县属高原温带半湿润气候，日照充足，辐射强烈，热量低，气温年变化相对小而日温差大，无霜期短，降水量小且降水集中，雨季明显，干湿季节分明，冬春季干燥多风。同时因境内地形复杂，海拔高低悬殊，加查县又具有水热再分配呈垂直性差异特点。全县大致可分为五种气候类型，即河、沟谷温暖半湿润气候，山地温和半温润气候，亚高山温凉半湿润气候，高山寒冷半湿润气候，高山寒冻半湿润气候。加查县河谷地区气候温和，2016年年平均气温8.9℃，平均气温最高月16.4℃，平均气温最低月－0.1℃，无霜期年均为149－169天。

2. 动植物资源。加查县邦达沟、色布荣沟、久布荣沟分布着大片原始森林，大量野生动物在森林里栖息，主要有西藏沙蜥、蛇、雪鹑、斑头雁、黄鸭、画眉、银鸥、丛林猫等。药材除有虫草、贝母、麻黄、枸杞、红景天等数百个品种以外，还有麝香、熊胆、蛤蚧等几十种名贵药材。加查核桃驰名区内外，拥有酥油核桃、麻雀核桃、铁核桃等10多个品种，素有“核桃之乡”美誉。雅鲁藏布江水域中生长着拉萨裂腹鱼、裸腹重唇鱼、双须重唇鱼等 7 个品种。矿产资源有砂金、岩金、铬铁、花岗岩、水晶石等。

3. 水利资源。境内河流均属外流河雅藏布江水系。全县有大小河、沟260余条。雅鲁藏布江从桑日县入加查县境，自西向东横贯全县，流经加查县境域河段长93公里，流量达4425立方米/秒。县境内有拉姆拉措、雍措、江斯拉措等天然湖泊160多个，主要分布在西北和北部高山地区，海拔在4500－5000米。湖泊面积都较小，最大者仅为几平方公里，均属直接受冰川作用而形成的冰川湖。

4. 矿产资源。县境内金属矿和非金属矿资源分布较广，经济价值和战略价值均较高。金属矿主要有铬铁、砂金、铅、铜、铁等数十种矿产资源，现已探明境内岩金、砂金分布较广，其中砂金平均品位0.078克/立方米，成色达93%，铬铁品位达55.27%；非金属矿主要以砂石矿为主。

（二）旅游资源

加查县是西藏“拉萨—林芝—山南—拉萨”黄金旅游东环线的重要一站，境内资源丰富。

县城以东旅游线上，主要景点有神湖拉姆拉措、藏传佛教达布噶举派祖寺达拉岗布寺和久布荣原始森林、色布荣曲风景、琼果杰风光、那玉河风光等。

县城以西旅游线上，主要景点有结罗拉雪山、布丹拉雪峰、涅尔喀大瀑布、千年核桃林等。其中千年核桃园林区有千年古核桃树300多珠，百年以上古核桃树1000多珠，还有距今1500多年的核桃王，堪称亚洲第一。

【经济建设】

（一）经济发展现状

2016年全县生产总值达到113063万元，同比增长7.4%；社会消费品零售总额达到29500万元，同比增长17.4%；农牧民可支配收入达到12383元，同比增长9.8%；固定资产投资总额达到201948万元，同比下降20%；地方财政收入达到8215万元，同比下降5.9%；税收收入6647万，同比下降10.2%。

（二）特色产业

长期以来，加查县是一个以农为主、农牧并举的农业县，随着经济的发展，加查县逐步转变为以能源产业为支柱的藏南能源大县。

大力推进大型水电站建设，藏木水电站6台机组已全部并网运营。加查电站、嘎堆电站建设进度逐步加快，同时加快冷达电站和县境内流域中小电站的规划建设；大力发展新型、节能、环保的建材产品，推进石材、砂石料、水泥制品等建筑建材产业发展，加大招商引资和政策扶持力度，招商引资完成投资9170万元。

蓝莓种植基地种植面积达245亩，带动当地群众增收80余万元；新种植核桃苗木1.8万株，核桃种植规模发展到1.8万亩47.1万株。

（三）基础设施

2016年共完成新建项目44个、续建项目22个，完成206个总投资9.6亿元的项目前期和录入工作。369户1250人的莫热坝易地扶贫搬迁项目加快推进，佳吾坝易地扶贫搬迁项目规划评审和仲巴村易地搬迁红线内搬迁户选址征地工作顺利完成。全年全县新增林地面积1051亩。

【社会发展】 义务教育均衡发展顺利通过自治区、国家评估认定。连续5年无孕产妇死亡。全国第二批公共文化服务体系示范区创建工作高标准通过了国家验收，县民间艺术团创编的《雅砻之梦》被市委宣传部评为优秀作品，加查镇文化站被自治区授予全区首批“十佳文化站”。强基础惠民生活动深入开展，全年落实惠民项目27个、资金达330.51万元。全年新增就业210人，城镇失业人员再就业15人，开发就业岗位259个，职业介绍成功296人。全年共发放低保金、“五保”供养金和各类救助、补贴补助资金841.55万元，农村危房改造达196户。

【受援工作】 2016年7月，宜昌市第三批援藏工作队结束为期三年的援藏工作返回宜昌。三年来，宜昌市第三批援藏工作队以理念援藏创新援藏工作思路、以项目援藏助推经济发展、以系统援藏力促援助全覆盖、以科技援藏惠及民生促农牧民增收，真正做到援助援到点子上、解难解到根本上、帮扶帮到心坎上。总投资3700万元涵盖基层政权、医疗卫生、公共文化、扶贫助困等民生领域的援藏项目投入使用。深化落实湖北省宜昌市委、市政府关于县市区对口支援加查乡（镇）、市直部门对口支援加查县直部门的“系统援藏”文件精神，进一步拓宽“双向全覆盖”的系统援藏格局。先后协调湖北省及宜昌市28批干部人才到加查开展培训交流；协调加查县32批300余人次基层干部、技术人员和2批26名教师到宜昌进行考察交流、学习培训。争取到1‰以外的帮扶资金1512万元用于农牧民专业技能培训和民生项目建设，积极争取企业家、爱心人士成立“宜+助学基金”并捐款60余万元用于贫困学生帮扶。组织援藏农技专家先后50多次开展蓝莓、胡麻等经济作物种植现场培训讲解，4000余名农牧民受益，带动当地群众增收220余万元。积极争取2500余册图书，建成了全自治区首个县级“职工书屋”；投资200万元购置了胃镜检测仪等医疗设备，首次实施了无痛胃镜、卵巢囊肿剥除等手术，填补了加查医学历史的空白。首创并推动了宜昌市中心医院、市一医院、夷陵医院、市疾控中心对口支援加查县人民医院和疾控中心的医疗援藏模式，先后协调4次24名内地医生来藏开展培训交流，协调12名医生进藏工作，接诊病人16000多例，实施大小手术600余例，处理各种疑难杂症100余例，抢救危急重病人50余例。

2016年7月，宜昌市第四批援藏工作队一行7人在领队、加查县委常务副书记向军的带领下，接替宜昌对口支援加查的接力棒，赴加查开展为期三年的对口支援工作。进藏半年来，在鄂藏各级党委政府的正确领导下，宜昌市第四批援藏工作队紧紧围绕山南市和加查县的工作大局，认真落实省援藏工作总队精准援藏助力精准脱贫的总体要求，坚持目标、需求、问题三大导向，把握发展、稳定、民生、生态四大重点，积极探索“互联网+精准援藏”，用实际行动赢得了湖北省援藏工作总队、加查县委县政府和广大干部群众的赞誉，展示了宜昌干部人才的良好形象，援藏工作实现良好开局。

一是把握大局，科学谋划目标思路。以中央新形势下的治藏方略和部署要求为统领，自觉把援藏工作放在西藏工作大局中去把握、去推进，围绕西藏长治久安和长足发展这一根本目标和加查建成全市水平较高的小康社会这一阶段目标，紧扣当地需求，发挥自身优势，精心谋划和展开新一轮援藏工作。进藏之初，用半个多月时间，深入到2乡5镇及42个村以及县直部门、学校、医院开展实地调研，拜访区市相关部门，全面掌握了解发展短板、基层需求、发展规划和政策导向等第一手资料，找准新一轮援藏工作的着眼点、着力点。

二是统筹融合，扎实推进工作落实。以“抓党建促脱贫”为主线，调整完善基层党组织设置，整顿软弱涣散基层组织，加强流动党员、失联党员和口袋党员的管理，集中培训提升乡村干部素质，推动党的组织和工作全覆盖。成功推介加查为自治区旅游东环线重要节点县城、全国休闲农业和乡村旅游示范县，争取崔久沟景区建设资金1200万元；积极申报“全国农村电子商务示范县”，中国物流有限公司拟投资1.2亿元，建设“加查电商物流园”，签订了1.5亿元碧玉泉水项目协议，招商引资协议资金3.19亿元，到位资金9160万元，完成全年任务的155%。争取宜昌市县市区、市直部门结对帮扶，落实对口帮扶资金285万元，开展人才技术培训2批次。加强工青妇与宜昌社会组织的联系对接，资助26名贫困学生6.5万元。积极开展健康扶贫，组织援藏医疗技术人才在农牧区开展义诊及健康知识宣传6次，惠及农牧民群众500多人。组织开展结穷亲解民难活动，与12名贫困户结亲，半年帮扶物质资金近2万元。

三是协调衔接，密切宜加交流交往。着眼于促进民族交融，增进民族团结，着力建立广泛、多层、常态的交流合作机制，密切宜加两地往来。以两地党政代表团互访为载体，推动援受双方高位对接，确保援藏工作顺利展开，精准发力。宜昌市中级人民法院、市城管委和2个市区检察院等先后赴加查对口单位进行考察交流。加查县人大代表团到宜相关县市区进行学习考察。

市公安局信息中心负责人到加查为全体干警培训信息技术。宜加两地交通公路等部门以援藏干部人才为纽带，建立了网上业务交流平台。在《三峡日报》和宜昌政府网站开设专栏，宣传推介加查；协调宜昌市有关单位和部门，赠阅35份《三峡日报》和《三峡瞭望》，借助媒体增进宜加两地的了解和交流。创新援藏工作社会参与机制，协调宜昌市工商联、文联、青年企业家协会、青年电商领军人才等到加查交流合作。

四是严格管理，着力打造援藏铁军。坚持以组织建设为基础，以制度建设为保障，以队伍建设为重点，抓好工作队自身建设，着力打造援藏铁军。成立临时党支部，下设卫生、电力和机关三个党小组，将在加查县的各类援藏干部人才中的党员纳入党组织，定期开展支部和小组活动。同时从工作出发，成立干部人才管理、项目建设管理、招商引资管理、学习宣传材料、后勤卫生保障、文化体育联谊6个工作小组，将所有长短期援藏干部人才分派到不同工作小组负责相关工作，实现队员管理全覆盖。根据省、自治区、山南市和省部队关于第八批援藏干部人才管理的有关规定和要求，分别从理论学习、干部人才管理、项目管理、履职尽职管理、内部财务管理等制定了系列制度，通过述职述廉述责，填写季度履职尽责项目清单，推动各项制度执行落实。结合“两学一做”学习教育，开展“周六党建日”和“荐书读书”活动，着力提高援藏干部人才所应具备的政治素养和知识素养，不断强化政治意识、大局意识、核心意识、看齐意识。始终坚持把纪律和规矩挺在前面，组织签订《承诺书》，观看警示专题片，开展谈心谈话，着力增强自律意识，时刻绷紧安全之弦。加强人文关怀，营造团结和谐的环境。协调落实有关政策待遇，办好援藏干部人才食堂，尽力解决工作生活中的困难；开展与驻军部队、在藏企业等单位的联谊、集体生日、慰问队员家属、书法摄影等活动，努力丰富在藏业余生活。

大事记

1月

11日　国家质检总局发布公告正式批准对“加查核桃”实施国家地理标志产品保护。产地保护范围为县域7个乡镇行政区域，保护品种有当地酥油核桃、铁皮核桃、麻雀核桃。

22日　加查县人民医院成功实施首例腹腔镜下胆囊切除术，并相继顺利完成第二例、第三例胆囊切除手术。腹腔镜手术的成功实施标志着县人民医院在微创技术领域取得了技术上的突破。

23日　县委书记李贤荣到任工作。

2月

2日　地区工会办事处驻热当村工作队与加查县总工会联合成立了加查县第一个村级工会小组暨热当村农民工工会小组。

26日　政协第一届加查县委员会第四次会议在县会务中心顺利召开，会议应到委员62名，实到41名，符合章程规定人数，会议由政协副主席赵文启主持。大会听取了《政协第一届加查县常务委员会2015年度工作报告》《加查县2015年经济运行情况通报》《政协第一届加查县常务委员会提案工作情况报告》。会后，全体委员分组讨论政协常委会工作报告，提案工作情况报告和2015年经济运行情况通报。

27日　加查县第十二届人大九次会议在县会务中心顺利召开，会议应到人大代表92名，实到64名，符合法定人数。大会听取了《加查县人民政府工作报告》《加查县人民代表大会常务委员会工作报告》《加查县人民检察院工作报告》《加查县人民法院工作报告》，审查了《加查县2015年财政预算执行情况和2016年财政预算草案的报告》《加查县“十三五”时期国民经济和社会发展“多规合一”规划建议》。会后，各代表团对五报告、一建议进行了讨论。

3月

11日　中共加查县委八届七次全体（扩大）会议在县会务中心胜利召开。县委委员、在家县级领导、各乡镇、县（中）直单位负责人、村党支部书记、村党支部第一书记、驻村工作队队长共计400余人参加了会议。县委书记李贤荣代表县委常委会向大会作了2015年县委工作报告，全面回顾总结了2015年工作，安排部署了2016年工作任务。会议还审议了《加查县“十三五”时期经济社会发展“多规合一”总体规划的建议》。

同日　加查县落实意识形态工作责任制暨全县宣传思想工作会议在县会务中心召开，会议由县委副书记、县长孙红章主持，县委书记李贤荣作了重要讲话。在家县级领导、各乡（镇）党政正职、县（中）直单位全体干部职工共计400余人参加了会议。会议学习贯彻了自治区、地区党委意识形态工作责任制会议相关精神，全面总结了2015年全县意识形态及宣传思想工作，研究部署了下一步意识形态及宣传思想工作，并表彰了2015年度县级文明乡（镇）、文明村、文明单位、文明家庭以及精神文明创建工作先进个人。

12日　加查县2016年经济工作会议在县会务中心召开。在家县级领导、各乡镇党政正职、县（中）直部门全体干部职工参加了会议。会议学习贯彻了党的十八届五中全会、区党委八届八次全委会、地委（扩大）会议和中央、自治区、地区经济工作会议精神，全面总结了2015年经济工作，分析当前经济形势，安排部署了2016年全县经济工作。县委书记李贤荣，县委副书记、县长孙红章分别作了讲话。

18日　加查县举行达布文化艺术中心启用仪式，山南地区行署副专员喻昌出席并宣布达布文化艺术中心正式启用。县达布文化艺术中心是一个集图书馆、阅览室、书店、排练场、健身房、数字影院、民间艺术演艺厅、非物质文化遗产展览厅等多种功能于一体的综合性建筑，达布文化艺术中心的正式启用对传承达布文化，丰富农牧民群众业余生活、促进新时期加查文化大发展、大繁荣具有重要意义。

21—22日　自治区政府副主席、区党委统战部常务副部长、区党委政法委副书记、区民宗委党组书记、自治区驻山南地区维稳督导组副组长格桑次仁，自治区政府副秘书长尹分水等自治区维稳督导组领导在加查检查指导维稳工作，看望慰问一线执勤民警、干部职工和寺庙僧人。行署副专员、地区驻加查维稳督导组组长喻昌，行署副专员张永林等领导陪同前往。

24日　加查县召开首届县委党的群团工作会议，会议由县委常务副书记丁绪欢主持，县委书记李贤荣出席并作重要讲话。县“四大家”县级领导、各乡镇党的群团工作负责人、县（中）直单位负责人及工、青、妇全体干部职工参加了会议。会议学习贯彻了中央、区党委、地委党的群团工作会议精神，特别是习近平总书记的重要讲话精神，总结了2015年度加查县群团工作，安排部署了2016年加查县党的群团工作，明确了2016年群团工作各项目标任务。

4月

8日　湖北省宜昌市委常务副秘书长梁华率代表团一行赴加查县看望慰问宜昌市第三批援藏干部。期间，同加查县“四办”有关负责同志进行了交流座谈，并向县委办公室捐赠资金10万元。

11日　加查县举办以“搭建供需平台、促进转移就业、推动精准扶贫、助推民生工程”为主题的首届人力资源洽谈会，现场参加招聘会的单位及企业共22家，参加求职的农牧民、大中专毕业生、初高中毕业生达480人，其中，72人与用人单位达成初步就业协议。

9—12日　为进一步规范加查县虫草采集管理各项工作，县委组织政法系统13人前往那曲地区比如县，就虫草采集管理和教育矫治培训中心进行了实地考察学习。

12日　加查县组织召开了2016年虫草采集管理工作安排部署会议，传达《加查县2016年度冬虫夏草采集管理工作方案》《成立2016年度虫草采集管理工作组》相关文件精神，安排部署2016年虫草采集管理工作。会议还确定了由160人组成的17个虫草采集管理工作组、各乡镇蹲点联系的18名副县级领导在4月14日之前全部进点开展工作。

22—28日　加查县总工会联合团县委组织举办了第二届“加查杯”篮球赛，党群代表队、政府代表队、驻军代表队、华能代表队等8支队伍参加了比赛，经过激烈的角逐，最终政法代表队获得冠军、华能二队获得亚军、教育代表队获得季军。

5 月

4日 县委副书记、县长西洛次仁到任工作。

8日 加查县召开“两学一做”学习教育工作座谈会，对全县“两学一做”学习教育工作进行动员部署。会议以电视电话形式召开，各乡镇设分会场。会议要求，各级党组织要将“两学一做”学习教育作为当前首要政治任务，迅速行动起来，认真组织广大党员学习领会中央、区党委、地委相关会议精神，制订并实施具体方案，成立相应机构，坚持科学谋划、统筹安排、协调推进，确保学习教育取得实效。

15日 湖北省宜昌市第四批10名援藏专业技术人才抵达加查，他们将分别在住建、交通、宣传、文广、环保、医院、食药监等部门开展为期6个月的技术援藏工作。

16—18日 山南地区教体局副调研员索朗扎西一行组成义务教育均衡发展督导专家组对加查县推进义务教育均衡发展工作进行督导检查。专家组对全县1所中学、7所小学的办学条件、教育管理、师资队伍建设、安全卫生工作、课程设置、功能室、仪器设备和图书资料的配置等进行了实地查看，通过听取汇报、查阅资料、座谈交流等形式全面了解加查县推进义务教育均衡发展工作情况，并按照自治区评估标准对各校推进义务教育均衡发展工作相关资料进行了检查指导。

20日 湖北省卫计委医政处处长王汉祥带领湖北省同济医院专家组一行8人在加查县开展儿童先天性心脏病免费筛查工作，共对全县24名疑似先心病患儿进行了筛查，最终确诊先天性心脏病患儿2例，符合手术条件的1例，承诺将其带回湖北进行免费救治。

6 月

1日 县委书记李贤荣，县委副书记、县长西洛次仁及副县长仁青旺堆深入崔久乡、坝乡两个虫草产区，看望慰问了虫草采集管理工作和交通设卡检查点工作人员，为他们送去了10.41万元的慰问物资。

4—5日 由湖北省新闻工作者协会组织，人民日报湖北分社、湖北省宣传部、新华社湖北分社、中国经济时报湖北记者站、《湖北日报》、荆楚网、湖北广播电视台等15名新闻媒体工作者组成的采访团抵达加查县，就湖北省宜昌市援藏工作和加查县经济社会发展工作进行了为期两天的采访考察。

14日 在自治区商务厅的推荐下，加查县雅江实业有限责任公司前往北京参加中国（北京）国际服务贸易交流会，交流会由商务部和北京市人民政府主办。

同日 自治区党委常委、西藏军区政委刁国新，西藏军区政治部副主任昂旺一行前往联系点安绕镇扎雪村、琼果杰寺开展慰问，山南市委副书记巴珠，山南军分区司令员李军安，县委书记李贤荣、县委副书记、县长西洛次仁等有关领导陪同前往。

21—22日 加查县7个乡镇党代会（党员大会）、人代会胜利召开，乡镇班子换届工作圆满完成。

29日 加查县召开庆祝中国共产党建党95周年暨“两优一先”表彰大会，县委书记李贤荣作了重要讲话。在家县级领导，各乡镇党委书记，县（中）直各党支部全体党员参加了会议。会议重温了党的光辉历程，讴歌了党的丰功伟绩，表彰了各条战线上涌现出来的先进基层党组织、优秀党务工作者和优秀共产党员。

加查县上半年经济在较大的下行压力下低位起步、平稳推进。据统计，上半年实现生产总值47680万元，同比下降23%，一、二、三产业分别实现增加值3630万元、20450万元和13600万元，同比分别增长8.4%、-35.9%和22.6%。三产及工业仍是拉动上半年经济发展的重要支撑，三次产业结构由去年同期的5.4： 76.6：18 调整为7.6：63.9：28.5。

截至目前，加查县优化发展环境专项行动已完成第一阶段入户摸底调查工作，第二阶段清理整顿工作已经启动。据统计，加查县入户摸底调查共计6256户，其中重点难点村1651户，完成率均达100%。

7 月

1日 在加查县达布文化艺术中心，县妇联、团县委、总工会联合举办了为期2天的庆祝中共党建95周年棋牌比赛活动。此次活动包括象棋、跳棋、斗地主、双升比赛等，共计184名干部职工参加。

1—4日 自治区副总督学、教育厅副厅长朱赟为组长的督导评估组一行对加查县推进义务教育均衡发展工作情况进行了评估验收。山南市政府副市长扎西加措、副秘书长朱远红、市教体局局长赤列边巴、加查县县委书记李贤荣、县委副书记、政府县长西洛次仁及相关部门负责人员等进行了陪同。最终，加查县以93.4分的佳绩顺利通过了自治区对加查县推进义务教育均衡发展工作的评估验收。

4日 县林业部门组织32名职工在拉姆拉错国家湿地公园开展植被恢复工作。此次植被恢复工作共投资5万元，恢复面积达300余亩，对维护湿地的自然特性和生态功能，逐步实现湿地管理科学化奠定了良好的基础。

同日 由自治区党委宣传部副部长丁勇同志带领的自治区“两学一做”学习教育宣讲团在加查作“两学一做”学习教育辅导。县委常务副书记丁绪欢主持宣传报告会，在家县级领导，县（中）直各单位干部职工，各乡（镇）组织委员、宣传委员，各驻村工作队队长共300余人参加了报告会。

6日 自治区第四巡视组组织召开巡视加查县委动员大会，对巡视工作进行了全面的动员和部署。此次巡视的主要任务是对加查县三年来领导班子和党员领导干部在“三大问题”以及执行“六项纪律”和“八项规定”方面的工作情况，进行为期2个月的常规巡视。参加会议的有巡视组组长刘建敏、县委书记李贤荣、市委常委、纪委书记吴维等。

6日 自治区“两学一做”学习教育宣讲团到加查进行宣讲。加查县在家县级领导，县（中）直各单位党员干部等300余人参加聆听宣讲。

7日 加查县召开2016年党风廉政建设宣传教育月活动动员大会。会议由县委副书记、县人大主任扎西主持。县委书记李贤荣出席会议并作重要讲话。

10日 加查县为6名湖北宜昌援藏干部举行了欢送座谈会。会上，6名宜昌援藏干部分别回忆了三年来在加查的工作情况，县委书记李贤荣，县委副书记、县长西洛次仁等本地干部为6名“宜昌亲人”送上深深的祝福。次日，加查县本地干部群众自发组成送行队伍，为宜昌援藏干部队伍送行。

14日 加查县委、县政府在政务中心十楼会议室组织召开座谈会，隆重欢迎第四批7名宜昌援藏干部加入建设加查的行列。山南市政协副主席加央、副秘书长央金、加查县委书记李贤荣出席会议并发表欢迎致辞，会议由加查县政协主席普琼主持，县党政机关及各部门、直属单位代表百余人参加会议。

18—19日 市政府副市长张永林一行4人莅临加查督促指导优化发展环境专项行动工作，通过实地查看、走访调查、座谈交流等方式对加查县专项行动工作开展情况进行了全面了解。次日，在政务中心召开了“加查县优化发展环境专项行动督导座谈会”，会议由县委书记李贤荣主持。山南市督促指导组一行，山南市驻县指导组成员，各乡镇、各专项组、各驻点工作组及成员单位主要负责同志参加会议。

20日 加查县纪委联合县妇联组织开展“家庭助廉”活动。县委书记李贤荣出席活动并作出重要讲话，全县在家县级领导，各乡镇、各单位主要负责人及干部家属等60余人参加活动。

27日 西藏自治区加查县历史上第一份“社

会化作业情况督查通报”红头文件正式发布，这标志着由宜昌市援藏工作队在加查县首创的“三个一”城市管理督查制度正式进入实施阶段。该制度即“一日一检查、一周一通报、一季度一兑现”，以更加系统的考核方式对加查县的城市管理工作进行强化和规范。

28日 加查县召开2016年度基层党建工作推进会，县基层党的建设领导小组全体成员，各乡（镇）党委书记、副书记，县（中）直各党（总）支部书记，各中小学党支部书记，县党建办工作人员参加了会议。会议全面总结了上半年党建工作，通报了第二季度党建考核情况，安排部署了下半年基层党建工作。

同日 加查县组织开展廉政文化考试，对全县在家县级领导、县直各单位主要负责人、各乡镇党委书记和乡镇长等57名领导干部进行了廉政知识考试。通过这次考试，进一步增强了领导干部学习廉洁教育知识的主动性和自觉性，达到“以考促学，以学促廉”的效果。

7月28日—8月2日 加查县司法局组织相关工作人员组成检查组，深入全县各乡镇、村检查指导人民调解工作。

8月

1日 加查县委书记李贤荣、政府常务副县长曹勇带领慰问组，深入县人武部、兵站、武警加查县中队、消防大队等驻军部队开展节日慰问活动。

5—6日 自治区林规院郝副院长一行6人莅临我县实地勘察设计2017年林业工程造林项目。勘察组通过查看造林情况、实物调查、了解林地情况、结合沿线实际情况及相关要求，对我县2017年林业工程造林项目进行初步设计。

10日 加查县贫困村党组织书记和党员培训正式开班，训期为4天。此次培训主要以农业为主体，以农牧区产业发展、精准脱贫为目的，以现代化农牧业生产的发展态势及总体要求等方面进行知识培训。贫困村党员培训共有2期、390人，此次培训为第1期，参训人员191人。

11—12日 宜昌市委常委、市委秘书长马学军率党政代表团11人莅临加查县检查指导援藏工作，看望慰问宜昌市第四批援藏干部和专业技术人才，并向加查县捐赠资金50万元。

13日 加查县为切实落实党风廉政建设责任制，深入推进党风廉政建设和反腐败斗争，由县纪委牵头，县委宣传部、县文广局组织实施，发挥县电视台的职能作用，精心制作了廉政专题栏目—《廉话加查》。该节目一廉政教育为目的，以访谈形式为主，着力邀请县级、县直个单位、各乡镇领导干部等为主要访谈对象，每期邀请两名领导干部话谈廉政。

23日 加查县环保局组织项目所在乡（镇）负责人、村两委班子、施工单位、监理单位等对加查县2015年14个农村饮用水源地保护项目进行竣工验收工作。经检验，14个农村饮水源地保护项目达到合格标准，通过验收。

同日 加查县交通运输局组织县国土局、安监局、发改委、林业局、旅游局、民宗局、电信公司、崔久乡政府及各参建单位实地检查了解崔久乡至神湖公路工程项目全线情况。该项目全长21公里，投资4800余万元，计划2017年8月份建成通车，届时将对加查县旅游发展、经济带动、惠民脱贫起到重要作用。

24日 加查县召开县委理论中心组第九期专题学习会议，主要任务是学习近期上级重要文件精神，安排部署近期重要工作。会议由县委书记李贤荣主持，在家县级领导，各乡（镇）、县（中）直各单位负责人参加了此次会议。

同日 加查县召开落实意识形态工作责任制推进会，就进一步加强意识形态工作进行了研究部署，动员全县各级各部门进一步提高认识，明确任务，落实责任，以更扎实、更到位、更富有成效的工作确保圆满完成下半年意识形态各项工作任务。

29日 团市委和市华康医院在加查县举办免费体检活动，全县共计6500名干部职工及农牧民群众参加。

30日上午 加查县举办第二届扶贫就业及人力资源洽谈会。县委书记李贤荣和县委副书记、县长西洛次仁，县委常委、组织部部长边旦次仁，副县长周凯等领导出席活动并视察活动全程。现场参加招聘会的单位或企业共25家，提供了200多个岗位，参加求职招聘的建档立卡贫困户、初高中毕业生、大中专毕业生共达600余人，初步达成就业协议的有78人，现场签订劳务合同38人。

9 月

1日 加查县司法局一楼的法律援助中心便民服务大厅正式投入使用。大厅设有法律咨询、法律援助、人名调解、温馨调解、法制宣传5个窗口，并开辟专门的会见区，方便律师与当事人交流和沟通。

3日 湖北宜昌市的3名医疗专家，与宜昌市援藏工作队及加查县疾控中心医疗人员一行11人，到加查县4个偏远乡村开展为期一个月的包虫病筛查工作，共检查村民800余人。

6—7日 市委书记张永泽带领调研组一行到加查县检查指导工作。

11日 加查县在会务中心召开2016年度民族团结进步表彰大会，隆重表彰在民族团结工作中作出突出贡献的10个模范集体和16名先进个人。

12日 自治区党委副书记、区人大常委会主任白玛赤林率领“中华环保世纪行—西藏行”活动第一检查组成员到加查县检查指导工作。

同日 中国共产党加查县第九次代表大会8个代表团分别召开代表团第一次会议。会议传达代表团召集人会议精神；推选以各代表团正、副团长；表决通过《中国共产党加查县第九次代表大会各代表团临时党支部成员建议名单》、推选支部班子成员；酝酿讨论大会主席团成员、秘书长和代表资格审查委员会成员建议名单；酝酿通过大会议程（草案）。

14日 政协第二届加查县委员会第一次会议预备会在县会务中心一楼召开。会议由县政协党组书记普琼主持。大会应到委员60名，实到51名，符合《政协章程》规定。

15日 继加查县第十三届人民代表大会第一次会议召集人会议后，召开了“两会”党员大会，会议由县人大常委会主任扎西主持。会上,由县委常委、组织部部长边旦次仁通报了加查县第十三届人民代表大会第一次会议临时党委和临时党支部组成人员。县委书记李贤荣出席并作重要讲话。

23日 “加查县道德教育基地”揭牌仪式在全国劳动模范次仁宗巴家中举行。

26日 以“多美加查、魅力达布”为主题的2016中国西藏雅砻文化节之加查县第五届达布核桃节开幕式文艺演出在县文化广场隆重举行。加查县1200余名干部群众观看演出。

28日 县直属机关党委组织开展“两学一做”学习教育暨“迎十一 · 庆国庆”演讲比赛。农业综合党支部的蒋小兰以声情并茂的演讲获得此次比赛的第一名，其他选手分别获得不同奖项。

10月

12日 由宜昌市中级人民法院、宜昌猇亭区人民法院、枝江市人民法院、神农架林区人民法院、宜昌市三峡坝区人民法院组成对口支援法院考察团，在宜昌市中级人民法院党组成员、政治部主任黄家波的带领下，一行7人到加查法院考察交流，并代表对口支援法院向加查法院捐赠援助资金30万元。

20日 加查县第十三届人大常委会第一次会议在县会务中心召开。

同日 县工商局为拉绥乡雅云村村民格桑顿珠颁发了首张“五证合一、一照一码”营业执照，标志着县企业和农民合作社“五证合一、一照一码”登记制度在加查全面实施。

为进一步掌握全县党风廉政建设和反腐倡廉形势，从宏观上把握党员领导干部落实党风廉政建设“一岗双责”情况，县纪委结合加查实际，制订了党政领导干部落实党风廉政建设责任制民主测评表。经统计，88名党员领导干部测评表现均合格，充分表明加查县党员领导干部在自身岗位上能认真履职、作好表率、抓好工作、带好队伍，全县党风廉政建设和反腐倡廉形势总体良好。

26日 区党委巡视四组巡视加查县委情况反馈会议在加查县召开。区党委巡视办副主任黄立存传达了区党委书记吴英杰《在听取区党委第八轮巡视情况汇报时的重要讲话》，并代表区党委巡视工作领导小组就如何整改提出了要求；区党委巡视四组组长刘建敏代表巡视组向加查县领导班子反馈了巡视意见；市委常委、市纪委书记吴维对加查县整改工作提出了具体要求。区党委巡视四组副组长索朗顿珠、扎西央宗出席。加查县委书记李贤荣主持会议并作了表态发言。

23日—24日 湖北省宜昌市猇亭区检察院副检察长郑权率工作组一行，对加查县检察院相关工作进行了考察指导。

30日 由西藏自治区政府组织的“健康西藏”建设调研组一行12人，在山南副市长牟永文、副秘书长白江山的陪同下，就加查县对2016年全国卫生与健康会议精神和区党委关于健康西藏建设的决策部署贯彻落实情况进行专题调研。

11月

5日 秉承“公益性、长期性”的活动原则，县文广局在达布文化艺术中心内举办了以“弘扬中华文化·书写美丽加查”为主题的公益性书法培训开班典礼。开班典礼特别邀请了西藏自治区书法协会成员、西藏藏文书法家益西催成授课、西藏山南市第一职业技术学校教师出席。

7日 加查县召开人大代表建议和政协委员提案交办会。会议集中交办县第十三届人大一次会议以来人大代表建议和政协二届一次会议以来政协委员提案，并安排部署了今后建议提案办理工作。

8日 加查县举行第四批短期援藏技术人才欢送会。县委常务副书记向军，县委常委、组织部部长边旦次仁，短期援藏专业技术人员及其所在受援部门干部职工参加了欢送会。

15日 加查县组织全体在家县级领导、各乡镇负责人、政府各部门召开巡视整改落实情况推进会。会议由县委副书记、县长西洛次仁同志主持。

同日 由市委宣传部副部长陈鹏飞带队的市委意识形态考核组莅临我县，检查考核全县落实意识形态工作责任制情况。

18日 由山南市水利局副局长张伟带队的验收组，对加查县2013小型农田水利专项县建设工程进行了验收。验收组随机抽查了6处工程点，通过实地查看、走访村民、听取汇报等形式进行了检查验收。

24—25日 燕红常委在县委副书记邓博等领导陪同下，先后来到县委宣传部、加查镇文化站、达布文化艺术中心、县电视台了解宣传思想文化等各项工作开展情况。

近日 加查县召开创先争优强基础惠民生活动第五批驻村工作总结表彰暨第六批驻村工作动员大会。总结加查县第五批驻村工作，表彰第五批驻村工作先进集体和个人，安排部署第六批驻村工作。县委书记李贤荣出席会议并部署工作。

27日 加查县文广局收悉由中国文化建设实务编委会邮寄的《中国文化建设实务》书籍，其中由加查县文广局撰写的《践行创新争优 建设文化强县》的文章被收录其中。

11月28日—12月4日 加查县人大常委会组织县域内部分市、县级人大代表及乡镇人大主席共14人赴宜昌市（区、县）开展为期7天的考察学习。加查县人大党组副书记、副主任巴珠带队。

12月

月内 加查县第三次全国农业普查动员培训会在会务中心圆满召开，会议全面部署了加查第三次农业普查工作，进一步明确了各部门职责分工和工作要求。各乡镇负责人、相关部门负责人、乡镇普查指导员、各行政村第一支部书记、各驻村工作队队长共计170余人参加培训会议。

9日 由山南市委宣传部副部长郭世钦带领的市委宣讲团赴加查县，开展党的十八届六中全会和自治区第九次党代会精神辅导宣讲。

2016年雅砻物资交流会上，加查县292户商户（其中特色展区8户、普通展区25户、一般展区259户）782人进驻参展，上市商品总额（成本额）为1556.6万元，参展销售农特产品有达布木碗、千年核桃油、特色编制、野生核桃、石锅、藏香包、苹果片、核桃皮、酥油、奶渣、辣椒粉、当归等23种，深受老百姓喜爱，销售额达1200余万元。

16日 加查县召开巡视整改专题民主生活会。认真学习区党委、书记吴英杰关于巡视工作的有关要求，自觉对照区党委第四巡视组巡视反馈的党的领导弱化、党的建设缺失、从严治党不力三个方面10项问题和征集的各方面意见建议，结合县委自身建设及班子成员实际，深刻反思、深入剖析，谈问题不遮遮掩掩，批评与自我批评入木三分，有力推动了巡视整改落实。

同日 加查县召开政府工作部门权责清单专家论证评审会议。专家论证评审组成员、政府工作部门主要负责人和权责清单专职工作人员等70余人参加会议。

22日下午 县妇联按照山南市妇联统一要求，主动联系洛林乡帮新村索朗央金、加查镇联堆村扎西曲珍两名获得“金凤工程”助学金的同学落实情况，并严格按照财政报账程序，通过转账的方式落实“金凤工程”助学金共计4000元。

政 治

中共加查县委员会

【概况】 加查县位于西藏自治区东南部，系山南市东大门，属多河流峡谷地带。县境东与林芝市朗县交界，西与山南市桑日、曲松两县相连，南与山南市隆子县毗邻，北与林芝市工布江达县接壤，东西跨度88.2公里，南北距离102.2公里，平均海拔4000米。加查县地处冈底斯山－念青唐古拉山与喜马拉雅山大地构造单位之陷凹地带，地貌区域为藏南谷地。全县境内有山峰211座，其中海拔5000米以上的有180座。加查地势西高东低，地形复杂，县域内峰峦叠嶂，河流纵横。全县有大小河、沟260余条。雅鲁藏布江从桑日县入加查县境，自西向东横贯全县，流经加查县境域河段长93公里，流量达4425立方米/秒。县境内有拉姆拉措、雍措、江斯拉措等天然湖泊160多个，主要分布在西北和北部高山地区，海拔在4500米－5000米。湖泊面积都较小，最大者仅为几平方公里，均属直接受冰川作用而形成的冰川湖。加查县属高原温带半湿润气候，日照充足，辐射强烈，热量低，气温年变化相对小而日温差大，无霜期短，降水量小且降水集中，雨季明显，干湿季节分明，冬春季干燥多风。同时因境内地形复杂，海拔高低悬殊，加查县又具有水热再分配呈垂直性差异特点。全县大致可分为五种气候类型，即河、沟谷温暖半湿润气候，山地温和半温润气候，亚高山温凉半湿润气候，高山寒冷半湿润气候，高山寒冻半湿润气候。加查县河谷地区气候温和，2016年年平均气温8.9℃，平均气温最高月16.4℃，平均气温最低月－0.1℃，无霜期年均为149－169天。加查县邦达沟、色布荣沟、久布荣沟分布着大片原始森林，主要物产有虫草、贝母、麻黄、枸杞、红景天等数百个品种，以及麝香、熊胆、蛤蚧等几十种名贵药材。加查核桃驰名区内外，拥有酥油核桃、麻雀核桃、铁核桃等10多个品种，素有“核桃之乡”美誉。雅鲁藏布江水域中生长着拉萨裂腹鱼、裸腹重唇鱼、双须重唇鱼等 7 个品种。县城位于雅鲁藏布江中下游南岸，海拔3240米，西距山南市政府所在地乃东区107公里，距自治区首府拉萨市250公里，东距林芝市政府所在地巴宜区315公里。全县辖5乡2镇，77行政村，360个村民小组（自然村），6976户，总人口22305人。其中农村人口20006人，人口出生率14.7‰，自然增长率11.4‰。地域面积442983公顷，长期以来加查县是一个以农为主、农牧并举的农业县，随着经济的发展，加查县逐步转变为以能源产业为支柱的藏南能源大县，农业包括青稞、小麦、豌豆、蚕豆、玉米、胡豆、油菜、萝卜、土豆等作物，畜牧业包括山羊、绵羊、牦牛、犏牛、马、驴、骡、猪、鸡、鸭等。耕地面积1588.15公顷，粮食播种面积1322.99公顷，经济作物耕地面积392公顷。森林覆盖率34.89%，林地面积156765公顷。国家野生保护动物有西藏沙蜥、蛇、雪鹑、斑头雁、黄鸭、画眉、银鸥、丛林猫等，已探明矿产资源有铬铁矿、岩金矿、铜矿、铅锌矿等。主要旅游景点神湖拉姆拉措、久布荣原始森林、色布荣曲风景、琼果杰风光、那玉河风光、结罗拉雪山、布丹拉雪峰、涅尔喀大瀑布、千年核桃林等。特色产品有核桃、木碗、石锅、虫草、蓝莓、竹编等。2016年完成全县生产总值113063万元，同比下降0.6%；其中第一产业6958万元，同比增长4.4%；第二产业完成76722万元，同比下降7.5%；第三产业完成29383万元，同比增长21.7%。全社会固定资产投资201948万元，完成邮政业务总量213万元；完成电信业务总量903万元。固定电话用户1770户，使用率89%；移动电话用户19600户，使用率90%；互联网用户2220户。社会消费品零售总额29500万元。接待旅游7.21万人次，实现旅游收入2018.8万，同比减少12%。地方财政收入8215万元，同比下降5.9%；税收收入6647万元，同比下降10.2%；地方财政支出66778.3万元。年末城乡居民储蓄存款余额57843万元。全年农村居民人均纯收入12405元，实现城镇就业345人，城镇登记失业率2.1%。截至年底，参加城镇失业保险819人；参加基本养老保险（城乡居民养老保险）12699人，城镇职工参加基本养老保险（城乡居民养老保险）316人，参加新型农村养老保险（城乡居民养老保险）12383人，已领取养老保险待遇1619人。参加新型农村合作医疗19955人，参合率100%。城镇居民中有22户36人得到政府最低生活保障金。有寺庙、拉康、日追20所，僧尼73人（含尼姑4人）。

【党建工作】 2016年以来，加查县将党建工作纳入到全县经济社会发展大局统筹谋划，坚持每年召开4次常委会议研究推进全县基层党建工作，及时研究解决工作中存在的问题和困难。坚持制度促党建，确立“一月一自查一总结一汇报、一季度一度到一考核一整改”党建督导考核机制，制定下发《加查县基层党建工作考核办法（试行）》，并将考核结果作为各级党组织和党组织书记年度考核的重要依据，切实筑牢了各级党组织特别是党组织书记抓基层党建的主业意识。2016年下半年，在区市两级的有力指导下，加查县严格换届纪律和有关程序，顺利完成了县乡领导班子换届选举工作，所有县乡领导均全票或高票当选。2016年年底，加查县对县直机关党组织设置不规范、支部活动和学习开展困难的16个县直单位联合党支部进行了调整，43个县直单位成立了单独的机关党支部，并将31名县级干部划分到22个党支部中以普通党员身份参加支部活动，进一步严格“三会一课”制度，制发了党费收缴证，规定每名党员每月15日前自行按标准缴纳党费。目前，加查县共设置有148个基层组织（8个党委、3个党总支，137个党支部），党员4273 名，占总人口数的18.8%。其中：农牧民党员3256名。2016年，严格按照党员发展程序发展党员118名，其中农牧民党员71名。一年来，积极组织广大党员扎实开展“两学一做”学习教育，深入学习党章党规和《准则》《条例》，深入学习党的十八大、十八届三中四中五中六中全会精神和习近平总书记治国理政新思想新理念新战略，深入学习区党委第九次党代会精神。“两学一做”学习教育开展以来，加查县共开展学习教育16次，领导干部带头讲党课36次，开展专题学习讨论120余次，开展“两学一做”知识竞赛、“做合格党员”演讲比赛等活动3期，开展讲坛7期，党员领导干部撰写心得体会3000余篇，党员领导干部党性修养进一步提升。同时，县委坚持把党建工作作为各项工作的核心，推行“党建+”的工作方式，通过抓好党建促进经济发展、维护社会稳定、保障改善民生、保护生态环境、推进脱贫攻坚、联系服务群众。建立任前廉政文化知识考试制度，2016年，对99名拟提拔党员领导干部开展了任前廉政文化考试；结合“两学一做”学习教育，组织学习新《条例》、新《准则》，组织全县56名科级以上党员领导干部集中进行廉政文化知识考试，党员领导干部底线红线意识进一步提高，廉政从政、廉政用权意识明显增强。结合全县基层党建工作实际，加查县创造性地开展“十规范、十提升”、农牧民党员“评星挂牌”、抓党建促脱贫、基层党建观摩交流、口袋党课等活动，丰富了基层党建工作形式，突破了基层党建瓶颈，受到了基层党组织和广大党员干部的一致好评。制订“开展好每月党日活动、完善两个机制、加强三个建设、开好四个会议、实现五个目标”为主要内容的党建工作“五步走”发展思路，明确了党建工作方向和措施。4—6月，加查县在虫草采挖点开展“党旗飘遍虫草地”活动，成立了16个临时党支部，吸纳了80名农牧民党员作为临时党支部成员，发放国旗1960面、党旗1080面、党徽600枚。开展政策宣讲、维护稳定和矛盾纠纷排查化解等工作，充分发挥了基层党组织的战斗堡垒作用和党员先锋模范作用，有效维护了虫草采集区社会局势持续稳定。

【廉政建设】 2016年，在区党委、区纪委、和市委、市纪委的坚强领导下，加查县委牢牢把握党要管党、从严治党的政治责任，以贯彻落实党委在党风廉政建设中九个方面的主体责任为抓手，深入推进党风廉政建设和反腐败工作，努力营造风清气正的政治生态，集聚正能量，为加快经济社会发展升级提供坚强有力的保障。2016年，县委专题研究党风廉政建设工作4次。以“两学一做”学习教育为契机，认真组织全县各级党员干部深入学习党的十八大、十八届三中四中五中六中全会特别是《关于新形势下党内政治生活的若干准则》和《中国共产党党内监督条例》，十八届中纪委六次七次全会，自治区第九次党代会和山南市一届一次党代会精神，并制作了学习手册，供各乡（镇）、各单位学习；进一步规范“每月一课”活动，组织全县党员干部观看《永远在路上》《镜鉴》等警示教育片。组织开展任前廉政谈话、廉政考试、“一把手”讲廉政党课、廉政文化“七进”活动和党风廉政建设宣传教育月等活动，并邀请上级领导、专家讲授预防职务犯罪活动，使遵纪守法、廉洁自律的观念深入全县党员干部的心中。2016年，县纪委组织开展中央八项规定专项监督检查22次，上下班督导检查13次，佛事活动检查6次、遵守维稳纪律情况检查7次、节前专项检查12次，谈话教育党员干部16人，切实将纪律和规矩挺在前面，在全县范围起到了强烈的警示震慑作用。2016年，全县纪检监察机关共受理各类问题线索11件、遗留案件1件，共13人，其中初查了结2件3人、立案办结6件6人，正在办理4件4人，给予党纪政纪处分6人，挽回经济损失57万余元。同时，坚持做好表率，县委常委会带头向社会公开作出廉洁自律承诺，要求党员干部做到的，常委首先做到；要求党员干部不做的，常委带头不做。全体班子成员带头深入学习“老西藏精神”和焦裕禄、孔繁森精神，认真贯彻执行中央“八项规定”和区党委“约法十章”“九项要求”和市委“十项规则”以及廉洁自律相关规定。

【农牧业】 2016年，在区党委、政府和市委、市政府的坚强领导下，加查县经济结构转型步伐坚实、全面从严治党纵深推进、全面依法行政实施深入、民生民利得到改善、脱贫攻坚有序推进、社会局势和谐稳定，“十三五”实现了良好开局。三次产业结构比调整为5：77：18。粮食产量实现“九连增”，全年粮食产量8340吨；牲畜总存栏数5.3万头（只、匹），出栏率达31.3%；核桃种植规模发展到1.8万余亩、47.1万余株，加查核桃成为国家质检总局注册产品。农牧区劳务输出1.25万人次，劳务创收达3259.5万元，人均创收5343.4元；非公经济持续向好，登记注册个体工商户发展到1719户，从业人员达2904人，注册资金达1.11亿元。

【教育事业】 全面落实本级财政收入的25%用于教育事业发展的要求，巩固义务均衡教育工作成效，启动“教育质量三年提升”工程，提升教育教学水平，义务教育均衡发展顺利通过自治区、国家评估认定；依托对口援藏机制，搭建教育信息化中心，加大组团式教育援藏和师资交流培训力度，实现教育资源共享；制定出台《加查县教学质量奖惩机制》，激发学校、家庭、教师、学生对教育工作的新活力；加强正确宗教知识教育，淡化宗教对青少年的影响。足额拨付农牧区中小学生“三包”经费和营养改善经费，全年共拨付“三包”经费934.11万元、支出营养改善经费159.02万元。

【医疗卫生事业】 依托援藏平台，实施“互联网+远程医疗”，提升联合会诊水平；继续落实好大病救助举措，开展先心病患儿免费筛选、全民免费健康体检等工作；加强农产品质量安全监测，加强包虫病预防，加大食药监管，确保群众饮食用药安全。全县连续5年实现无孕产妇死亡。全年完成门（急）症35585人次、住院1030人次、手术185台次，业务收入达658.49万元。强化慢性病防治和计划免疫工作，筛查高血压患者895人、糖尿病27人，常规基础疫苗接种率达98%以上，扩大免疫接种率达95%以上。

【文化事业】 严格落实本级财政收入的3%和援藏资金的20%用于文化事业发展的要求，持续巩固国家公共文化服务体系示范区创建成果，面向社会免费开放达布文化艺术中心、各乡镇文化站和村级农家书屋，实现文化资源共建共享；加大文物保护力度，推进文物挖掘和古籍整理工作；推进县级有线数字化电视建设，打造具有加查浓郁文化特色的文艺晚会，提高加查文化艺术品味。全国第二批公共文化服务体系示范区创建工作高标准通过了国家验收，县民间艺术团创编的《雅砻之梦》被市委宣传部评为优秀作品，加查镇文化站被自治区授予全区首批“十佳文化站”。

【社会保障】 大力实施全民参保计划，健全养老保险转移接续和城乡医保融合机制，全力推进“五险合一”工作。积极搭建创业就业平台，加大内地中职班、退伍军人、城镇失业人员的职业技能培训、职业指导、职业介绍等就业服务工作力度，全年新增就业210人，城镇失业人员再就业15人，开发就业岗位256个，职业介绍成功296人。全年共发放低保金、五保供养金和各类救助、补贴补助资金841.55万元。农村危房改造196户。强基础惠民生活动深入开展，全年落实惠民项目27个、资金达330.51万元，县强基办获得自治区级“先进单位”称号。

【旅游业】 加查县是西藏“拉萨—林芝—山南—拉萨”黄金旅游东环线的重要一站，境内资源丰富。县城以东旅游线上，主要景点有神湖拉姆拉措、藏传佛教达布噶举派祖寺达拉岗布寺和久布荣原始森林、色布荣曲风景、琼果杰风光、那玉河风光等。县城以西旅游线上，主要景点有结罗拉雪山、布丹拉雪峰、涅尔喀大瀑布、千年核桃林等。其中千年核桃园林区有千年古核桃树300多株，百年以上古核桃树1000多珠，还有距今1500多年的核桃王，堪称亚洲第一。全年共接待游客7.2万人次，实现旅游综合收入2500万元，被农业部评为“2016年全国休闲农业和乡村旅游示范县”。

【生态保护】 全年全县新增林地面积1051亩。投资200万元实施了20个农村饮用水源地项目，农村饮水环境得到改善。新增28名环保监督员和197名村级保洁员岗位，农村环境综合整治全面提升。取缔、关停非法采集砂石厂6家。成功创建自治区级生态乡镇1个、行政村7个，安绕镇拉岗村被评为全国生态文化村。

【维护稳定】 民族团结宣传教育和民族团结进步创建活动深入推进，民族团结进步表彰力度逐年提升，“三个离不开”思想深入人心。圆满完成优化发展环境专项行动摸底排查工作，有力维护了虫草采集秩序，打击了53名冲击虫草采集秩序人员。信访调解力度全面加强，受理各类矛盾纠纷33件，调解成功率达100%。案件侦破力度不断加大，全年公安机关共立刑事案件33件，受理治安案件46起，交通事故164起，各类案件均得到及时有效侦破查处。“双联户”创建评选工作持续发力，洛林乡人民政府、拉绥乡拉绥村、冷达乡嘎玛吉塘村获得自治区级先进“双联户”表彰。安全生产管理不断加强，全年未发生较大及以上安全事故，无人员死亡。

【项目建设】 全年新建项目44个、续建项目22个，完成固定资产投资201948万元，完成206个总投资9.6亿元的项目前期和录入工作；县域内加查水电站、拉林铁路等重大项目预计完成投资15.19亿元。

【精准扶贫】 369户1250人的莫热坝易地扶贫搬迁项目加快推进，佳吾坝易地扶贫搬迁项目规划评审和仲巴村易地搬迁红线内搬迁户选址征地工作顺利完成；申报了区、市、县三级农牧民群众扶贫创业就业基地；为323户建档立卡贫困户发放了贫困小额信用贷款1615万元；全年实现贫困户就业培训430人、贫困户转移就业56人、安置就业援助206人，落实生态补偿岗位2481个；兜底保障236户低保户、269户五保户生产生活，全县122户428名一般贫困户对象达到退出标准。

【受援工作】 2016年，宜昌市第三批援藏工作队投资兴建的16个援藏村级卫生室投入使用；援藏三年来，落实援藏资金5215万元，其中落实计划内（1‰）资金3700万元，争取计划外（1‰以外，不含捐赠的款物资金）资金1515万元。累计实施援藏项目 8 个，涵盖基层政权、医疗卫生、公共文化、扶贫助困等民生领域。先后在海拔超过4000米的乡村建设了3个村委会活动场所和创收载体、10座标准化村级卫生室、25座温室、1个粮油加工基地，包括新农村建设、基层组织活动场所、家庭旅游扶贫、村卫生室建设等项目，有效改善高海拔区域农牧民生产生活条件。2016年7月，完成了新一轮援藏干部轮换。宜昌市第四批援藏工作队接过宜昌援藏的接力棒，开展为期三年的援藏工作。进藏来，工作队严格按照中央和鄂藏两省区关于坚持对口支援资金向基层、向农牧区倾斜，坚持80%的资金投入到基层的指示精神，将“农牧区基础设施”项目调整为2个，资金合计1500万元，“社会事业”项目调整为4个，资金合计2200万元。并结合西藏全域地广人稀、农牧产品质优量少的实际，提出“互联网+精准援藏”工作思路，以发展远程医疗、远程教育、电子商务、智慧旅游为突破口，带动当地经济社会全面发展。

【特色产业】 长期以来加查县是一个以农为主、农牧并举的农业县，随着经济的发展，加查县逐步转变为以能源产业为支柱的藏南能源大县。大力推进大型水电站建设，藏木水电站6台机组已全部并网运营。加查电站、嘎堆电站建设进度逐步加快，同时加快冷达电站和县境内流域中小电站的规划建设；大力发展新型、节能、环保的建材产品，推进石材、砂石料、水泥制品等建筑建材产业发展，全年招商引资完成投资9170万元；藏木水电站、博盛矿业等规上企业，全年预计实现工业增加值15177万元。蓝莓种植基地种植面积达245亩，带动当地群众增收80余万元；新种植核桃苗木1.8万株，核桃种植规模发展到1.8万亩47.1万株。

【强基惠民】 2016年，全县77个驻村工作队308名驻村队员以自治区“七项任务”和具有山南特色的“三项任务”为载体，全力以赴完成各项驻村任务。各驻村工作队本着“主动不包办、到位不越位、帮忙不添乱、指导不领导”的原则。全面提升村“两委”干部的综合素质，注重对村党员干部的藏汉“双语培训”，深化“两学一做”学习教育，习近平总书记和中央、区、市重要会精神的学习，帮助建立规范各项工作学习机制，帮助理清发展思路、壮大村集体经济。在提升村“两委”班子成员工作素质和履职能力的同时，也提升了村级党组工作水平，锤炼增强了村“两委”班子成员党性、提升了修养、增强了能力。同时，扎实开展维护稳定、脱贫攻坚、宣传教育等各项工作，切实为群众办实事、好事。今年以来，各工作队帮助所驻村制订“一村一策”增收办法77条，帮助群众理清发展思路328条，找准发展路子104个，制订、完善、实施经济发展规划77项；实施贫困户技能培训632人次，累计实施劳务输出950余人，增收306.5万余元；帮助所驻村解决“三就”“两保”“六通”等民生突出问题154件，累计投入资金 106.75万元；从为民办实事经费中落实并完成项目32个，投入资金116.54万元。经过近年来驻村工作的开展，全县各村级党组织的凝聚力和战斗力进一步增强，村“两委”班子干事创业的能力有了进一步提升；广大群众的“五个认同”“四个意识”得到进一步增强；农村面貌得到极大改善，民风更加淳朴；广大群众的法律意识得到进一步增强；党群、干群关系更加融洽。

（刘华镇）

【领导名录】

县委书记（副地级）

贡觉多吉（藏族，1月免）

县委书记 李贤荣（1月任）

县委副书记、政府县长

孙红章（5月免）

西洛次仁（藏族，5月任）

县委副书记、人大常委会主任

扎 西（藏族）

县委常务副书记（正县级）

丁绪欢

向 军

县委副书记

普 琼（藏族）

邓 博（5月任）

县委常委、人武部政委

张敬德（6月免）

县委常委、政法委书记、公安局长

次旦东觉（藏族）

县委常委、宣传部部长

罗江群（女）

县委常委、统战部部长

白玛多吉（藏族）

县委常委、政府副县长

张安华（土家族，湖北宜昌援藏）

县委常委、县委办公室主任

李晓鸣（湖北宜昌援藏）

县委常委、纪委书记

马文清（5月免）

巴桑次仁（藏族，5月任）

县委常委、安绕镇党委书记

翟国栋（5月任）

县委常委、组织部部长

李建斌（5月免）

边旦次仁（藏族，5月任）

县委常委、常务副县长

李国义（5月免）

县委常委、副县长

李 宁

曹 勇

孙 砵（湖北宜昌援藏）

加查县人民代表大会常务委员会

【概况】 年内，县人大召开第十二届人民代表大会2次、第十三届人民代表大会1次；召开县第十二届人大常委会10次、第十三届人大常委会2次；召开县第十二届人大主任会议7次、第十三届人大主任会议4次，依法召开加查县第十二届人民代表大会第九次、十次会议，加查县第十三届人民代表大会第一次会议，为推动全县经济社会科学发展和谐稳定做出积极贡献。

【加查县第十二届人民代表大会第九次会议】 2016年2月26日至28日，召开加查县第十二届人民代表大会第九次会议。会议听取审议和表决通过“六个报告”和“六个报告”决议，审查《加查县关于制定“十三五”时期经济社会发展“多规合一”总体规划建议（书面）》。

【加查县第十二届人民代表大会第十次会议】 2016年5月13日，召开加查十二届人民代表大会第十次会议，会议选举产生山南市第一届人民代表大会代表16名，（按姓氏笔画排序）分别是扎西（市人大）、扎西（县人大）、达曲、张定成、索朗、李贤荣、柯东海、西洛次仁、次旦东觉、罗布旺杰、扎西顿珠、其米拉珍、白玛拉姆、谢祥健、松觉拉姆、索朗多布杰。

【加查县十二届人大常委会第十五次会议】 2016年2月4日，召开加查县人大常委会第十五次会议。会议表决通过提交县人民政府关于提请次仁顿珠、周凯、洛桑尼玛3名人员任免职的报告，县委副书记、县人大常委会主任扎西向新任命的3名人员颁发任命书，新任命的3名分别人员作表态发言，并进行宪法宣誓。

【加查县十二届人大常委会第十六次会议】 2016年2月25日，召开县第十二届人大常委会第十六次会议，县委副书记、人大主任扎西主持会议。会议审议通过在十二届人大九次会议上的“六个报告，审议通过十二届人大七次会议代表意见建议办理情况报告。

【加查县十二届人大常委会第十七次会议】 2016年3月23日，加查县召开十二届人大常委会第十七次会议，不是委员的乡镇人大主席、机关代表团团长德吉列席会议，县委副书记、人大主任扎西主持会议。会议审议通过关于旺堆辞去县十二届人大代表资格的请求，审议通过拉巴次仁辞去县十二届人大常委会副主任、委员、代表资格职务的请求，审议通过县乡人大换届选举工作的实施方案。

【加查县十二届人大常委会第十八次会议】 2016年4月6日，召开县十二届人大常委会第十八次会议，县委副书记、人大主任扎西主持会议。会议审议通过县财政局提交2015年加查县财政决算情况报告，审议通过县财政局提交的2016年县财政收支预算情况报告，审议通过县财政局提交2015年财政预算调整方案的报告和关于2015年预算稳定调节金使用方案的报告，审议通过人大办公室提交的加查县人大常委会关于成立加查县县乡两级人民代表大会换届工作领导小组的通知。

【加查县十二届人大常委会第十九次会议】 2016年4月22日，召开县十二届人大常委会第十九次会议，县委副书记、县人大常委会主任扎西主持会议。会议审议通过县公安局对朗卡执行行政拘留的报告，会议一致同意免去朗卡县十二届人大代表资格职务。

【加查县十二届人大常委会第二十次会议】 2016年5月5日，召开县十二届人大常委会第二十次会议。会议审议通过关于十二届人大十次会议的有关材料，审议通过各乡镇主席团及机关代表团名额分配，按照机关代表3人，安绕镇、洛林乡、冷达乡、拉绥乡各7人，崔久乡、坝乡各5人的名额进行分配，审议通过关于县人大常委会2016年工作要点。

【加查县十二届人大常委会第二十一次会议】 2016年6月8日，召开县十二届人大第二十一次会议，县委副书记、县人大常委会主任扎西主持会议。会议审议通过加查县十三届人大常委会组成人员名单（草案），审议通过县十三届人大一次会议有关材料。

【加查县十二届人大常委会第二十二次会议】 2016年6月15日，召开县十三届人大第二十二会议，县委副书记、县人大常委会主任扎西主持会议。会议审议县人大常委会工作报告及“一府两院”工作报告，审议通过县长孙红章，3名副县长次仁顿珠、琼美朵、索朗格桑辞去县长和副县长职务的报告，审议通过谢祥健、洛桑旺堆、边巴次仁、白玛龙宗、多吉、索朗曲珍、陈梅7名人员县十二届人大代表的职务，审议县十三届人大一次会议有关材料经修改后通过。

【加查县十二届人大常委会第二十三次会议】 2016

年6月28日，县人大召开第十二届人大常委会第二十三次会议，县委副书记、县人大常委会主任扎西主持会议。会议传达学习中共西藏自治区委员转发《中共西藏自治区人大常委会党组关于加强县乡人大工作和建设的实施意见》的通知、《中共西藏自治区委员会关于进一步加强和改进人大工作的意见》和《西藏自治区人大常委会关于认真学习贯彻落实区党委人大工作会议精神的意见》，审议通过加查县第十三届人大一次会议各项材料。

【加查县十二届人大常委会第二十四次会议】 2016年9月6日，召开县十二届人大第二十四会议，县委副书记、县人大常委会主任扎西主持会议。会议传达学习有关换届选举工作精神，审议通过县人民检察院党组提请夏晓任职的报告。

【加查县十三届人大常委会第一次会议】 2016年10月20日，召开县十三届人大常委会第一次会议，县委副书记、县人大常委会主任扎西主持会议。会议传达学习《白玛赤林同志在西藏自治区第十届人大常委会第二十六次会议闭幕上的讲话》和中共加查县委办公室关于印发《加查县学习陈全国、吴英杰、张永泽重要讲话精神实施方案》的通知文件，听取县扶贫办主任边巴次仁汇报的2016年全县精准扶贫工作进展情况，听取县环保局副局长卓玛次仁汇报的2016年全县环境保护工作进展情况，审议通过县政府提交的关于2014年度预算调整方案的报告，审议通过县政府提交的关于户口管理暂行办法，审议通过县政府关于提请唐兵、钟运健、陈梅、白玛龙宗、卓玛次仁、索朗曲珍6名人员任职的报告，审议通过关于县检察院提请拟任张勇任职的报告，审议通过人大常委会主任和副主任分工文件，审议通过十三届人大代表第一期培训及视察等相关事宜。

【加查县十三届人大常委会第二次会议】 2016年12月22日，县召开十三届人大常委会第二次会议，县委副书记、县人大常委会主任扎西主持会议。会议审议通过检察院关于成立检察委员会的报告，审议通过县财政局关于第二批转移支付使用情况的报告，审议通过县财政局关于2016年度稳定调节金调整方案的报告，审议通过县人大常委会2016年工作总结暨2017年工作安排，研究通过关于召开乡（镇）人代会的时间安排。

【县“人大代表之家”和“代表小组”创建情况】 2016年，加查县投入资金114万元，市人大解决7万元，全面完成8个“人大代表之家”和20个人大“代表小组”活动室的创建工作。各代表之家面积均达60平方米以上，均配备配齐相关设备，并健全各项制度和台账，规范“三职责”“三办法”“十制度”，建立“一册六簿五表”台账等。

【县人大“三委”增设】 2016年，设立法制司法民族宗教委员会、财经农牧城建环保委员会、教育科学文化卫生委员会。三个“专委会”主任由县人大常委会3名副主任分别兼任。

【县乡代表换届】 2016年3月8日至4月17日，开展县、乡两级人大代表的换届选举工作。4月17日，依法选举产生县十三届人民代表大会代表92名。其中，选举的代表中政党推荐当选20名，占22%，与上届持平；选民10人以上联名推荐县人大代表75名，占80.6%；非党7名，占8%；女性19名，占20.3%；少数民族83名，占89%；35岁以下19名，占20.4%；36岁至55岁66名，占70.9%；56岁以上8名，占8.6%；代表职业中行政、事业人员44人、占47%，驻寺干部4人、占4%，解放军或武警2人、占2%，企业负责人1人、占1%，农牧民代表39人，占42%，宗教爱国人士1人、占1%。研究生学历以上2人，占2%；大学本科学历30人，占32%；大专及高职13人，占14%；初中及以下48人，占52%，同比上届减少了6%；在县级代表中领导干部达34人、占36.5%，县级干部14人、占15%，代表连任达49人、占52.6%。关于乡代表：选举产生第十四届乡镇人大代表266名。其中，男性211名，占

79%；非党39名，占14.7%；女性55名，占21%；少数民族256名，占96.3%；代表职业中公务员40人、占15%，村干部及驻寺干部102人、占38%，联户长19人、占7%，农牧民58人、占21.8%，村医16人、占6%，护林员16人、占6%，僧侣2人、占0.7%，村民小组长9人、占3.3%，宗教爱国人士4人、占1.5%。大专以上37名，占14%，高中（中专）1名，占0.4%，初中及以下228名，占85.8%。乡代表中领导达23人、占9%，县级干部4人、占1.5%，代表连任187人、占70%。

【加查县第十三届人民代表大会第一次会议】 2016年6月20日至23日，各乡镇依法召开乡镇第十四届人大一次会议，依法选举产生新一届乡镇人大主席团和乡镇人大、政府领导班子成员。9月16日至18日，隆重召开加查县第十三届人民代表大会第一次会议，听取审议县人大常委会和“一府两院”五年工作报告；接受辞去人大常委会副主任1人、委员1人，接受辞去政府县长1人、副县长3人，接受辞去县人大代表5人；依法选举加查县人民政府县长1名、副县长9名和加查县人大常委会主任1名、副主任4名、委员20名，加查县人民法院院长1名、县人民检察院检察长1名。

【开展十三届人大代表第一期培训】 2016年10月24日，加查县举办为期两天的第十三届人大代表第一期培训班，培训人数达80人，采取集中听课、现场观摩、座谈交流等方式，就如何当好人大代表、如何审议“六个报告”和代表议案与代表建议的提出与办理等相关内容进行讲解学习。

【执法检查】 2016年4月14日，县委副书记、人大常委会主任扎西带队，对全县97家药品经营单位进行全面系统检查。4月22日，县委副书记、人大常委会主任扎西带领部分人大常委会委员和县人大代表对加查县贯彻落实“两条例”进行检查，并对县气象局贯彻落实《西藏自治区气象条例》和《西藏自治区气候资源条例》情况进行专项检查。6月24日，自治区人大财经委副主任多吉才旺对加查县邮政分公司“一法一条例”贯彻落实情况进行检查。10月10日，自治区人大民宗外侨委主任委员通嘎率自治区执法检查组到加查县，对加查县落实《宗教事务条例》《实施办法》情况，加查县达拉岗布寺、夏珠林寺、琼果杰寺贯彻落实《条例》情况进行专题执法检查。

【专题调研】 2016年5月31日，县人大常委会召集部分人大常委会委员、人大代表及县农牧局等相关单位负责人，分别到各个虫草采挖点开展2016年冬虫夏草资源保护与管理专题调研，并对区实施“两个办法”以来的成功经验、主要做法、存在的问题及建议进行梳理上报。

（陈勇勇）

【领导名录】

县委副书记、人大常委会主任
扎 西（藏族）
县人大常委会副主任 高慧勇（9月免）
巴 珠（藏族）
扎 西（藏族）
赵小云（9月任）
雷小景（女，9月任）

加查县人民政府

【概况】 2016年，加查县生产总值完成113063万元、社会消费品零售总额完成29500万元、农牧民人均纯收入完成12405元，增长7.4%、17.4%、10%；固定资产投资完成201948万元、地方财政收入完成8215万元，下降20%、5.9%。

【农牧业发展】 2016年，加查县粮食产量实现“九连增”，全年粮食产量8340吨；牲畜总存栏数5.3万头（只、匹），出栏率达31.3%；核桃种植规模发展到1.8万余亩、47.1万余株，加查核桃成为国家质检总局注册产品。

【产业规模】 2016年，加查县全年新建项目44个、续建项目22个，完成固定资产投资201948万元，完成206个总投资9.6亿元的项目前期和录入工作；县域内加查水电站、拉林铁路等重大项目完成投资15.19亿元；招商引资完成投资9170万元；藏木水电站、博盛矿业等规模以上企业，全年实现工业增加值15177万元。

【服务业发展】 2016年，加查县全年共接待游客7.2万人次，实现旅游综合收入2500万元，被农业部评为“2016年全国休闲农业和乡村旅游示范县”；农牧区劳务输出1.25万人次，劳务创收达3259.5万元，人均创收5343.4元；非公经济持续向好，登记注册个体工商户发展到1719户，从业人员达2904人，注册资金达1.11亿元。

【脱贫攻坚】 2016年，加查县369户1250人的莫热坝易地扶贫搬迁项目加快推进，佳吾坝易地扶贫搬迁项目规划评审和仲巴村易地搬迁红线内搬迁户选址征地工作顺利完成；申报区、市、县三级农牧民群众扶贫创业就业基地；为323户建档立卡贫困户发放了贫困小额信用贷款1615万元；全年实现贫困户就业培训430人、贫困户转移就业56人、安置就业援助206人，落实生态补偿岗位2481个；兜底保障236户低保户、269户“五保”户生产生活，全县122户428名一般贫困户对象达到退出标准。

【民生民利】 2016年，加查县义务教育均衡发展顺利通过自治区、国家评估认定。连续5年实现无孕产妇死亡。全国第二批公共文化服务体系示范区创建工作高标准通过国家验收，县民间艺术团创编的《雅砻之梦》被市委宣传部评为优秀作品，加查镇文化站被自治区授予全区首批“十佳文化站”。强基础惠民生活动深入开展，全年落实惠民项目27个、资金达330.51万元，县强基办获得自治区级“先进单位”称号。全年新增就业210人，城镇失业人员再就业15人，开发就业岗位256个，职业介绍成功296人。全年共发放低保金、五保供养金和各类救助、补贴补助资金841.55万元。农村危房改造196户。

【生态保护】 2016年，加查县全年全县新增林地面积1051亩。投资200万元实施20个农村饮用水源地项目，农村饮水环境得到改善。新增28名环保监督员和197名村级保洁员岗位，农村环境综合整治全面提升。取缔、关停非法采集砂石厂6家。成功创建自治区级生态乡镇1个、行政村7个，安绕镇拉岗村被评为全国生态文化村。

【援藏工作】 2016年，加查县16个援藏村级卫生室投入使用。完成新一轮援藏干部轮换。坚持对口支援资金向基层、向农牧区倾斜，坚持80%的资金投入到基层，坚持援受双方协商一致，对口市委领导亲自带队进藏调研援藏工作，搞好新一批援藏工作计划，规划一批总投资3400万元涵盖扶贫、教育、卫生、生态文明等领域的援藏项目。

【社会局势】 2016年，加查县民族团结宣传教育和民族团结进步创建活动深入推进，民族团结进步表彰力度逐年提升，“三个离不开”思想深入人心。完成优化发展环境专项行动摸底排查工作，有力维护虫草采集秩序，打击53名冲击虫草采集秩序人员。信访调解力度全面加强，受理各类矛盾纠纷33件，调解成功率达100%。案件侦破力度不断加大，全年公安机关共立刑事案件33件，受理治安案件46起，交通事故164起，各类案件均得到及时有效侦破查处。“双联户”创建评选工作持续发力，洛林乡人民政府、拉绥乡拉绥村、冷达乡嘎玛吉塘村获得自治区级先进“双联户”表彰。安全生产管理不断加强，全年未发生较大及以上安全事故，无人员死亡。

【廉政建设】 2016年，加查县以区党委、市委巡视巡察及区、市两级审计为契机，加强廉政建设，全面整治事关资金、项目等一系列不符合程序的问题，制定完善《加查县基本项目建设管理办法（暂行）》《加查县公务接待管理办法》《加查县公务用车管理办法》，出台《加查县加强和改进机关作风督导方案》，6名干部职工受到党纪政纪处分，挽回经济损失57万余元，依法办事、依规办事、照章办事成为常态。

（汪庆峰）

【领导名录】

县政府副县长 周　　凯（2月任）
琼 美 朵（女，藏族，5月免）
次仁顿珠（藏族，5月免）
马 廷 峰
陈 忠 军（湖北宜昌援藏）
索朗格桑（藏族，5月免）
仁青旺堆（藏族）
洛桑尼玛（藏族，2月任）
罗布次仁（藏族，7月任）
黄　　勇（苗族，湖北宜昌援藏）

中国人民政治协商会议加查县委员会

【全体委员会议】 一届四次会议 2016年2月25日至27日，政协第一届西藏加查县委员会第四次会议在加查县会务中心召开。政协第一届西藏加查县委员会第四次会议共有委员61人，出席会议委员43人。听取县政协党组书记、主席李国忠代表作政协一届三次常委会作常委会工作报告。听取县政政协提案工作委员会副主任扎西顿珠代表县政协一届提案工作委员会作一届二次以来的提案工作情况报告。会议专题召开“两会”党员大会，县委书记李贤荣作重要讲话。会议审议通过《政协第一届加查县委员会第三次会议政治决议》《政协第一届加查县委员会第三次会议工作报告的决议》《政协第一届加查县委员会第三次会议关于一届二次会议以来提案工作情况报告的决议》；听取提案审查委员会副主任扎西顿珠所作的《政协第一届二次会议提案审查委员会关于提案审查情况的报告》；会议审议通过政协加查县委员会增补委员名单。

二届一次会议 2016年9月15日至17日中国人民政治协商会议第二届西藏加查县委员会第一次会议在加查县会务中心召开。中国人民政治协商会议第二届西藏加查县委员会第一次会议应到委员60名，实到55名。县政协主席普琼受政协第一届加查县常务委员会委托作《政协第一届加查县委员会工作报告》，政协第一届提案审查委员会副主任扎西顿珠受政协第一届加查县常务委员会委托作《政协第二届加查县委员会常务委员会关于一届政协提案工作情况报告》。

会议专题召开“两会”党员大会，县委书记李贤荣作重要讲话。会上以书面形式传达政协第一届山南市委员会第一次会议精神；听取和审议政协第一届加查县委员会常务委员会工作报告；听取和审议政协第一届加查县委员会常务委员会提案工作情况报告；列席第十三届加查县人民代表大会第一次会议，听取并讨论“四个报告”；选举产生政协第二届加查县委员会主席、副主席、常务委员；审议通过政协第二届加查县委员会第一次会议政治决议；审议通过政协第二届加查县委员会第一次会议关于一届加查县政协常委会工作报告的决议；审议通过政协第二届加查县委员会第一次会议关于一届加查县政协提案工作情况报告的决议；审议通过政协第二届加查县委员会第一次会议提案审查委员会关于县政协二届一次会议提案审查情况的报告。

【一届十三次常委会】 2016年2月23日，加查县政协召开第一届委员会常务委员会第十三次会议，会议由县政协副主席赵文启主持，会议应到常委11人，实到9人。会上通过政协加查县委员会工作报告；通过提案办理情况工作报告；通过2015年加查县经济运行情况通报；确定一届四次会议主持人和报告人。

【一届十四次常委会】 2016年2月25日，加查县政协召开第一届委员会常务委员会第十四次会议，会议由县政协副主席赵文启主持，会议应到常委11人，实到9人。会上审议通过辞去索朗美朵委员职务、通过《关于召开政协加查县第一届四次会议的决定》、一届四次会议议程、一届四次会议日程、一届四次会议委员分组名单。

【一届十五次常委会】 2016年2月27日，加查县政协召开第一届委员会常务委员会第十五次会议，会议由县政协副主席赵文启主持，会议应到常委13人，实到8人。会上审议听取各小组讨论情况汇报，审议通过《政治决议》《工作报告决议》《提案工作情况报告决议》（草案），听取一届四次提案审查情况报告。

【二届一次常委会】 2016年11月3日，政协加查县委员会召开二届一次常委会，县政协主席普琼主持会议。会议应到常委11人，实到常委7人，请假4人，符合《政协章程》规定。会议传达学习十八届六中全会公报，审议通过新一届政协委员培训和参观调研有关事项。会议要求参观调研人数控制在20以下。

【召开县政协主席会议】 2016年2月23日，政协加查县委员会一届第十八次主席会在政协办公室召开。会上研究通过中国人民政治协商会议第一届西藏加查县委员会第14次常委会议程。

2016年3月24日，政协加查县委员会一届第十九次主席会在政协办公室召开。会上通过新一届政协委员名单和其他换届有关事宜。

2016年9月28日，政协加查县委员会二届第二次主席会在县政协办公室召开。会上听取一届四次会议上委员提出的提案答复情况、分类二届一次会议委员提案、通过常委会主席分工及办公室人员分工，研究讨论新一届委员培训事宜。

2016年11月2日，政协加查县委员会二届第二次主席会在县政协办公室召开。会上，县政协办公室负责人作政协加查县委员会办公室关于举办2016年政协委员培训和开展调研工作的说明；举手通过《政协加查县委员会办公室关于举办2016年政协委员培训和开展调研工作的通知》（草案），同意提交常委会审议。

【节前送温暖活动】 2016年1月23日，加查县政协副主席琼达协同农行加查县支行行长张珂瑞到冷达乡玛尼村开展节前慰问活动，为“三老人员”、村两委班子和驻村工作队送上藏历新年的祝福和慰问品。

2016年1月23日，县政协副主席琼达和办公室负责人到政协办公室结对户开展节前慰问活动，送去节日祝福和慰问品。

【结对户慰问活动】 2016年10月26日，加查县政协主席普琼到拉绥乡拉绥村看望慰问帮扶的拉宗一家。

2016年1月9日，县政协副主席琼达受副主席赵文启委托，先后到赵文启结对认亲户冷达乡仲沙村村民查果和多吉家慰问。

2016年1月16日，县政协副主席琼达到洛林乡扎西林村慰问结对认亲户。

【理论学习】 2016年2月19日，县政协机关组织干部学习《山南地委保密委员办公室地区国家保密局关于转发〈关于2015年全区保密检查情况的通报〉的通知》和《中共中央关于加强和改进人大代表、政协委员有关工作的通知》文件精神，3月28日，政协机关干部学习国务院第四次廉政工作会议精神。5月16日，政协机关组织干部职工召开“两学一做“学习教育工作座谈会，学习区、地“两学一做”学习教育座谈会精神。6月20日，学习《加查县人民政府关于转发〈国家减灾委员会关于认真贯彻落实李克强总理等国务院领导重要批示精神扎实做好强降雨天气过程减灾救灾工作的紧急通知〉的通知》文件精神。11月9日，学习党的十八届六中全会公报以及《中共中央办公厅关于认真学习宣传党的十八届六中全会精神的通知》，《中共西藏自治区委员会关于认真学习宣传贯彻落实党的十八届六中全会精神的通知》等内容。12月27日，政协机关组织召开人民政协理论学习会，县政协主席普琼主持，并作重要讲话。12月28日，县政协在家的主席及办公室工作人员召开关于加强提案督办力度的会议。会上学习《关于进一步加强人民政协提案办理工作的意见》，对提高政协提案办理工作作出新要求。政协机关只有认真贯彻《意见》精神。

2016年7月8日，加查县人大、政协机关党支部组织开展“两学一做”学习教育专题讲课。

【换届工作】 严格按照地委撤地设市工作的安排部署，根据《中国人民政治协商会议章程》《中共中央关于加强和改进人大代表、政协委员有关工作的通知》精神，选举产生政协第二届加查县委员会主席1名、副主席3名、常委会委员11名。县政协党组按照保留大多数，调整少部分的原则，共推荐60名政协委员，其中党内委员24名，占40%；非党委员36名，占60%。比例符合“政协委员中非党人士不少于60%”的政策要求，换届工作顺利完成。

【召开提案交办会和督办会】 2016年4月12日，加查县人大、政协联合召开十二届九次会议代表建议意见和政协一届四次会议委员提案交办会。11月7日，县人大、政协组织召开“两会”建议、提案交办会。集中交办县第十三届人大一次会议代表建议和政协第二届一次会议委员提案。11月7日，加查县人大和政协联合召开人大代表建议、意见和政协委员提案督办会。

【政协委员培训】 县政协邀请市政协业务专家举办新老委员培训班，集中传达学习党的十八届六中全会精神和政协业务知识。通过培训，增长见识，充“电”蓄“能”，收益匪浅。始终坚持密切联系群众，联系委员，加强与各界别委员的沟通与联系，关心基层委员的生产、生活情况，积极引导和帮助基层委员拓宽致富门路，解决实际困难。

【视察调研】 县政协常委会，配合区、市政协撰写加查县政协关于促进边远乡镇人才培养使用专题的调研报告和加查县政协关于改善司法执法环境的调研报告》。组织委员先后到加查电站、藏木电站、县道德模范教育基地、达布文化艺术中心、精准扶贫易地搬迁点摸热坝等地进行参观视察。

【围绕中心服务大局】 年内，县政协安排3位副主席到各自联系乡镇和寺庙督导维稳工作；在加查县优化发展环境专项行动中倡议各界委员做好优化发展环境专项行动的支持者、宣传者、参与者、监督者。引领全体委员积极主动、发挥优势、以自身的有效作为带动和影响各方人士，共同投身于全县优化发展环境专项行动中，政协委员在加查县优化发展环境专项行动工作中发挥积极作用。截至年底，加查县政协2位副主席参加县各寺庙佛事活动的协调服务工作，确保佛事活动依法、安全、有序开展。

【民主监督】 年内，县政协委员围绕长足发展，保障和改善民生、精准扶贫、安全生产、文化建设、生态文明建设等方面共提出48件提案，提案内容丰富、重点突出、问题导向鲜明、针对性强，体现政协委员及各参加单位的高度责任感和使命感，为推动加查县经济社会发展和局势稳定发挥重要作用。

【参政议政】 2016年，加查县政协常委会坚持把参政议政作为推动科学发展的重要方式，紧紧围绕县委、县政府中心工作，精心选择县委政府重视、群众关注的热点难点问题，组织政协委员深入莫热坝精准扶贫搬迁点考察调研，多方献计出力。

【自身建设】 常委会坚持把加强自身建设作为强基固本、发挥作用的关键，协同推进委员和机关建设。提高机关人员服务与协调能力。充实政协办公室工作人员，以党的群众路线教育实践活动为契机健全完善各项工作制度，细化工作职责，通过严格执行各项规章制度，使各项工作制度化、规范化、程序化，促进机关工作作风的转变，以“四个一流”的标准提升了机关工作服务水平。加强委员学习培训与管理，提高政治把握能力、调查研究能力、联系群众能力、合作共事能力，发挥好委员主体作用。加强政协机关建设，提高综合性服务能力，加大视察考察、专题调研、出席会议活动的统筹协调力度。加强机关作风建设，深入开展以为民务实清廉为主要内容的党的群众路线教育实践活动，“三严三实”专题教育，“两学一做”学习教育。积极参加县委组织的各级集中学习、交流，开展“为了谁、依靠谁、我是谁”大讨论和弘扬“老西藏精神”“争创四个一流”等专题讨论。注重从严从实，召开高质量的民主生活会，认真对照检查，深入开展批评与自我批评，对征求到的意见建议和查摆出的问题，深刻剖析原因、提出具体的整改措施和努力方向。注重解决问题，聚焦“四风”“两问题”“一薄弱”，紧扣存在的突出问题，党组班子明确了20项整改任务，31条整改措施，逐一明确牵头领导、责任部门和整改时限。坚决贯彻落实中央八项规定和区党委“约法十章”“九项要求”及地区“十项规则”，全年会议缩减、发文减少、“三公经费”支出明显下降。

【为民办实事】 县政协高度重视强基础惠民生驻村工作，县政协安排一名办公室工作人员到联系村驻村，县政协班子平均一年5次到玛尼村视察和调研党建、综治、党风廉政建设、倾听村委的发展思路，与村两委、群众进行座谈。为玛尼村患癌村民解决医疗救助、维修水渠水泥、村委会办事经费、驻村工作队慰问生活物资、结对认亲户慰问等联系村办实事中共投入资金2.6余万元。

（次仁卓玛）

【领导名录】

县政协主席 李国忠（7月免）
　　普 琼（藏族，9月任）
县政协副主席 赵文启（8月免）
　　琼 达（女，藏族）
县政协副主席、崔久乡党委书记
　　慕育军（7月免）
县政协副主席、民宗局局长
　　加 央（藏族，9月任）
县政协副主席、加查镇党委书记
　　吴建国（9月任）

中共加查县纪律检查委员会（监察局）

【概况】 2016年，加查县纪律监察委员会与加查县监察局（以下简称中共加查县纪检委）合署办公，实行一个工作机构、两块牌子，履行党的纪律检查和行政监察两项职能。

【从严管党治党】 2016年，中共加查县纪检委始终将协助党委履行党风廉政建设主体责任作为根本，尽职尽责履行党风廉政建设各项职能，责无旁贷抓好反腐倡廉各项工作，以落实监督责任的实际举措和成效推动党委主体责任的落实。注重领导带头作表率。县委班子成员主动落实主体责任，履行“一岗双责”，先后召开5次党风廉政专题会议，安排部署全县党风廉政建设及反腐倡廉工作任务，开展为期一周的“主体责任”专题学习3次，开展“每月一课”5次。同时，县委书记带头，各县级领导在各自分管部门单位、各乡镇党委书记在本乡镇带头上党课，全年全县各级领导干部共撰写党风廉政专题文章和心得体会72篇，撰写述职述廉报告38篇，切实起到了模范带头作用，加深广大干部职工对中央、区党委和市委决策部署的理解和领会。

【责任落实】 2016年，中共加查县纪检委及时组织召开加查县第八届纪律检查委员会第四次全体会议，全面总结全县2015年党风廉政建设和反腐败工作，安排部署2016年工作。县委书记李贤荣带头分别与县委班子各成员签订《落实党风廉政建设责任书》，全县党员领导干部结合各自分管领域，逐级逐层签订《落实党风廉政建设责任书》，明确责任范围、责任内容、责任追究等，广大干部职工责任担当意识不断增强，形成一级抓一级、层层抓落实的责任体系。为抓好2016年综治工作，制订部门的《2016年社会治安综合治理目标管理责任书》，在责任书中明确目标和任务，把综治、“双联户”工作纳入全年工作的重要议事日程，本单位第一责任人和单位全体干部职工签订《社会治安综合治理目标责任书》，把综治和“双联户”工作作为干部考核政绩和晋级的重要依据，并采取有力措施，确保各项工作落到实处。

【坚持正确用人导向】 2016年，中共加查县纪检委建立廉政文化知识题库，制定下发《加查县党员领导干部任前廉政文化考试制度》，对38名拟提拔党员领导干部组织开展任前廉政文化考试，对考试成绩不合格的党员领导干部暂缓提拔。下发《关于组织全县科级以上党员领导干部开展廉政文化知识考试实施方案》，组织全县科级以上党员领导干部集中进行廉政文化知识考试，其中14名县级领导带头备考、带头参考，考试平均成绩达到85分以上，党员领导干部底线红线意识提高，廉洁从政、廉洁用权意识明显增强。

【营造氛围】 2016年，中共加查县纪检委积极向自治区和市纪检监察网、山南网、县党政网及加查县政府新闻网报送工作信息，及时反映全县党风廉政建设情况，共报送信息89条，被各级新闻网站采用75条；开通加查县纪委微信公众平台，微信每逢节假日向广大干部发送廉政格言、纪律条文，及时更新微信公众平台上的纪检工作动态、典型案件案例和最新反腐情况等，关注加查县纪委微信平台的干部职工已超过500人；结合第二次党风廉政宣传教育月活动，加查县电视台分批滚动播放县委书记李贤荣、县长西洛次仁等县主要领导“话廉政”专题访谈，及时更换廉政文化走廊教育图片，投入14万元编制加查县党风廉政宣传手册，全面宣传中央、区党委、市委和县委党风廉政建设和反腐败工作开展情况，全面推进廉政文化进机关、进学校、进企业、进军营、进乡村、进家庭、进寺庙“七进”活动，活动中共签订家庭助廉责任书41份，开展集中宣讲9次。营造建设“清廉加查”的浓厚氛围。

【执行纪律监督检查】 2016年，中共加查县纪检委紧扣“三大节日”“萨嘎达瓦”宗教活动、庆祝西藏自治区成立50周年、纪念中国人民抗日战争暨世界反法西斯战争胜利70周年等维稳敏感节点，联合宣传、公安网监部门，对党员干部职工不信谣、不传谣、不造谣、不参与宗教活动、坚决跟党走等纪律进行重申和检查，对信息网络等新媒体进行实时监测，开展佛事活动专项检查6次；联合县政法、组织、公安等部门，成立专项督查组，在维稳敏感节点对全县各级党政组织和广大党员干部职工值班带班、巡逻检查、隐患排查等遵守维稳纪律情况开展专项检查7次，开展节前专项检查12次，维护纪律的严肃性；联合组织部门，下发《加查县作风专项督导方案》，对党员干部职工迟到早退、溜号旷工、脱岗玩岗等情况开展突击检查18次，对全县各大娱乐场所、茶馆、餐馆等进行突击检查24次，下发通报1起，10人。

【换届纪律监督检查】 2016年，中共加查县纪检委下发《关于进一步严明换届纪律的通知》，县纪委和县委组织部联合下发《关于加强县乡换届风气督导和纪律监督工作实施方案》，重申“九个严禁，九个一律”，观看学习“一片一书”，县纪委公布举报电话，设立举报邮箱，不定期联合开展换届纪律专项检查7次，未发现违纪违规操作换届工作情况的发生，全县县乡两级换届工作稳步开展；对全县2015年三公经费开支情况进行全面检查。

【惩治腐败】 2016年，全县纪检监察机关共受理各类问题线索12件、13人（遗留线索1件），其中初查了结2件3人、立案办结6件6人，正在办理4件4人，给予党纪政纪处分6人，投入办案经费10余万元，挽回经济损失57万余元，派出5名干部，协助上级纪委办理案件1起，参与交叉办案1起。

【“四种形态”运用】 2016年，中共加查县纪检委坚持把纪律和规矩挺在前面，坚持抓早抓小，注重日常教育监督管理，搜集掌握党员干部身上出现的苗头性、倾向性问题，采取约谈、诫勉谈话等方式咬耳扯袖，防止小问题演变为大问题，把踩到纪律红线边缘的党员干部拉回正轨，实现从“仅盯极少数向管住大多数”的转变。2016年，县纪委约谈党员干部16人。

【业务培训】 2016年，中共加查县纪检委对全县纪检监察干部受理举报、进行初查、立案等方面进行业务培训；同时，县纪委派出精干人员积极参与中纪委业务培训、自治区纪委培训，增强纪委监察干部业务能力。

（杨兴彪）

【领导名录】

县委常委、县纪委书记

马 文 清（回族，6月免）

县委常委、县纪委书记

巴桑次仁（藏族，6月任）

县纪检委副书记兼监察局局长

罗 廷 坤

县监察局副局长

王 振 华

中共加查县委组织部

【概况】 2016年，中共加查县委员会组织部（以下简称中共加查县委组织部）以创先争优强基础惠民生活动为契机，立足“23355”县域经济发展定位，推动“两学一做”学习教育扎实开展，推动加查县基层党建工作稳步提升，为推进加查县长足发展和长治久安提供坚强的组织保证和有力的人才支持。

2016年，全县共有9个党委（乡镇党委7个、县直属机关党委1个、互联网党工委1个）、3个党总支（教育党总支1个、寺管会党总支2个）、135个党支部（乡镇机关党支部7个，村级党支部77个，县（中）直机关党支部39个，寺管会党支部2个，离退休党支部1个，中小学党支部8个，非公有制经济党支部1个），共计147个党组织。全县共有党员4273 名，占总人口数的18.8%。其中：农牧民党员3256名，妇女党员1169 名，少数民族党员4057人，35岁以下党员2265 名。

【“两学一做”学习教育】 2016年，开展“两学一做”学习教育，全县各级党组织全部召开动员会，领导干部讲党课36次，党组织开展专题学习讨论120余次，党员撰写心得体会1000余篇。

【组织工作】 2016年，加查县共组织开展党建督导考核3次，查摆问题50余条。结合加查县党建工作和县（中）直各部门业务实际，将原来的15个党支部调整为39个党支部.选优配强7个乡镇党建专职副书记和组织委员，选派64名村党支部第一书记到湖北武汉进行培训；对初中以下学历的89名村干部进行为期一个月的培训；组织198名贫困村党支部书记和党员开展为期4天的培训；全县共组织党员干部培训840人次。全年共发展中共党员118名，表彰9个先进基层党组织、18名优秀党务工作者、21名优秀共产党员。修建5个村级标准化活动场所。深入开展农牧民党员“评星挂牌”活动，对评出的安绕镇惹米村、加查镇江塘村等8个党建示范点进行授牌，发放8万元创建经费。积极推广“合作社+公司+农户”的模式，按照“自力更生为主，县财政扶持为辅”的原则，因地制宜搞好村级集体经济发展。在虫草采集区组建16个临时党支部，发放党旗2000多面、党徽800多个、各类党支部台账80余本。

【机构编制】 2016年，全县经批准设立机构共140个，其中：行政机构81个，事业机构59个。全县共核定编制1104名，其中行政编制305名，事业编制686名（机关事业编制72名），政法编制113名；核定科级领导职数368名，其中县直部门科级领导职数263名（含派出机构60名、事业单位26名），乡镇科级领导职数105名（事业单位28名）；科级非领导职数215名，其中：主任科员107名，副主任科员108名。扎实开展机构编制实名制管理工作，定期开展机构编制和人员信息核查、登记工作。修改、调整人员信息276条。加查县完成权责清单“三上三下”工作，报送各类行政职权3560项。

【干部选拔任用】 2016年，共提拔调整科级干部99名，提拔51名（含3名专任领导职务），调整48名（含进一步使用8名）。这些干部中，男性：61人，女性：38人；藏族：67人，土族：1人，汉族：31人。

【老干部工作】 2016年，全县共有离退休干部116人；共有老干部工作人员1人；设有离退休党支部1个；县城老干部活动中心1个。为离退休党支部征订各类报纸杂志，组织老干部学习中央、区党委、市委和县委相关会议和文件精神，给安置在拉萨、泽当和县城离退休干部划拨活动经费。对116名离退休干部发放慰问金13.92万元；加强日常看望慰问，使用慰问资金共计1.12万元。组织18名身体比较健康的离退休干部职工到海南开展为期两周的疗养活动。

（杨　恪）

【领导名录】

县委常委、组织部长

李 建 斌（5月免）

边旦次仁（藏族，5月任）

县委组织部副部长、县机构编制委员会办公室主任

周 红 涛

县委组织部副部长、县人社局（公务员局）局长

阿　　林（藏族）

县委组织部副部长

洛桑卓嘎（女，藏族）

县委老干部局局长

次旦次仁（藏族）

中共加查县委宣传部

【概况】 2016年，中共加查县委宣传部（网信办）为正科级行政机构，合署办公，核定领导职数为6名；文化市场综合执法大队为副科级参公单位，核定领导职数为2名；互联网评论中心为副科级事业单位，核定领导职数为1名。截至年底，中共加查县委宣传部共有12人。

【理论中心组学习】 2016年，县委宣传部根据中共加查县委理论学习安排，通过采取集中学习和个人学习相结合的方式，围绕学习宣传贯彻党的十八届三中、四中、五中、六中全会，自治区第九次党代会，山南市第一次党代会和县委第九次党代会精神以及习近平总书记系列重要讲话精神，组织学习《习近平谈治国理政》《党的十八届六中全会文件学习辅导百问》等理论读物，向全县干部发放《学习》活页、《新西藏》《中共加查县委中心组学习资料汇编》等学习资料3000册。加强对各乡镇、党支部理论学习的督导检查。县委理论中心组全年组织学习18次，县级领导撰写笔记10万余字、心得体会32篇；各乡镇、各党支部集中学习650次。

【新闻舆论宣传】 2016年，全县新闻舆论工作始终坚持正确的舆论导向，唱响主旋律、传播正能量，为全县发展稳定鼓劲加油。2016年，加查电视台播放动态新闻478条，地区电视台采用95条，自治区电视台和调频广播台采用新闻27条。加查县政府新闻网发布新闻稿件2629条，网站访问量达126552人次，在全区排名第14，全市排名第2。“网信加查”微信公众号创建并投入使用，共计发布新闻1460条，粉丝达1000余人次。年内，加

查县在中央、自治区及地区各大主流媒体发表新闻稿件456余条。成立以县委主要领导为组长的网络安全和信息化工作领导小组，建好管好互联网，加大对网上有害信息、网络谣言的整治力度，及时删除有害信息，筑牢反分裂斗争的网上舆论阵地。完善《加查县新闻信息宣传工作奖励机制（试行）》，兑现2015年度新闻稿件奖励资金9.8万余元，极大调动通讯员和新闻爱好者的积极性和主动性。

【意识形态工作】 2016年，意识形态工作是党的一项重要工作，关乎旗帜、关乎道路、关乎党的生死存亡、关乎国家的长治久安。深入贯彻落实文艺工作座谈会、新闻舆论工作座谈会、网络安全和信息化工作座谈会和哲学社会科学会议精神。年内，县委书记李贤荣与各级党委（党组）层层签订目标责任书，落实意识形态主体责任；召开意识形态责任制暨宣传思想工作推进会，对意识形态工作进行总结部署。召开常委会专题部署意识形态相关工作，切实增强各级党委（党组）落实意识形态责任制的政治自觉、思想自觉和行动自觉，推动意识形态工作主体责任落细落实、落地生根。

【精神文明创建】 以培育和践行社会主义核心价值观为抓手，全力抓好精神文明创建工作。加强思想道德建设。围绕推进全县社会主义核心价值观建设系统化、具体化这一根本要求，着力加强全县思想道德建设，加大优质文化产品服务供给，丰富文化生活，倡导文明新风。开展核心价值观宣传教育活动。在县城中心地段制作藏汉双语大型核心价值观广告牌；各单位、各警务站LED显示屏全天不间断滚动播出核心价值观相关内容；县民间艺术团将社会主义核心价值观融入“五下乡”文艺节目进行专题宣传。在农牧区，“爱国、团结、和谐、发展、文明”的横幅、喷绘标语等随处可见。宣传道德模范的先进事迹，使之成为引领社会文明新风尚的航标。揣丽颖荣获第五届“西藏自治区道德模范”和第五届“感动山南十大人物”，推出“山南好人”9人，建立首个县级道德教育基地并投入使用，参观受益人次达400余人次。制订《加查县意识形态工作责任制考核办法》，完善《加查县精神文明建设考核办法》，科学设定考核内容、完善考核机制，客观评价工作实绩，增强考核功能，做到意识形态工作、精神文明建设与各乡镇、各单位中心工作同安排、同部署、同考核。

【党建工作】 制订《加查县互联网党工委党建工作实施方案》，明确互联网党建工作的指导思想、具体措施、目标任务和时间进度，为全县互联网党工委党建工作的有序开展指明方向。

【网上舆论工作】 2016年，加查县委宣传部通过开展“网络诚信”宣传日等活动，向广大干部职工发放网络宣传资料等宣传单，处理网上不良舆情等信息。加强与县公安局网监大队、县电视台、县文化市场综合执法大队等部门合作。形成网络监管合力。截至年底，已对全县范围内建立的9 个微信公众号进行备案登记，预算5万元用于互联网信息工作开展。

【队伍建设】 2016年，加查县委宣传部邀请山南报编辑罗丽为全县通讯员进行新闻宣传及网络舆情相关知识进行培训，组织各乡镇、各单位兼职网评员学习关于网络安全法方面的法律法规和《网络信息服务管理办法》等内容。选派4名工作人员参与自治区网信办、市网信办等相关业务知识的培训，提升网信工作人员的综合素质。

【文化市场监管】 2016年，开展“清理和打击反宣渗透”等系列专项整治行动，加大文化市场执法检查力度，开展打击“分裂势力”反动宣传品专项清查行动，深化“扫黄打非·珠峰工程”，加大对全县出版物、网吧等重点区域的打击力度，集中清理整顿出版物市场、歌舞娱乐市场、网吧市场等，加大监管执法力度。全年开展日常检查374余次，处理借用他人身份证上网案件1起，没收盗版光蝶34张。净化文化市场，确保意识形态领域绝对安全。

（吴兆民）

【领导名录】

县委常委、宣传部部长
罗江群

县委宣传部副部长（正科级）
冯长江

县委宣传部副部长、网信办主任
洛追尼玛（藏族）

县委宣传部副部长 唐 彬

县网信办副主任 黄琬钧

县文化市场综合执法大队副队长
周 毅

中共加查县委统战部

【概况】 2016年，中共加查县委员会统战部深入贯彻落实党的十八届三中、四中、五中、六中全会精神和中央第六次西藏工作座谈会及区、地统战民族宗教工作会议精神，特别是习近平总书记“治国必治边、治边先稳藏”重要战略思想和“努力实现西藏长期稳定、持续稳定、全面稳定”重要指示，贯彻落实“依法治藏、富民兴藏、长期建藏、凝聚人心、夯实基础”的原则，贯彻落实党的宗教工作基本方针和国家管理宗教事务的法律法规，紧紧围绕全县发展稳定大局，充分发挥爱国统一战线优势，凝聚人心，统筹兼顾汇聚力量，着力巩固政治基础，努力促进社会和谐，在服务社会经济发展、维护大局稳定、促进社会和谐方面取得成绩，圆满完成各项工作任务。

【健全党外人士信息库】 2016年，中共加查县委员会统战部对全县各界党外代表人士及党外人士进行全面摸底调查工作，完善全县党外代表人士及党外人士后代档案，建立健全信心库。2016年加查县党外代表人士共39名，其中自治区政协委员2名，市政协委员11名，县政协委员22名，自治区佛协理事1名，市佛协理事3名。

【发放党外人士生活补助】 2016年，加查县委员会统战部按半年足额为全县34名党外人士（不含新提名）发放生活补助。

【民族宗教】 2016年，中共加查县委员会统战部开展民族团结宣传教育，结合宣传月、周、日活动，在寺庙、学习、县丁字路口等群众密集地点进行民族宗教政策宣传活动，共宣传12次，参加人数为5737人，发放宣传手册和传单6300余份；开展“六个一”活动。以狠抓“六个一”工作为契机，密切干僧关系，解决“六个一”活动经费，树立正确的导向，提高寺庙僧尼积极配合寺管会（特派员）做好各项管理工作的积极性。

【和谐模范寺庙暨爱国守法先进僧尼评选和表彰活动】 2016年，县委统战部、县民宗局、县宗教办严格按照有关程序，开展和谐模范寺庙暨爱国守法先进僧尼评选表彰活动。年内，共向上级推荐出自治区级和谐模范寺庙1座、先进寺管会1个、优秀驻寺干部7名、优秀宗教工作干部1名；市级和谐模范寺庙2座、先进寺管会1个、爱国守法先进僧尼14人、优秀驻寺干部5人、优秀宗教工作干部1人；县级和谐模范寺庙6座、爱国守法先进僧尼27人、县级寺管会2座、优秀驻寺干部9人。

【开展“三大节日”慰问活动】 2016年，县政府解决173685元活动经费用于召开“3·28”统战爱国人士座谈会；宗教领域慰问活动，对9座寺庙（拉康、日追）、6座寺管会（特派员）、原民管会主任进行慰问活动；开展僧尼家访活动，县财政人均解决1000元经费；藏胞慰问活动，为加查县两名定居藏胞，各发放1000元慰问金；开展贫困僧尼慰问活动，在全县持证僧尼中推荐10名困难僧尼进行慰问，人均解决500元，激发广大统战爱国人士、僧尼及其家人爱国爱教的热情。

【民族基本情况调研】 2016年，加查县委员会统战部组织开展民族基本情况调研工作，全县不同民族间通婚数为34户，其中汉藏通婚数为23户，藏回通婚数为8户，藏族与门巴族通婚数为3户；常年暂住加查县的人口数为共3536人，分别为汉族2183人、藏族732人、回族293人、东乡族9人、彝族76人、撒拉族3人、土家族166人、侗族3人、蒙古族1人、哈尼族1人、苗族5人、满族2人、纳西族1人、傈僳族8人、壮族22人、傣族2人、拉祜族29人。

【藏胞统战工作】 加强与藏胞的联络联系，加大“请进来、走出去”的力度，开展对在加查藏胞的走访慰问活动，共走访慰问2名藏胞，衔接上级部门为病重藏胞旦真旺堆争取1万元医药费，组织统战、民宗部门为病重藏胞旦真旺堆捐款2500元，并沟通衔接县人民医院，提供医疗援助。

【非公经济人士教育培养】 在深入调研全县非公经济发展现状的基础上，抓好非公经济代表人士的思想政治工作，动员和组织非公经济开展“双思”教育和“中国特色社会主义事业建设者”活动，引导非公有制经济代表人士致富不忘国家、回报社会，树立自身良好形象。加大民营企业扶持力度，合理有效吸收民间资金于精准扶贫工作。8月8日，动员两家会员企业，到安饶镇6个村7户贫困户家中，开展精准扶贫工作。

【自身建设】 在党员干部中深化和巩固学习实践科学发展观活动试点成果，着力转变不适应、不符合科学发展的思想观念，切实提高应对严峻挑战、驾驭复杂局面的能力，大力倡导特别讲大局、特别讲付出、特别讲实干、特别讲纪律的作风，带头干、带领干、带动干，干部思想作风、学风、工作作风、领导作风、生活作风进一步改善；领导班子团结、民主、勤政、廉洁，更有凝聚力；干部队伍坚定、务实、守纪、创新，更有战斗力。加强机关制度建设。按照“制度建部”“从严治部”的总体要求，健全和完善以首问责任制、限时办结制、责任追究制为主的机关效能问责体系和高效、务实的业务工作流程，机关效率明显提高，部门工作更加规范、有序、协作、高效。组织统战系统干部1批共计4人次参加湖北统战部部长培训班；通过培训、考察学习，部门干部职工开阔眼界，发展意识、机遇意识、责任意识得到较大提高。

（平 措）

【领导名录】

县委统战部部长 白玛多吉（藏族）

县委统战部副部长 达 娃（藏族）

县工商联主席 肖彩虹

县宗教办主任 扎 珍（女，藏族）

县宗教办副主任 康德青（藏族）

县工商联副主席 白玛措姆（女，藏族）

中共加查县委政法委员会

【概况】 2016年，中共加查县委员会政法委员会（以下简称中共加查县委政法委）紧紧围绕“维护社会和谐稳定，建设平安加查”这个中心，把维护社会大局稳定作为基本任务，狠抓政法队伍建设，积极深化平安建设，深入开展“联户平安、联户增收”各项工作，切实维护全县社会持续和谐稳定。

【组织领导】 2016年，中共加查县委政法委调整充实县社会治安综合治理领导小组、“双联户”工作领导小组和深化司法体制改革工作领导小组。年内，县委、政府主要领导听取社会治安综合治理、“双联户”工作汇报4次。

【机制建设】 2016年，中共加查县委政法委完善制定《加查县联户长业绩考核办法》《加查县社会治安综合治理工作“三查三评”实施方案》

《加查县“先进双联户”创建评选工作“四个一”工作法实施意见》等工作机制，为各项工作开展奠定良好的基础。

【责任落实】 2016年，加查县层层签订加查县2015—2017年社会治安综合治理目标管理责任书、加查县2014—2016年“先进双联户”创建工作“万千百十”工程责任书等，责任书签订率100%，形成纵向到底，横向到边的领导责任制体系。

【督导检查】 2016年，中共加查县委政法委每季度对全县各单位、乡镇、寺庙、学校综治和“双联户”工作进行督导检查，改变综治工作年底应付考评现状，实现社会治安常态化。截至年底，全面完成三查工作，并下发通报和整改通知，对检查情况进行反馈。

【预防和化解矛盾】 2016年，中共加查县委政法委深化“大排查、大调解”工作机制，落实“三级信访接待日”制度。进一步深化落实《加查县行政调解、司法调解、人民调解“三调联动”办法》《加查县人大代表、政协委员、社会组织等第三方参与矛盾纠纷排查化解工作意见》《加查县行业性、专业性人民调解组织建设工作实施方案》等制度，全面排查各类矛盾纠纷33起，调解成功33起，调解成功率100%。充分发挥医患纠纷人民调解委员会、劳资纠纷人民调解委员会、交通事故损害赔偿纠纷人民调解委员会和征地拆迁纠纷人民调解委员会4个专业性、行业性人民调解组织，共排查信访隐患5件，全部得到妥善解决。设立县级温馨调解室1个，乡镇级温馨调解室7个，村级温馨调解室77个。

【流动人口和特殊人群服务管理】 2016年，加查县全年流动人口约10万人，办理居住证人员766人，强化流动人员管理。调整充实全县1所中学、7所完全小学法制副校长。县政法系统各部门、团县委等单位不定期开展法律进校园活动，开展宣传教育活动10余次。全县共计有社区矫正人员22人，严格按照《西藏自治区社区服刑人员监督管理暂行办法》《西藏自治区社区服刑人员教育矫正暂行办法》，开展监督管理、教育矫正、困难帮扶等工作。对刑满释放人员做到底数清、情况明，严防其重新犯罪。

【管理与服务】 2016年，加查县扶持壮大民族手工企业，形成生产加工营销产业链条，拓宽“双联户”增收渠道。通过选好培训基地、签订就业协议、科学管理资金等手段，开展石锅、木碗、核桃油加工、卡垫编织、竹编编织等适合快速致富增收的培训项目，截至年底，培训621人，实现就业40人。将联户增收项目与精准扶贫工作相结合，引导联户增收项目点帮助解决贫困群众就业，截至年底，全县5个联户增收项目实现经济效益80.743万元（其中纯利润43.543万元），解决就业人数56人，其中16人为建档立卡贫困户。

【双联户服务管理】 2016年，中共加查县委政法委要求各联户长严格履行“十八员”职能任务，筑牢基层“第一道防线”；深化“先进双联户”创建评选活动“四个一”工作法；将联户长“十八员”职责落实、村规民约等纳入每月检查评比中，并进行公示，对“先进双联户”评选活动中出现亲情、人情、拉关系等不良现象进行有效规避，为年底评选“先进双联户”和“优秀联户长”奠定基础。截至年底，县、乡、村三级“先进双联户”创建评选工作已顺利完成。各联户长严格落实工作职责，积极开展矛盾纠纷联排联调、安全隐患联防联控、联管联教、困难家庭联帮联扶环境卫生联管联治、精神文化联娱联扬、科技知识联学联教、小额信贷联保联担、致富项目联建联营等各项工作，确保了全年各敏感节点和虫草采挖期间基层社会的全面和谐稳定。加查县制定出台县城“先进双联户”创建示范点建设实施意见，设立县财政、法院及神湖小区等

“先进双联户”创建示范点，推进“双联户”工作深入开展。

【社会管理】 2016年，加查县以创建“自治区级平安县”为工作目标，紧密结合“先进双联户”创建评选工作，深化平安建设工作，推进寺庙管理、强化驻寺工作，规范宗教活动，深化寺庙“六建”“六个一”“九有”工作。开展校园及周边治安综合管理工作，开展消防安全知识及消防器材使用培训、道路交通安全宣传、消防安全及食品安全大检查等各项工作，全县全年未发生一起重大安全事故。

【培训与宣传教育】 2016年，中共加查县委政法委在3月、6月、9月的综治集中宣传活动中，共制作展板57个，发放藏汉双语宣传单和宣传册41955份，悬挂横幅35条，受教育群众达2.2万人次，确保综治宣传工作全覆盖。对全县77个行政村村支部书记或村“两委”成员77人、城镇双联户户长以及各乡镇综治专干、各部门综治专抓人员280人，进行专题培训。

（李慧芳）

【领导名录】

县委常委、政法委书记、公安局局长

次旦东党（藏族）

县委政法委副书记、县社会治安综合治理办公室主任

索朗卓嘎（女，藏族）

县社会治安综合治理办公室副主任

胡 道 海

中共加查县委办公室

【年度综述】 年内，在县委的坚强领导与关心下，县委办深入贯彻落实党的十八大，十八届三中四中五中六中全会，中央第六次西藏工作座谈会，自治区九次党代会和市委一届会议精神，紧紧围绕全县“23355”经济发展思路，深入践行“两学一做”学习教育，以县委“八个意识”和“四个一流”工作标准统领工作，以服务决策为中心，以规范管理为主线，团结协作，创新奋进，进一步提升了办公室的整体功能和“三服务”水平，较好地推进了各项工作的落实。

【基本情况】 县委办公室机关行政编制共9名，机关事业编制1名，设主任1名，副主任3名；内设科室共3个，分别为副科级管理机构机要局，机关行政编制3名；副科级管理机构直属机关党委，机关行政编制2名；副科级事业单位档案馆，机关事业编制2名。截至年底，县委办公室共有干部职工22人（其中干部18名、技术人员1名、工人1名、公益性岗位2名），在岗16人，因借调、驻村、产假、长期病假等情况不在岗6名。

【扎实推进教育实践活动】 始终坚持把提高履职能力、提升综合素质作为队伍建设的根本，注重以人为本，强化理论武装，完善制度规范，加强作风锤炼，落实目标管理，整体提升了办公室的工作实力。深入开展了“两学一做”学习教育、结对认亲贫困帮扶活动、“廉政文化宣传月”活动、在职党员到村居报道服务和创先争优强基础惠民生活动，了解基层情况，服务基层，解决实际问题，改进工作作风。积极参与市、县级演讲比赛、知识竞赛、达布核桃节等活动，综合提升办公室成员的素质水平。年内，县委办公室被自治区党委、政府表彰为“先进文明单位”和“创先争优强基惠民优秀组织单位”。同时，5人被评为2016年度“优秀共产党员”，3人被评为2016年度“优秀公务员”，1人被评为自治区级2016年度“创先争优强基惠民先进个人”。

【加强干部队伍建设】 注重发挥职能优势和业务专长，严格按照“分工协作、分工不分家”和“项目专责”的原则开展办公室各项工作，最大限度整合人员力量，科学统筹办公室工作和县委中心工作，做到了两不误、两促进。着力健全应急服务工作预案，增强应急服务保障能力，切实做到第一时间了解事件最新动态。严格按照“分

工协作、主动补位”的原则，积极推行“项目专责”管理，对各项任务明确责任人、工作标准和完成时限，推行扁平化管理，提高工作效率，加强了办公室工作的制度化、规范化建设。通过办公室周例会交流学习、设立图书阅览室、定期进行工作点评等方式，强化各类政策法规以及各级党委、政府重大决策部署的理解和掌握，加强公文写作、文件下发、密码管理、巡察督查、综合协调等能力的锻炼，提高了办公室工作人员的综合素质和业务水平，培养造就出了一支政治坚定、业务精通、作风优良、纪律严明、风清气正的干部队伍。

【开展党风廉政工作】 始终坚持把党风廉政建设和反腐败工作与日常工作同安排、同部署、同落实、同检查、同考核。及时调整充实党风廉政建设领导小组，建立“一把手”负总责，“二把手”具体抓，上下联动配合抓的党风廉政建设领导体制。层层签订党风廉政建设工作责任书，细化落实措施，逐项分解任务，坚持“业务工作开展到哪里，廉政建设就延伸到哪里”，并纳入年度工作目标责任制同步进行考核。始终把反腐倡廉教育作为办公室集中学习和党员日常学习的重要内容，坚持以学促廉、以教育廉，常抓不懈。组织观看廉政教育专题片，举办廉政讲座，深入开展正面典型示范教育、反面典型警示教育、党纪政纪条规的教育活动，做到防范在先，警钟长鸣。坚持以集中学习和个人自学的形式，传达和学习各级党风廉政建设的文件，并建立学习笔记检查制度，强化岗位廉政教育。

【提升综合文秘水平】 坚持把提高服务质量作为工作的第一要务，准确把握县委领导决策部署，紧贴县委工作思路，积极做好决策前、决策中和决策后的各项服务，保证了领导决策的顺利实施。注重严把明确任务、细化分工、加强指导、结果评估、巩固提高等关键环节，注重加强对全县各级各部门办公室工作的业务指导，整体提升了全县党政系统办公室的工作水平。今年以来，共起草印发县委和县委办公文264件、会议纪要34件、加办通报5件，举办全县办公室系统培训班1期。在重要政务活动上，突出加强对上联系、对内互动、对外联络和对下服务，充分调动各方面的积极性，促进了重大事项和重点工作的整体推进。

【充分发挥信息主导作用】 县委办公室坚持落实全员办信息工作机制，广泛搜集、挖掘提炼，做到了紧急信息报送及时、准确、真实，动态信息报送可靠、有用、对路，建议类信息报送有高度、有深度、有价值，为领导决策提供了有效地信息服务。全年，共报送《加查信息》共近500余条，被市信息室采用30余条。同时，鼓励办公室干部职工进行新闻写作，办公室干部职工共在西藏日报、人民网、中国西藏新闻网、山南报、山南网等新闻媒体发表新闻稿件近80篇，较好地宣传了加查各项工作。

【扎实推进督导检查工作】 紧紧围绕市委决策部署要求和县委中心工作，不断推进大督查工作有序开展，并从完善制度、创新督查方式入手，突出抓好决策督查、专项督查和调研督查，不断拓宽督查反馈渠道，加大督查力度，增强督查实效，有力地促进了重要决策部署和重点任务的落实，确保了政令畅通。全年共落实督查任务近80件，其中下发督查通知8期，督查通报12期，完成上级党委和县委交办的督查事项56件，推动了全县各项工作的深入开展。

【确保机要、保密、档案工作运行有序】 坚持不断健全密码管理制度，规范业务操作行为，积极改善设施装备条件，确保了密码安全和通信畅通，机要文件无拖延、漏报和失泄密现象。以贯彻落实保密法律法规为主线，深入开展保密宣传教育活动，组织开展保密知识培训，大力加强计算机系统、重点要害部门、部位和重大涉密活动的保密管理，不断加大保密检查力度，着力提高技术防范能力，加强规范化制度建设。严格执行机关公文处理工作规定，坚持从严、从快、从细的原则，狠抓公文起草和文档的规范运行和科学管理，未发生过文件错传、漏传和压误等事件。全年开展保密检查3次，检查电脑200余台，做到了保密、及时、规范、高效，较好地发挥了保安全、保发展、保和谐的作用。档案馆接待借阅利用者378人次，查阅各类档案2703件（卷、张）。

【强化后勤服务保障】 认真践行“严谨、规范、主动、高效”的服务理念，切实在精细服务、主动服务、全程服务上下功夫，增强工作的前瞻性、精准性，加强对上联系、对内互动、对外联络和对下服务，及时有效地为领导办理一些急事、琐事，保证了领导能够集中精力谋大事、抓大事。会议活动安排周密、协调联动，全年组织筹办各类会议及活动80余次，确保了会议活动的高效开展。严格执行中央“八项规定”，完善公务接待制度，组织或参与接待副地级以上领导47个，全年无超标准接待和违规接待事件发生。严把财务审批权限和程序，规范财务管理，加强财务公开制度，切实提高财务资金的使用效益。

（刘 霞）

【领导名录】

县委办主任 李晓鸣（7月免）

县委办副主任 程永亮（6月免）

洛桑班旦（藏族）

李广进

县委机要局局长

次仁德吉（女，藏族）

直属机关党委副书记、县委办主任科员

巴桑仓决（藏族）

县档案馆负责人

格桑卓嘎（女，藏族）

加查县人民政府办公室（法制办公室、外事办公室）

【概况】 2016年，加查县人民政府办公室全面贯彻落实中共加查县委、加查县人民政府的工作要求，紧紧围绕县委、县政府中心工作，努力提升服务领导、服务基层、服务群众的水平，切实增强办公室工作的主动性和创造性，较好地发挥参谋和纽带作用，圆满完成年度各项工作目标。

【文秘工作】 2016年，加查县人民政府办公室接收上级各类公文340余件、印发各类公文490余件、撰写领导各类讲话材料80余篇、报送各类信息270篇，被上级采用39篇，并顺利组织、承办各类会议120余次。

【督查工作】 2016年，加查县人民政府办公室改进工作作风，建立健全督查工作的责任、检查、通报、反馈、考核、专报等制度，确保督查工作取得实效。紧紧围绕县委、县政府重要会议决定和各时期中心工作开展跟踪督查，并抓好督办情况反馈工作，务求事事有着落、件件有结果。全年共发放督办通知5件，对完成难度大、问题复杂的督查事项，不畏艰苦、跟踪督查，确保工作真正落到实处。

【保密工作】 2016年，加查县人民政府办公室严格执行《中华人民共和国保守国家秘密法》和有关保密法规，狠抓文件资料的起草、收发、登记、借阅、清销等方面工作，认真做好各类文件的归档管理，严格遵守保密纪律，确保党和国家的安全。

【协调服务】 2016年，加查县人民政府办公室始终坚持以“勤、细、实”为标准，积极融洽与县委、县人大、县政协联络办公室之间的关系，加强与县直各部门和市有关部门的沟通联系，积极做好上级领导干部调研考察的联系接待汇报工作。对重大工作部署、重点项目建设、重大活动举办等认真组织，加强调度，多方协调，抓好落实，促进各方面工作相互衔接，形成合力。

【法制建设】 2016年，加查县人民政府办公室加强政府法制机构自身建设是推进政府机构正规化、专业化、职业化，实现依法治国的重要途径，通过聘请专业法律顾问，充分发挥在推进依法行政中的综合协调、工作指导和督促检查作用。

【党建工作】 2016年，加查县人民政府办公室通过开展“两学一做”学习教育，强化县政府办公室干部学习培训，严格考核奖惩等激励措施，使县政府办公室干部队伍的思想、作风、纪律和领导班子建设加强，真正成为一支政治上靠得住、工作上能干事的坚强队伍。

（汪庆峰）

【领导名录】

县政府办公室（法制办公事、外事办公室）主任

容　伟

县政府办公室（法制办公事、外事办公室）副主任

平治伟（5月免）

久美多吉（女，藏族）

杨鑫倩（女，5月任）

加查县民族宗教事务局

【概况】 一年来，加查县民族宗教工作在县委、县政府的坚强领导下，在上级业务部门的有力指导下，紧紧围绕民族工作主题，贯彻党的民族宗教工作基本方针政策，坚持一手抓稳定不放松、一手抓发展不动摇，不断加强和创新寺庙管理，依法管理民族宗教事务，切实履行部门职能，认真贯彻落实区党委、政府，市委、市政府和县委、县政府的各项决策部署，全力做好全县民族宗教工作。

【“两学一做”专题教育】 2016年，加查县民宗局开展践行“两学一做”、庆“七一”主题活动，组织全体重温誓词进行支部交流座谈会。局主要领导干部上党课1次，局干部参加支部集体学习8场次，每名干部撰写心得体会4篇。

【民族团结宣传教育】 2016年，加查县民宗局认真开展民族团结，坚持把握民族工作主题，以民族团结宣传教育为着手，努力推进民族团结进步事业发展，不断巩固和发展平等团结互助和谐的社会主义民族关系。在结合综治宣传月、宣传日、宣传周和开展民族团结表彰大会前后深入各乡（镇）村、学校、县丁字路口、企业、寺庙等地宣传党的民族宗教政策、民族基本知识及《民族区域自治法》等法律法规、牢固树立“汉族离不开少数民族、少数民族离不开汉族、少数民族之间也相互离不开”的思想观念、“三个离不开”“团结稳定是福、分裂动乱是祸”的思想。共宣传7次、参加人数2880人。编印民族宗教政策宣传册和宣传单2400余份，发放到各寺庙及广大信教群众手中。

【县城民族基础调研】 2016年，加查县民宗局认真开展民族基础调研工作，截至年底，户籍在加查县居且住在加查县的少数民族通婚人员共计34户，38人（其中藏族与回族通婚家庭数为8户，藏族与汉族通婚家庭数为23户，藏族与门巴族通婚家庭数为3户；回族2人、壮族1人、满族2人、土族3人、珞巴族4人、门巴族21人、土家族5人），常年暂住3536人（其中汉族2183人、藏族732人、回族293人、东乡族9人、彝族76人、撒拉族3人、土家族166人、侗族3人、蒙古族1人、哈尼族1人、苗族5人、满族2人、纳西族1人、傈僳族8人、壮族22人、傣族2人、拉祜族29人），对分布区域的交通、文化、旅游、宾馆餐饮、服务大厅等窗口单位服务行业等重点部位进行专项检查督查，通过情况询问、现场查看、资料翻阅、座谈交流等方式，详细了解贯彻民族宗教政策情况。

【民族团结进步模范评选表彰活动】 2016年，评选出16名县级模范个人和10个县级模范集体，并推荐2个市级模范集体和3个市级模范个人，发放

奖金11.2万元。通过开展民族团结进步表彰大会活动，使各民族群众牢固树立“三个离不开”思想，营造民族团结社会和谐稳定的良好氛围，推进加查县民族团结进步事业。

【民族文艺发展】 按照地区民宗局通知要求上报西藏自治区文艺创作扶持单位（公司）项目，县民宗局立刻与县文管局主要负责人取得联系，推选出西藏山南地区加查县舞蹈《喜迎文成公主》《哲巴舞》项目上报地区民宗局。

【法制宣传教育】 2016年，加查县民宗局深入寺庙开展爱国主义、民族团结、感党恩和揭批达赖“三性”等宣传教育活动，增强了广大僧尼的中华民族意识、国家意识、法制意识、公民意识，自觉做到爱国爱教、遵纪守法、增进修养，坚决抵制和反对达赖集团的渗透破坏。年内，开展法制宣传活动5场次，发放宣传资料2000余份，僧尼撰写心得体会45篇，受教育僧尼、群众2600余人次。

【免费健康体检】 2016年3月—5月，加查县民宗局对全县78名僧尼建立健康档案，僧尼参与率100%，使广大僧尼切身感受到党和政府的温暖。

【寺庙“九有”工程】 2016年，加查县所有寺庙领袖像、国旗、报纸、电影、寺庙书屋、广播电视、通水、通路、通电工程全覆盖，除珠龙拉康、拉定拉康（活动点）未通电之外，其余均全面完成，寺庙僧尼的物质文化生活、精神文明建设得到极大改善和提高。

【寺庙基础设施】 2016年，为改善寺庙基础设施和僧尼修行条件，县投入资金20万元用于寺庙维修，得到广泛寺庙僧尼和各族群众的充分肯定。一些偏远小寺庙，基础设施滞后，存在未通路、通电问题，如拉定拉康未通路、珠龙拉康和拉定拉康未通电，对寺庙宗教活动和文物保护带来诸多不便和安全隐患。

【矛盾纠纷排查】 2016年，加查县民宗局排查安全隐患9次，有效地将宗教领域不稳定因素控制在萌芽状态。

【党风廉政建设】 2016年，加查县民宗局始终把党风廉政建设和反腐败工作作为党建工作的重点，狠抓全局党风廉政建设责任制落实和一把手工程建设，通过建制度、强机制、强监管、层层坚定党风廉政建设责任书，组织党员干部学习正反两方面典型条例，增强党员干部廉洁自律的自觉性，促进党风廉政建设和反腐败工作的深入开展。

【干部队伍建设】 2016年，加查县民宗局以“两学一做”教育活动为契机，组织集中学习8次，干部每人撰写心得体会4篇。通过学习不断提升干部政治素养和业务水平，从而打造一支政治素养高、业务水平强、综合素质一流的民族宗教干部队伍。

（曲　珍）

【领导名录】

县民宗局局长　加　央（藏族）
县民宗局副局长　旺　久（藏族）
曲　珍（女，藏族）

加查县创先争优强基础惠民生活动领导小组办公室

【概况】 2016年，全县77个驻村工作队（自治区派驻3支、市派驻44支、县乡派驻30支）认真贯彻落实区党委、市委、县委决策部署工作要求，紧紧围绕自治区“七项任务”和市“十项任务”，狠抓工作落实，取得显著成效。10个驻村工作队被评为自治区级“先进驻村工作队”、38名驻村队员被评为自治区级“先进驻村工作队员”、2个派驻单位被评为自治区级“优秀组织单位”县强基办被评为自治区级“先进单位”，10个驻村工作队被评为市级“先进驻村工作队”、39名驻村队员被评为市级“先进驻村工作队员”、1个派驻单位被评为市级“优秀组织单位”。

【组织领导】 2016年，协调县委办调整充实加查县强基惠民活动领导小组及办公室工作人员，制定议事规则，明确办公室职责分工，定期不定期召开会议研究部署全县干部驻村工作，切实加强对全县干部驻村工作的组织领导。组织驻村工作队分季度汇报工作开展情况，总结经验做法，研究解决办法，探索建立干部驻村工作在责任、管理、保障、指导等方面的长效机制。

【基层组织】 2016年，驻村工作队协助乡镇党委扎实推进村“两委”换届选举和优化发展环境，集中整顿软弱涣散基层组织，帮助完善村居民约77条，新建规章制度154项，党务政务财务公开254条，党风廉政建设规章制度215条，培养积极分子420名，发展党员70名，把50名致富能手培养成党员。为村“两委”班子成员上文化课3239学时，上党课2538学时，上政策理论课2435学时；帮助解决村级组织工作经费19.6万元，村级组织办公设备经费12.2万元，协助村“两委”开展活动851场次，举办339期党员培训班，培训党员8444人次，投入经费101770元。

【维护社会稳定】 2016年，召开维稳宣讲大会872场次，参会群众43392人次，受教育面达95%；召开村情民意群众会议336场次，走访村户10034户次。组织召开抵制十四世达赖集团的分裂渗透破坏活动、与十四世达赖集团划清界限等专题会议237场次，参会群众12572人次。协助村“两委”做好重点领域、人员管控911人次。

【感党恩教育】 2016年，组织群众宣讲中共十八届四中、五中全会、中央第六次西藏工作座谈会、习近平总书记系列重要讲话精神559场次，入户宣传300次；召开“算富帐、感党恩、要稳定、求发展”感党恩教育大会250场次，政策宣传266场次，举办专题讲座80场次；组织群众开展“中国梦”、社会主义核心价值观和新旧西藏对比教育等活动345场次，参加活动的群众10260人次。

【惠民政策】 2016年，组织群众宣传中央和自治区强农惠农富农政策541场次，参与群众25811人次，发放藏汉“双语”优惠政策资料8269份，发放明白卡5248张，开辟宣传栏159期。帮助落实农村最低生活保障资金338.39万元，农村低保户、五保户供养补助调标资金553.41万元，各项惠民补偿补贴资金969.77万元。

【办实事解难事】 2016年，驻村工作队帮助驻在村解决“三就”“两保”“六通”等民生突出问题130件，为群众办实事好事661件，投入资金205.2万元，实现就业、再就业近1700人。开展送科技、送技术、送卫生、送信息、送服务活动285次，投入资金336450元。慰问五保户、贫困户和困难群众982人次，发放慰问金和慰问品价值183500元，慰问“三老”人员52人次，发放慰问品价值82400元。

【拓宽致富门路】 2016年，驻村工作队帮助村理清发展思路169条，找准发展路子164个，制订、完善、实施经济发展规划139项。帮助村群众劳务输出1807人，增加现金收入108.12万元。制订“一村一策”增收办法100条，帮助发展集体经济实体42个、合作经济实体1个。为民办实事经费中落实并完成项目20个，投入资金157.51万元。派驻单位落实的项目7个，资金173万元，个人和企业捐款资金11.85万元。

【扶贫开发】 2016年，驻村工作队向驻在村群众宣传扶贫开发政策532场次，参与群众26197人次，印发扶贫宣传资料6263份，开辟宣传栏144期。在建档立卡工作中，登记建立台账的贫困村77个，贫困户1860户；扶贫户692；扶贫低保户374户；低保户516户；五保户278户。帮助所驻村脱贫188户571人。在“党员干部进村入户、结对认亲交朋友”活动中，党员干部与贫困户“结对子”248户519人，工作队年轻队员与所驻村青年“结对认亲”59户112人。帮助村制订精准扶贫方案（计划）32个。从各渠道争取扶贫项目41个，资金1260.4万元。其中：派出单位帮扶项目18个，资金4562000元；其他帮扶项目23个，资金804.2万元。带动群众增收57.03万元。

【创业意识教育】 2016年，驻村工作队开展各类群众创业意识教育活动，重点加强农牧业知识、产业政策、实用技能等方面的培训2350人次，以农牧民教育为抓手，转变农牧民思想观念，提高农牧民整体素质。鼓励农牧民群众自主创业，引导农牧民群众义务投劳参与村容村貌整治、生态环境美化和生产生活基础设施建设，增强主人翁意识，用勤劳的双手建设自己的美丽家园，形成村村谋发展、家家忙致富、人人思创业的浓厚氛围。

【创建“十星模范村”】 2016年，驻村工作队按照“明脉络、抓落实、固成果”的工作思路，认真开展“十星模范村”创建活动，落实“十星模范村”动态管理宣传，2016年，加查县安绕镇惹米村被评为市级“十星模范村”。

（程小小）

【领导名录】

县强基础惠民生活动领导小组组长

李 贤 荣

县强基础惠民生活动领导小组常务副组长

丁 续 欢（7月免）

向 军（7月任）

县强基础惠民生活动领导小组副组长

普 琼

次旦东觉（藏族）

张 安 华

马 文 清（回族）

罗 江 群

李 建 斌

白玛多吉（藏族）

仁青旺堆（藏族）

赵 文 启

拉巴次仁（藏族）

县强基础惠民生活动办公室主任

拉巴次仁（11月免）

边旦次仁（11月任）

加查县藏语文工作委员会办公室（编译局）

【概况】 2016年，加查县藏语文工作委员会办公室（编译局）为正科级建制，编制4人（1正2副1科员），在编3人，实有4名（一名从乡镇借调）。

【各类材料翻译】 2016年，加查县藏语委办（编译局）完成县四大办交办的各种大小型会议文件材料和领导讲话翻译，承接各部门、广告公司和群众送来各种政策性、法规性、面向基层的文件和宣传资料、横幅等翻译校审工作，涉及35个部门，6家广告公司，25个企业和个人，全年翻译量达140份，128.1万余字。

【规范社会用字】 2016年，根据人事变动调整充实加查县藏语委员会和加查县藏语文社会用字检查整改工作领导小组。按照市人民政府关于藏语文社会用字检查整改方案通知要求，结合加查县实际，制订下发《加查县开展规范藏语文社会用字检查整改方案》，并先后两次组织藏语委会各成员单位开展加查县社会用字检查工作。深入县城所有街道、重点旅游路线、各单位和个体工商户对牌匾、LED电子显示屏、户外宣传标识、横幅、坐签等进行社会用字检查。共检查各类牌匾、交通路标、企业广告、宣传横幅等1516个，通过检查发现存在问题186个，当场得到整改18处，下发整改通知书，限期整改163个，整改率达97%。

【宣传和推广新词术语】 2016年，加查县藏语委办（编译局）通过印发文件、制作展板等方式把自治区统一规范的新词术语及时推广到县（中）直各单位及基层各个部门，并收集整理从2011年—2016年自治区新词术语藏语翻译委员会审定规范的新词术语汇编成手册下发到县（中）直各部门、各乡镇、学校和寺管会，为广大藏汉翻译工作者提供便利。

（格桑措姆）

【领导名录】

县藏语委办（编译局）主任（局长）

旺　堆（藏族）

县藏语委办（编译局）副主任（副局长）

次仁多米（藏族）

加查县机关后勤服务中心

【概况】 2016年，加查县机关后勤服务中心始终坚持以“以人为本”“全心全意为人民服务”为宗旨，以服务政府、服务部门、服务群众为原则，积极发挥后勤保障服务作用，完成后勤保障工作及其他各项工作任务。截至年底，在职在编职工24人，其中设有15个公益性岗位。

【制度确立】 2016年，加查县机关后勤服务中心通过深入调查以及广泛征求单位全体职工意见，结合单位职能，制定和修改工勤人员管理制度、财务透明公开制度、公务接待制度、职工考勤制度、工勤人员管理责任书，促进单位各项工作全面、协调和可持续发展。

【接待工作】 2016年，加查县机关后勤服务中心为深入贯彻落实党的十八大精神，严格执行党中央“八项规定”、自治区党委“约法十章”“九项要求”、地委“十项规则”，县机关后勤服务中心本着“热情周到、勤俭节约、规定高效”原则，提高公务接待的质量和水平。2016年接待工作组人次11953次，其他重大专项工作组接待人次：2226次；共12442人次。其中，接待中央工作组546人次，自治区工作组2148人次，湖北工作组（代表团）791人次，山南市工作组3343次；接待加查县六大会议（连会）参会人员9次、共计2287人，各兄弟县124人次；藏木电站山顶火灾救援5天1135人次；交叉审计组288人次，自治区巡视四组248人次，第九次党代会议、政协、人大大会1467人次，第五届达布核桃节用餐1次。

【会务接待】 2016年，加查县机关后勤服务中心负责会务设备的管理维护、音响设备的调试、座签摆放、电器管理等，会场有专门服务人员负责茶水供应服务。

【为民办实事】 2016年，加查县机关后勤服务中心全体党委到联系点加查县洛林乡贡玛村下乡服务共10余次，送去慰问品、慰问金等折合2万余元。

【门卫管理】 2016年，加查县机关后勤服务中心严格要求按照制定的门卫制定做好门卫管理工作；做好来人、来车登记和传达工作；禁止小商小贩和其他闲杂人员及牲畜进入院内；保持传达室清洁卫生，物品摆放整齐；实行夜间巡逻制度，夜间不定时巡逻至少3次，做好党政办公楼及电梯用电的维护工作，强化门卫工作职责，确保政府机关院内和办公楼的安全。

【党建工作】 2016年，加查县机关后勤服务中心党支部坚持以“三个代表”重要思想为指导，深入贯彻落实党的十八大和十八届四中、五中、六中全会精神及区、市、县三级党委会议精神，以提高支部的领导力、执行力、凝聚力、战斗力为抓手，切实在服务群众和保证工作任务完成上有新突破，切实在建设政治硬、能力强、素质高、品行好的党员队伍上有新突破，切实在发挥党员作用、树立党员威信、树起良好形象上有新突破，结合支部实际，以加强服务型党支部建设为重点，加强领导，明确职责，确保党建工作责任落实。完善制度，强化学习，全面加强党员队伍建设。统筹规划，尽心部署，积极开展党建活动狠抓反腐倡廉工作，强化党风党纪教育，促进党风廉政责任制的全面落实。支部始终把党风廉政和反腐败工作作为党建工作的重点，通过建制度、强机制、强监管，签订责任书，在县直机关食堂张贴、摆放廉政警句格言等措施，教育干部职工“常思贪欲之害，常怀律己之心”，确保中心各项业务工作顺利开展和落实。

（索 央）

【领导名录】

县机关后勤服务中心副主任

邓青青（7月任）

群团组织

加查县总工会

【概况】 2016年，加查县共有46个工会委员会。其中，县直机关工会委员会15个，乡（镇）工会委员会7个，非公有制企业工会委员会21个，国有企业工会委员会2个，村级工会小组1个，工会会员3294人。其中，县直机关会员950人，乡（镇）会员311人，非公有制企业会员278人，农牧民工会员1755人。工会委员17人，工会经费审查委员5人，女职工委员5人。2016年在档困难职工46人（包括3户农民工）。各工会委员会、工会小组均配备兼职工会干部，7个乡镇工会委员会兼职工会干部均由各乡镇党委副书记兼任，未配备专职工作人员，无聘用的工会干部。

【慰问活动】 2016年1月，加查县总工会到拉绥乡岗巴村开展慰问活动，为岗巴村78户村民送去大米、面粉，慰问物资折合人民币22000元，慰问活动中还为2户贫困家庭发放医疗救助金6000元。

【发放“金秋助学”资金】 2016年1月，加查县总工会为2015年困难职工子女发放“金秋助学”资金6000元，其中区外学生家庭领到助学金4000元，区内学生家庭领到2000元的助学金。

【发放医疗救助、生活救助资金】 2016年1月，加查县总工会为重大疾病职工家庭与生活困难家庭发放救助金6000元，帮扶资金为加查县总工会自筹，其中重大疾病家庭1户，发放医疗救助金4000元；生活困难家庭1户，发放生活救助金2000元。

【开展“三大节日”送温暖活动】 2016年1月，加查县总工会开展“三大节日”送温暖资金发放活动，加查县委书记李贤荣、县委宣传部部长罗江群出席仪式并发表讲话。此次慰问活动资助困难职工49户，其中在档困难职工共计46户，每户1000元；困难农民工3户，每户300元。慰问资金来自加查县人民政府，共计46900元。

【加查县第一届党的群团工作会议】 2016年3月，加查县召开第一届党的群团工作会议。加查县委书记李贤荣、加查县委常务副书记丁绪欢出席会议并做重要讲话，加查县副县长琼美朵传达山南地区党的群团工作会议精神，加查县总工会主席黎宇作2015年群团工作总结并安排部署2016年工会工作。

【开展“春送健康”体检活动】 2016年3月，加查县总工会在加查县人民医院开展为期两天的“春送健康”体检活动，活动安排加查县公安干警、环卫工人、企业职工等60位困难职工参与。

【开展第二届“加查杯”篮球比赛】 2016年4月，加查县总工会于加查县中学室内篮球场开展第二届“加查杯”篮球比赛。此次篮球比赛共有8支队伍参加，历时7天，比赛场次达14场。

【慰问虫草采集卡点工作组】 2016年5月，加查县委常务副书记丁绪欢、加查县总工会主席黎宇带队对加查县虫草采集卡点色布荣沟、觉布荣沟、索朗沟入口、崔久乡美多塘等卡点工作组进行慰问，慰问物资有猪肉罐头、饮料、方便面、牛奶、蔬菜等生活用品，折合人民币共计9000元。

【开展庆“七一”棋牌活动】 2016年7月，加查县总工会在加查县达布文化艺术中心举办庆祝中国共产党建党95周年棋牌比赛活动，活动分2天进行，包括象棋、跳棋、双升等棋牌项目，共有184名干部职工参加活动。

【开展“送清凉”活动】 2016年8月，加查县委常务副书记向军、加查县总工会主席黎宇带队开展“送清凉”活动。活动先后在中国葛洲坝集团、中铁十二局集团、中铁港航局集团有限公司、中铁二局、加查县供电责任有限公司、加查县兴旺编织厂、加查县湿地办、加查县林业检查站等公司企业，为170名一线职工送上高级保温杯、洗护套装、毛巾、花露水、牙膏牙刷等价值25000元的慰问品。

【援藏干部开展实地调研工作】 2016年8月，加查县委常务副书记向军、县委宣传部部长罗江群带领湖北省宜昌市援藏干部到加查县总工会开展实地调研工作。

【开展“五送”系列服务职工在基层活动】 2016年9月，加查县总工会联合加查县司法局、加查县人社局、加查县安监局、加查县人民医院到企业开展“五送”之“送医送药”“送法律政策”“送文化”活动，为350名一线职工送去免费义诊服务并送出20000元的常用药品，送出各类宣传资料《中华人民共和国工会法》《中华人民共和国劳动者权益保护法》《中华人民共和国安全生产法》等共计1000余册。

【开展教师节慰问活动】 2016年10月，县长、县委副书记西洛次仁、县总工会副主席洛桑曲珍对加查镇小学教师进行教师节慰问活动，加查县总工会慰问资金共1000元。

【技能培训】 2016年11月—12月，加查县总工会于加查县园艺二场开展果树栽培及病虫害防治培训工作。此次技能培训共有30人参加，培训时间为30天，培训资金共计42000元，经考核，培训人员均基本掌握培训技能，成绩合格。

【为在档困难职工发放救助金】 2016年12月，加查县总工会为2016年度在档困难职工发放救助资金，副县长马廷峰、县总工会副主席洛桑曲珍、县总工会副主任科员格桑措姆出席活动并讲话，此次资金发放活动共有46户在档困难职工，每户发放1000元，发放金额共计46000元。

（张文明）

【领导名录】

县总工会主席　黎　宇

县总工会副主席　洛桑曲珍（女，藏族）

共青团加查县委员会

【概况】 2016年，全县共有基层团委8个，团总支1个，中学团委1个77个村居委会团支部，13个非公企业团支部，8个企业团支部，8家青年文明号单位。共青团员1584人（其中新发展团员共计127人）；团县委专职团干部3人，平均年龄29岁。乡镇团委书记8名，全部由乡镇党委副书记兼任。各村团支部书记由“村委会”两委班子成员担任。

【开展“绿色环境保护”志愿服务活动】 3月9

日，团县委组织干部职工及西部计划志愿者开展“植树造林 改善生态环境 造福子孙后代”义务植树活动，提升爱绿护绿意识。

【“五四”表彰】 “五四”期间，团县委对加查县各基层优秀团组织、西部计划志愿者进行表彰，发放奖金23000元。

【开展“保护母亲河”志愿活动】 6月1日，组织加查县西部计划志愿者到雅江河岸开展“保卫母亲河 珍爱绿色家园”志愿活动。

【预防青少年违法犯罪】 2016年6月8日，团县委采取印发宣传册、宣传单、横幅、标语等多样化形式进行预防青少年违法犯罪宣传，共计发放宣传单400余份，宣传册200余份，张贴标语200余份。

【成立首个青少年法律援助中心】 8月29日，为提升青少年依法维权意识，维护弱势群体合法权益，营造广大青少年学法、守法、懂法、用法的社会氛围。加查县团委成立首个青少年法律援助中心。

【第三届青年杯足球竞赛】 11月12日，由团县委联合县体育局组织全县各单位、企业10支队伍100余人参加开展加查县第三届青年杯足球竞赛。

【青年文明号考核】 11月15日，团县委科员唐绍荣带领工作人员对加查县8家“青年文明号”单位进行检查考核。采取听取汇报与实地检查验收相结合形式，实地听取青年文明号申报集体负责人在职业文明、工作实绩特色活动等方面的情况汇报，查阅反映创建工作的文字、图片、音像资料，查看工作现场等。

【发放贫困学生助学金】 2016年，为加查县3名贫困大学生，5名考入内地西藏班的贫困学生、38名中小学生共发放到助学金10.8万元。

【西部计划志愿者活动】 2016年，加查县共有3名2014届志愿者考上西藏公务员，8名志愿者申请留藏。志愿者相继开展“阳光助残”“平安三月、志愿护航”巡逻活动、“学雷锋”服务行动、“核桃节志愿服务”等活动。

【文体活动】 1月5日，开展加查县第一届电子竞技比赛。6月22日，联合总工会、县妇联组织开展加查县第二届男子篮球比赛。迎“七一”期间，联合总工会、县妇联组织开展棋牌活动。

【培训交流】 4月10日、7月20日，选派加查县共11名农牧民到拉萨参加藏餐技能培训。5月23日，团县委书记斯朗卓玛参加西藏自治区首届青少年事务社会工作专题培训。6月12日，选派加查县县中学团干部参加全区中学中职学校团委书记培训。7月3日，团县委联合藏式编织厂开展农牧民技能培训。8月17日，团县委选派加查县兴旺藏式编织厂参加湖南省团校致富青年带头人培训。9月19日，选派加查县县中学团委书记扎西拉姆到江西井冈山参加全国中学团委书记培训。10月28日，团县委选派加查县11名团干部、团员参加共青团山南市第一次代表大会。12月10日，组织达拉药材种植有限公司总经理洛桑次仁、腾飞农民专业合作社负责人多吉次仁参与团市委开展的2016年优秀青年代表到拉萨市、日喀则市访问交流活动。12月4日，团县委科员唐绍荣参加学习贯彻西彻藏自治区第九次党代会精神培训班。

【学校工作】 开展“红领巾心向党”主题教育实践活动。开展欢度“六一儿童节”活动，发放红领巾200余条，组织新队员进行入队仪式。7月4日，联合县妇联开展关爱弱势学生活动，购买书包、文具盒、字典等价值2万元的学生物品。持续推进加查县各小学与宜昌当阳和宜都4所学校小学生开展“手拉手”活动。

（汪方方）

【领导名录】

团县委书记　斯朗卓玛（女，藏族，7月任）

加查县妇女联合会

【概况】 2016年，加查县妇女联合会认真学习中共十八届三中、四中、五中、六中全会及习近平总书记系列重要讲话精神，立足妇联实际，认真履行职责，各项工作取得新进展。

【开展“最美家庭”创建活动】 2016年，加查县妇联开展“最美家庭”创建活动，积极推荐各类妇女典型，向社会宣传妇女，展现加查妇女的精神风貌，全年共宣传3次，张贴宣传画67张。加查县安绕镇热果村次仁宗巴家庭荣获全国最美家庭，加查县安绕镇惹米村索朗卓玛荣获2016西藏自治区最美家庭。

【开展“平安家庭”“妇女儿童维权”等活动】 2016年，加查县妇联利用法制宣传月、周、日等时机，开展以“当好贤内助、筑牢防腐墙”“爱护自己、亲人在等你回家”“坚持男女平等基本国策，保障妇女儿童合法权益”等为主题的宣传教育活动。以上宣传活动共计发放法律、法规知识以及“两癌”救助等相关知识宣传材料4000余份，接受群众咨询200余人次。

【举办村级妇女主任培训班】 2016年，加查县妇联在县达布文化艺术中心对各乡镇妇联主席、各村妇女主任等80余人开展培训。通过此次培训开展，提升全县基层妇女干部的整体素质，提高全县妇联组织战斗力。

【走访慰问】 2016年，开展“温暖母亲行动”，走访慰问各乡镇贫困母亲、单亲母亲、致富女能手、患病妇女等90余户，发放慰问品及救助金共计价值46020元。

【开展关心爱护儿童活动】 2016年，开展“爱心阳光·春蕾助学”“金凤工程 让梦飞翔”“恒爱行动”等关爱弱势学生活动。为单亲家庭、留守儿童等290名弱势学生发放书包等共计2.41万元慰问品；为加查镇联堆村学生扎西曲珍等两名贫困学生申请到助学金；为15名加查县户籍的山南市儿童福利院孤儿编制并送去爱心毛衣15件。

【巾帼帮扶救助】 2016年，加查县妇联到冷达乡贫困母亲格桑卓嘎等六户家庭，落实2015年筹集的“巾帼帮扶资金”共计2.9万元。组织全县妇女干部职工捐款，筹集2016年 “巾帼帮扶资金”共计33380元。

【“三八”庆祝活动】 2016年，加查县妇联开展“三八”系列活动，通过县电视台为全县妇女送上藏汉双语的节日慰问致辞及亲切希望。召开“三八”表彰大会，表彰“五好文明家庭”14户、“平安家庭”7户、“致富女能手”6名、“三八红旗手”19名、先进妇女组织集体3个，并组织开展庆“三八”文艺活动，投入资金共计37129元。

【庆祝中国共产党成立95周年棋牌比赛】 2016年，加查县妇联联合团县委、总工会在县达布文化艺术中心共同举办的庆祝中国共产党成立95周年棋牌比赛。

【迎检“两规”工作】 2016年，加查县妇联始终坚持把实施“两规”作为推进经济社会全面、协调、可持续发展的重要举措，认真安排部署加查县“两规”终期验收相关事宜，认真收集整理2011—2015年涉及“两个规划”的数据、文字、图片、影像资料并及时上报，做好“两规”统计工作，确保“两规”如期达标。

（索朗曲珍）

【领导名录】

县妇联主席　益　西（女，藏族）

县妇联副主席　拉　宗（女，藏族）

武　装

加查县人民武装部

【概况】 2016年，加查县人民武装部围绕中共加查县委、县政府中心工作，完成加查县适龄青年入伍民兵教育训练及协调辖区内警力维护社会稳定、扶贫援建等工作。

【民兵工作】 2016年，加查县人武部组织安绕镇应急民兵进行军事训练和实弹射击考核，组织民兵进行应急和维稳处突演练，组织人武部部长和民兵进行集训。

【国防教育】 2016年，加查县成立以中共加查县委书记和县人武部部长为领导的国防教育领导工作小组，成员由中共加查县委宣传部长及各乡镇党委组成，定期召开工作会议，定期组织国防教育活动，使国防教育融入机关、学校、民兵、企事业单位和乡镇居民中，为双拥和征兵工作打下坚实基层。

【援建扶贫】 2016年，在西藏军区、山南军分区领导和县委、县政府的统一安排部署下，完成“一户一对策，一户一办法”扶贫工作以及西藏军区帮扶“一村一寺”的援建部署工作。

（徐海文）

【领导名录】

部　长　卢红华

加查县公安消防大队

【概况】 2016年，加查县公安消防大队共检查单位1119（家、次），发现火灾隐患1466处，下发责令整改通知书826份，处罚单位、个人1家（次），罚款500元。共接警出动35起，出动车辆75辆次，出动警力105人次，抢救财产价值10000元。

【党建工作】 2016年，加查县公安消防大队强化大队党委、中队党支部学习制度，推动学习型党委、党支部班子建设，重点开展贯彻落实全国“两会”精神，习近平总书记系列讲话精神等专项学习18余课时，通过集中学习与授课教育，大队党委及中队党支部成员应急能力和理论水平有显著的提高，推动学习型经营建设，及时开展交心谈心活动，全面提高部队稳定性。年内，县消防大队结合“3月敏感期”“全国两会”“雪顿节”等重大节点开展有针对性的思想教育活动，撰写政治思想教育记录，通过思想政治教育，大队官兵的思想稳定，为完成各项任务提供坚强有力的思想保证。

【岗位大练兵】 2016年，加查县公安消防大队结合本单位工作实际，始终坚持从严从难、从实战出发，全员参与，积极开展岗位大练兵活动。增强官兵体能、技能水平，不断提升完成“急、难、险、重”任务的能力，2016年，加查县公安消防大队以全国“两会”和“雪顿节”等重要节点的相关保卫任务为重点，针对辖区重点单位进行“六熟悉”、灭火救援实战演练活动。提高大队官兵的执勤备战意识，为参加各类灭火战斗和抢险救援做好充分准备。

【火灾防控宣传及培训】 2016年，加查县公安消防队紧紧围绕“火灾防控”“重大隐患集中整治”两项重要方针，到城镇乡、农牧区和寺庙开展消防监督检查活动，开展“11·9”消防宣传月活动，向社会单位发放各类消防宣传资料500余份接受咨询达300余人次，组织社会单位急微型消防站消防安全培训10余次，培训人员达200人次。

（雷　涛）

【领导名录】

县公安消防大队大队长　余　华（9月免）
　　　　　　　　　　　颉　均（9月任）

法 治

加查县人民法院

【概况】 2016年，加查县人民法院共受理各类案件48件，审结44件，结案率92%。受理案件数与上年同期相比上升22%；结案率与上年同期相比不变。审限内结案率100%。

【刑事案件】 2016年，加查县人民法院共受理刑事案件12件，审结12件，结案率100%。

【民事案件】 2016年，加查县人民法院共受理各类民商事案件32件，审结29件，未结3件，结案率91%。其中，调解19件，撤诉6件，调撤率86%。上诉案件1件。及时履行3件。案件审限内结案率100%；依法公开开庭率100%；判后答疑率100%，并装订卷宗。

【执行案件】 2016年，加查县人民法院共受理各类执行案件4件，执结3件，未结1件，结案率75%，执结标的87000元，执结率97%。

【立案工作】 2016年，加查县人民法院共登记立案42件，当场立案38件，符合立案条件移送审判庭案件42件。2016年，共实收诉讼费9件2734.75元、免交诉讼费4件1226.02元、缓交诉讼费42399元。启动执行救助金，为1件案件被执行人司法救助55000元。

【法制宣传】 2016年，加查县人民法院广泛宣传《中华人民共和国刑法》《中华人民共和国刑事诉讼法》《中华人民共和国民事诉讼法》《中华人民共和国民法通则》《中华人民共和国婚姻法》《中华人民共和国未成年人保护法》《中华人民共和国劳动合同法》等涉及农牧民群众切身利益的法律法规。2016年，加查县人民法院共开展法治宣传18次（讲座7场次、宣传活动11次），发放法律宣传资料10000余份，法律咨询 36人次，受教育群众16000余人次。

【信访接待】 2016年，加查县人民法院强化全心全意为人民服务意识，及时接受群众咨询和信访，建立信访接待档案和台帐。2016年，共接待群众来访 34件104人次，均已答复，未发生因处置不当等问题而引发矛盾激化事件。

【政治学习】 2016年，加查县人民法院共组织开展政治理论中心组学习23次，召开民主生活会1次，召开专题党课3次，院领导走访调研6次。

【业务培训】 2016年，加查县人民法院以创建学习型法院为载体，重视和加强教育培训工作，提高干警综合素质。2016年，共参加全国法院、自治区高级人民法院和国家法官学院西藏分院举办的党建负责人、信息化建设、办公室业务、藏汉双语法官业务等各类培训班13人次，坚持裁判文书和庭审观摩评比评查，不定期对案件和裁判文书进行评查。2016年。加查县人民法院开展庭审观摩2次，裁判文书质量评查2次，提升法官庭审驾驭、文书写作和书记员庭审记录能力水平。

【人民陪审员工作】 2016年，加查县人民法院人民陪审员共参与审理各类案件21件。

【文化建设】 2016年，湖北省宜昌市中级人民法院对口支援项目加查县人民法院“温馨工程”，2016年5月开工修建，相关配套设施也陆续到位，法院司法服务及干警文化环境得到显著改善。

【信息报送】 2016年，加查县人民法院共报送工作信息、简报85期，发送手机报20条。总结、报告、调研材料、汇报材料19余份。

【审判原则】 2016年，加查县人民法院刑事审判工作坚持“严打”方针，严厉打击各类严重刑事犯罪，全力维护社会稳定。贯彻落实宽严相济的刑事政策，最大限度减少社会对立面；民事审判工作突出化解矛盾纠纷，高度重视对各类施工合同纠纷案件、离婚案件以及拖欠农民工工资等涉及农牧民群众切身利益案件的审理，有效维护法律权威，促进家庭和睦，保障农牧民的合法权益。

【付某某单位行贿罪】 2011年9月至2012年2月，被告人付某某担任西藏安多县措那湖藏毯有限责任公司总经理期间，为使该公司申报的西藏藏毯生产改扩建项目，顺利获批西藏自治区工业和信息化厅2011年第二批中小企业发展专项资金项目，先后多次代表该公司向时任西藏自治区工业和信息化厅副巡视员朱某某行贿18万元，向时任西藏自治区工业和信息化厅中小企业处处长彭某某（已判刑）行贿18万元。事后在朱某某、彭某某的帮助下，该公司顺利获批150万元扶持资金，该项资金分别于2012年 1月、2013年1月拨付至西藏安多县措那湖藏毯有限责任公司账户。

2012年10月至2012年11月期间，被告人付某某为使那曲县达恰拉姆纺织有限责任公司申报的扩改建厂房、新上羊绒衫生产线项目，顺利获批西藏自治区工业和信息化厅2012年度第二批中小企业发展专项资金项目，先后多次代表该公司向时任西藏自治区工业和信息化厅副巡视员朱某某共计行贿18万元。事后在朱某某的帮助下该公司顺利获批30万元扶持资金，该项资金分别于2013年7月、2013年11月分两次拨付至该公司账户。

2011年5月至2011年11月期间，被告人付某某作为西藏安多措那湖藏毯有限责任公司总经理，为顺利获得2011年度特色农牧业产业企业扶持资金项目（西藏自治区国有资产有限责任公司年利率6%、额度为300万元、为期五年的贷款入股项目），先后三次代表该公司向时任西藏自治区农牧厅产业处处长的孙某某行贿15万元，事后在孙某某的帮助下顺利获批300万元扶持资金，该项资金于2012年1月份到达该公司账户；2012年3月为表示感谢，被告人付某某同田金源（另案处理）共同出资（其中被告人付某某出资10万元）购买一辆价值22.18万元的大众途观城市越野车送予孙某某。

2011年至2012年期间，为使西藏安多县措那湖藏毯有限责任公司、那曲县达恰拉姆纺织有限责任公司，顺利获批相关扶持资金，被告人付某某代表上述二公司分别多次向时任西藏自治区工业和信息化厅副巡视员朱某某、西藏自治区工业和信息化厅中小企业处处长彭某某、西藏自治区农牧厅产业处处长孙某某共计行贿79万元。

另查明，被告人付某某于2015年8月3日，经西藏自治区加查县人民检察院电话传唤至西藏自治区山南市检察院接受询问，当日被西藏自治区加查县人民检察院决定指定居所监视居住。2015年8月22日，西藏自治区加查县人民检察院向被告单位西藏安多县措那湖藏毯有限责任公司追缴“涉案款”10万元，并于同日汇入西藏自治区加查县财政局专项资金总户。

被告人付某某在检察机关刑事立案前，司法

机关调查过程中如实交待上述行贿事实。

本案证据来源合法，内容客观真实，因果关系明确，证据之间能够相互印证，事实清楚，证据确实、充分，足以认定。

加查县人民法院认为，被告单位西藏安多县措那湖藏毯有限责任公司、那曲县达恰拉姆纺织有限责任公司为顺利获批，2011年、2012年西藏自治区工业和信息化厅、西藏自治区农牧厅相关部门扶持资金，违反国家规定，多次给国家工作人员行贿，情节严重，已触犯《中华人民共和国刑法》第三百九十三条之规定，其行为已构成单位行贿罪，依法应处罚金；被告人付某某作为被告单位西藏安多县措那湖藏毯有限责任公司、那曲县达恰拉姆纺织有限责任公司的法定代表人，具体实施了行贿行为，是单位行贿的直接责任人员，亦一同构成单位行贿罪。公诉机关指控的犯罪事实清楚，证据确实、充分，罪名成立，本院予以支持。关于被告人付某某以及辩护人均提出，被告人付某某系因受朱某某、彭某某、孙某某索贿而被迫行贿的意见。经查，西藏自治区山南地区中级人民法院（2015）山刑二终字第4号、5号刑事判决书中并未认定该事实，现有证据亦不能证实朱某某、彭某某、孙某某直接向被告人付某某提出索贿要求，故对该项辩护意见本院不予采纳。关于被告人付某某的辩护人提出被告人付某某有立功表现的意见。经查，2014年9月至11月期间，被告人付某某积极协助纪委、检察机关工作，先后到10余家私营企业调取相关书证，为山南市检察院顺利侦破西藏自治区工业和信息化厅朱某某、彭某某等人的受贿犯罪行为，起到了关键作用，具有立功表现。但根据最高人民法院、最高人民检察院《关于办理行贿刑事案件具体应用法律若干问题的解释》第七条第一款的规定，“因行贿人在被追诉前主动交待行贿行为而破获相关受贿案件，对行贿人不适用刑法第六十八条关于立功的规定……”，故本院对该项辩护意见不予采纳。被告人付某某在检察机关刑事立案侦查前，如实供认行贿犯罪事实，符合行贿人在被追诉前主动交待行贿行为，应认定为被追诉前主动交待犯罪事实，依法可以减轻处罚或者免除处罚。被告人付某某的辩护人提出的该项辩护意见成立，本院予以采纳。被告人付某某的辩护人提出其认罪态度好，系初犯的理由成立，本院予以采纳。同时考虑到被告人付某某当庭自愿认罪，有悔罪表现，平素无前科劣迹，依法可对其减轻处罚；被告单位亦以从轻处罚。为维护国家机关的正常管理活动和国家工作人员职务的廉洁性，根据被告单位西藏安多县措那湖藏毯有限责任公司、那曲县达恰拉姆纺织有限责任公司的犯罪事实、性质、情节、对社会的危害程度、被告人付某某的悔罪表现及刑法适用从旧兼从轻原则，依照《中华人民共和国刑法》第三百九十三条、第三十条、第三十一条、第五十二条、第五十三条、第七十二条第一款、第七十三条第二、三款和《最高人民法院、最高人民检察院关于办理行贿刑事案件具体应用法律若干问题的解释》第七条第二款之规定，判决如下：

一、被告单位西藏安多县措那湖藏毯有限责任公司犯单位行贿罪，判处罚金十万元。（罚金自判决生效之日起十日内向本院缴纳。）

二、被告单位那曲县达恰拉姆纺织有限责任公司犯单位行贿罪，判处罚金十万元。（罚金自判决生效之日起十日内向本院缴纳。）

三、被告人付某某犯单位行贿罪，判处有期徒刑二年三个月，缓刑四年。（缓刑考验期限，从判决确定之日起计算。）

【麻某某房屋租赁合同纠纷】 2013年12月，原告麻某某与被告加查利民建筑公司法定代表人达某就门面房租赁事宜达成口头协议，约定被告将其位于加查县城迎宾大道商业大楼18—19号两间门面房租赁给原告用于经营电器销售，并约定原告先接手租赁门面房及着手装修。期间，原告询问该商品楼有关建设手续办理情况时，被告口头答复正在办理并承诺原告能够办理经营许可证。2014年1月，原告正式对承租门面房地面、屋顶等进行装修，产生装修费61680.00元。2014年2月19日，原告与被告经协商一致签订了一份《房屋租赁合同》（以下简称《合同》），该《合同》约定：被告将其位于加查县城迎宾大道商品楼两间门面房租赁给原告，两间每月租金2600.00元，租赁期限自2014年1月1日至2018年1月1日止，并约定收取转让费100000.00元、押金3000.00元。2014年3月份，原告向加查县工商行政管理局申领经营许可证，该局告知原告相关手续不全需请示领导而未能办理。同年8月7日，加查县国土资源局、加查县住房和城乡建设局下发了《关于对县城规划区内属违法用地违规建设责任主体停止办理经营许可证的函》，规定对县城规划区内属违法用地违规建设责任主体停止办理经营许可证。期间，原告到加查县工商行政管理局申领经营许可证，该局答复需等待县政府有关部门同意才能办理，致使原告至今未能办理经营许可证。被告修建的位于加查县城迎宾大道商业楼至今未能取得建设规划许可证。

以上事实由如下证据证实：1、2014年2月19日《房屋租赁合同》原件一份、《房屋租金表》原件一份，能够证明原、被告之间存在房屋租赁关系和原告按约已交纳转让费100000.00元、押金3000.00元，以及交纳2016年7月1日止得租金78000.00元的事实。2、2014年1月3日《门面装修合同书》原件一份、2014年2月16日和3月26日《收据》原件两份、2014年2月10日《收条》原件一份、2014年1月2日《装修材料清单》原件一份，能够证明原告接手承租门面房后进行装修及产生装修费61680.00元的事实。3、2014年8月20日，加查县工商行政管理局《行政处罚告知书》原件一份，能够证明原告未申领经营许可证而一直无照经营行为的事实。2016年11月9日《调查笔录》原件一份，能够证明加查县工商行政管理局并未下达过罚款20000.00元决定书及原告在2014年8月7之后到该局申领经营许可证，但因县相关部门已下达函要求停止办理经营许可证的事实，以及原、被告双方庭审陈述在卷佐证，证据来源合法有效，并经庭审举证质证，足以认定。

加查县人民法院认为，综合原、被告双方举证、质证及诉辩意见，本案争议焦点是：1、原、被告双方签订的房屋租赁合同是否有效；2、对于签订合同是否存在过错及过错责任划分。根据《最高人民法院关于审理城镇房屋租赁合同纠纷案件具体应用法律若干问题的解释》第二条“出租人就未取得建设工程规划许可证或者未按照建设工程规划许可证的规定建设的房屋，与承租人订立的租赁合同无效”之规定，虽然原、被告之间签订的房租租赁合同系双方当事人真实意思表示，但因被告门面房未取得建设工程规划许可证，故原、被告签订的房屋租赁合同无效，应终止履行。对于签订的无效合同，原、被告均存在缔约过失的过错责任，被告作为出租人在未取得建设工程规划许可证门面房出租给原告，应当承担主要过错责任；原告作为承租人未尽合理审查的注意义务，应承担次要过错责任。合同认定无效后，应当根据《合同法》第五十八条相关规定处理。因此，原告提出的请求依法解除房屋租赁合同的诉讼请求，因双方签订的合同无效，应当终止履行而非解除，本院不予支持。原告提出的请求依法判令被告返还转让费100000.00元、押金3000.00元的诉讼请求，根据《合同法》第五十八条相关规定，合同无效后，因该合同取得的财产应当予以返还，于法有据，本院予以支持。原告提出的返还已交纳租金78000.00元的诉讼请求，虽然双方签订的合同无效，但原告实际占用使用被告出租门面房，应当承担出租门面房占有使用费，本院不予支持。原告提出的请求依法判令被告承担罚款20000.00元的诉讼请求，因工商行政管理部门下达的只是行政处罚告知书，并非行政处罚决定书，且原告未能举证实际缴纳罚款事实，本院不予支持，应当承担举证不能的法律后果。原告提出的补偿装修损失费61680.00元的诉讼请求，因租赁合同无效，且装修已形成附合物，由双方当事人按照导致合同无效的过错分担损失。本案中，被告对导致合同无效承担缔约过错主要责任，应当承担装修损失费43176.00元；原告对导致合同无效承担缔约过错次要责任，应当自行承担装修损失费18504.00元。原告提出的被告承担违约金122924.40元的诉讼请求，因租赁合同无效，于法无据，本院不予支持。

原告提出的被告赔偿经营损失409748.00元、库存商品损失8000.00元的诉讼请求，属有效合同下的可得利益损失，且原告提供的销货清单属单方形成的证据，应承担举证不能的不利后果。本院不予支持。被告提出的原告支付尚欠门面房租金的辩解，租赁合同无效后，承租人应当按合同约定租金标准支付房屋占有使用费，于法有据，本院予以采纳。被告提出的涉案商业楼及其门面房并非被告财产而被告诉讼主体不适格的辩解，因被告未能举证证明，且租赁合同相对方是本案原、被告，该辩解理由本院不予采纳。综上所述，依照《中华人民共和国合同法》第五十二条、五十八条，《最高人民法院关于审理城镇房屋租赁合同纠纷案件具体应用法律若干问题的解释》第二条、第五条、第九条，《最高人民法院关于民事诉讼证据的若干规定》第二条之规定，判决如下：

一、原告麻某某与被告山南加查县安绕利民扶贫建筑有限公司签订的房屋租赁合同无效；

二、原告麻某某自本判决生效后十日内将被告山南加查县安绕利民扶贫建筑有限公司的两间门面房腾空交还给被告山南加查县安绕利民扶贫建筑有限公司；

三、被告山南加查县安绕利民扶贫建筑有限公司自本判决生效后十日内向原告麻某某一次性返还已缴纳的转让费100000.00元、押金3000.00元，共计103000.00元。

四、被告山南加查县安绕利民扶贫建筑有限公司自本判决生效后十日内向原告麻某某一次性补偿装修损失费43176.00元。

五、原告麻某某应于本判决生效后十日内向被告山南加查县安绕利民扶贫建筑有限公司一次性支付尚欠门面房占有使用费23400.00元。

六、驳回原告麻某某其它诉讼请求。

如果未按本判决指定的期间履行给付金钱义务，应当依照《中华人民共和国民事诉讼法》第二百五十三条之规定，加倍支付迟延履行期间的债务利息。

案件受理费3223.52元，由原告承担967.06元，由被告承担2256.46元。

如不服本判决，可以在判决书送达之日起十五日内，向本院递交上诉状，并按照对方当事人或者代表人的人数提出副本，上诉于西藏自治区山南市中级人民法院。

（刘　娟　尼玛琼达）

【领导名录】

县人民法院党组书记、院长

次仁罗布（藏族）

县人民法院党组副书记、副院长

尼玛琼达（藏族）

加查县人民检察院

【概况】 加查县人民检察院位于加查县安绕镇拉姆拉措路10号，全院在编干警18人。2016年加查县人民检察院紧紧围绕“十三五”时期社会发展稳定大局和全县中心工作，以检察改革为动力，以履职尽责为抓手，忠诚践行“强化法律监督、维护公平正义”的检察工作主题，为优化加查发展环境提供有力的法制保障。

【侦查监督】 2016年，加查县人民检察院侦查监督科共受理公安机关提请批准逮捕案件9件12人，其中侵犯财产类案件7件9人（盗窃案），妨害社会管理秩序类案件1件3人（赌博案）。批准逮捕8件10人，不批准逮捕2人，批捕正确率为100%，适时提前介入引导侦查取证3次（强奸案、强迫卖淫案）。

【控告申诉检察】 2016年，加查县检察院控告申诉科共接待群众来访3件5人次，有效化解矛盾；加大举报线索的收集力度。在全县重点地段设立举报箱，开展法制宣传等活动，与街道警务站、司法局等单位加强沟通联系，实行信息共享，获取线索。

【刑事诉讼监督和民事诉讼监督】 2016年，加查县人民检察院公诉部门受理审查起诉案件12件

16人，其中职务犯罪类案件1件1人（单位行贿案），危害公共安全类案件2件2人（放火罪案和交通肇事案），侵犯公民人身权利民主权利类案件3件3人（故意伤害案、强迫卖淫案和过失致人死亡案），侵犯财产类案件4件5人（盗窃案），妨害社会管理秩序类案件2件5人（赌博案和非法猎捕、杀害濒危野生动物案）。提起公诉案件9件13人，作出不起诉决定2件2人（盗窃案和强迫卖淫案），法院依法判处8件10人，起诉成功率为100%。

【职务犯罪侦查】 2016年，加查县人民检察院反贪污贿赂局立案侦查2件2人，对县辖区内5乡2镇养老保险金收缴和发放情况开展专项调研活动。针对调研中发现的问题，发出《检察建议书》1份，采纳1份，口头提出纠正建议3次，采纳3次；以“综治宣传月”“举报宣传周”为契机，精选业务骨干组成宣讲组到各乡镇、企事业单位、学校及主要街道开展“法律进万家”“法律进企业”等活动6次，走进企业、县直单位内部开展预防职务犯罪法制讲座3次。与藏木电站各大施工企业就如何预防职务犯罪及精品工程打造进行交流，并签订共建协议，打造检企预防职务犯罪新方式。

【基础设施建设】 2016年，加查县人民检察院投资50万元建成自侦办案中心，有效保障自侦案件的查办；新建篮球场、乒乓球室丰富干警业余文化生活。

【检务宣传】 2016年，加查县人民检察院依托多媒体网络宣传渠道（微信公众号、微博、新闻客户端），及时发布重要案件信息及本院检察业务开展情况，发布各类信息信息15篇。

【检察队伍建设】 2016年，加查县检察院扎实开展“两学一做”学习教育，打造忠诚干净担当的检察队伍。进行大规模岗位培训和练兵10场、80余人次。

【党建工作】 2016年，加查县人民检察院开展党员教育主题会议12次，举办“三严三实”专题党课4次，开展党支部交流会3次。

【党风廉政建设】 2016年，加查县人民检察院开展以“加强反腐倡廉教育，筑牢拒腐防变思想道德防线”为主题的全年教育性活动，组织观看廉政教育纪录片10余次，召开各类廉政教育专题会议23余次，制订各类方案、制度13篇。

（牛 亮）

【领导名录】

县人民检察院党组书记、检察长
尼玛次仁（藏族）
县人民检察院党组副书记、副检察长
揣丽颖（女）
彭 毛（藏族）
县人民检察院党组成员、侦监科科长
李美刚
县人民检察院党组成员、反贪局局长
郑红娟（女）
县人民检察院刑事执行检察局局长
次仁德吉（女，藏族）
县人民检察院控告申诉科科长
马 明

加查县公安局

【概况】 加查县公安局下设办公室、指挥中心、国保大队、交巡警大队、刑警大队、治安大队、网安大队及看守所等8个内设机构，下辖7个乡镇派出所（安绕镇派出所、崔久乡派出所、坝乡派出所、加查镇派出所、冷达乡派出所、拉绥乡派出所、洛林乡派出所）、3个寺庙派出所（达布夏珠林寺庙派出所、达拉岗布寺庙派出所、琼果杰寺庙派出所）、7个便民警务站（藏木警务站、仲巴街警务站、迎宾大道警务站、荆州广场警务站、文成路警务站、拉姆拉措警务站、神湖路警务站），共有民警146人、协辅警69人。

【社会管控】 切实做好虫草采挖管理各项工作，年内，县委常委、政法委书记、公安局局长次旦东党带队到那曲地区比如县，对比如县虫草采挖管理工作、教育矫治培训等方面进行系统学习，把一些好的经验运用到县公安局虫草采挖管理工作当中，取得较好的效果。年内，加查县虫草采挖期间打击违法犯罪人员53人。确保虫草采挖工作有序开展。强化处突演练，根据县局维稳工作安排，各部门针对工作性质开展维稳处突演练，开展防暴处突演练7次，武装巡逻演练3次，处置突发事件演练1次。各部门组织演练20余次。加强检查站查控工作，发挥护城河管控作用，各检查站按照维稳工作要求，落实相应等级的查控模式，严格按照“四必查”工作要求，切实加大对出入加查县辖区的检查力度。截至年底，全县各检查站共检查过往车辆54696辆次，人员147535人次，筛查物品25000余件次，未发现异常情况。加强社会面巡逻防控，夯实维稳工作基础，每日安排2辆警车，8名警力开展社会面24小时日常巡逻工作，重要节点增加巡逻警力，并发挥公安、武警联勤联动，调动“红袖标”、民兵等群防群治力量。在巡逻过程中，要求巡逻人员携带必要的单警装备和应急处突装备，确保巡逻过程中发生突发事件能够及时处置。深入开展视频巡防工作，充分发挥视频监控优势，每日安排县局指挥中心值班人员，对全县主要街道、重点部位进行视频巡防，及时发现一些存在的维稳隐患。强化重点部位防控，县局认真落实分类管控措施，强化对党政机关、要害部门的巡逻防控，加强对车站、学校、医院、广场等部位的安全保卫工作，依法督导落实单位安全防范主体责任，最大限度的做到全覆盖、无盲区。开展街面巡逻3000余次，视频巡防25000余次。网安大队落实网络监控机制、巡查措施，对有害信息和煽动性言论，及时封堵、删除，严防群体性事件在网上发端。年内，网安部门查处一起网络购买枪支案件，拘留1人，封堵删除有害信息14条。强化督导，落实维稳责任，对各部门开展维稳安保工作督导检查，主要领导带队督导检查19次。督察部门开展现场督察60余次。

【社会治安整治】 年内，开展扫除黄、赌、毒净化社会风气、大排查、大检查、大整治、社会治安整治等专项行动。加强对全县行业管理档案进行再次规范完善，对加查县5类特种行业（16家旅店、7家废旧物品回收业、40家汽车修理业、打字复印业5家，网吧3家），27家重点单位（金融机构3家、教育机构9家、政府办公场所8处、加油站2家、液化气站1家、自来水厂1家、电力枢纽2家、通讯枢纽3家、电视台1家、重点仓库3家、医疗机构1家）；13家娱乐场所（ktv5家、朗码厅2家、小酒吧6家）档案进行完善更新，并签订责任书。先后两次召开行业管理工作会议，处罚娱乐场所2家，宾馆1家。共立刑事案件26起，破案17起，抓获违法犯罪嫌疑人23人，刑事拘留13人，逮捕11人，移送起诉12人。共立治安类行政案件72起，行政拘留155人，单处罚款56人，拘留并罚款83人。共立交通类行政案件90起，网安部门办理行政案件1起。

【人口管理】 年内，县局从各乡镇派出所、各部门抽调专人，成立户籍清理专项办公室，按照“村不漏户，户不漏人”的工作要求，逐村逐户对全县7个乡镇77个行政村，7564户进行清理统计，查处问题户2683户，其中重户70户，空挂户518户、一家两户467户，公职人员未迁户261户，死亡未注销392人，主项变更147人，未成年人单独立户9户，夫妻随意分户819户。已清理整治问题户口2370户。乡镇派出所户籍管理工作正在逐步走向正规，全年办理居住证1769张。户籍部门6267次户籍业务，户籍项目变更2333人次，新生上户297人，迁入89人，迁出56人，死亡注销354人，出具户籍证明2233人次，死亡证明57人次，开具各类身份证明98次，更换户口本550本。全面加强流动人口服务管理，县局创新流动人口服务管理模式，依托警务站网格化管理工作，召开3次出租房业主会议，走街入户向195户2265间出租房业主进行法律宣传，签订责任书180余份，发放、张贴便民服务卡200多张，切实增强服务意识。截至年底，全县暂住人口7500余人，全年流动人口约20万人。

【重点工程建设管理】 针对加查县藏木水电站、加查水电站，各铁路隧道标段等重点项目全面开工建设的实际情况，县公安局紧扣服务经济发展，按照警务重心前移的工作思路，要求主要施工地段所在地（安绕镇、加查镇、冷达乡等）派出所认真开展安全防范工作。2016年，县局走访群众500余人次，排查矛盾纠纷27起，未发生影响社会稳定的事件。

【治安防控体系建设】 年内，投入84万元为新增县城公路、重点部位和案件高发区域路段、重点部位安装监控点位12个，在各乡镇主要路口安装监控点位14个。同时，安排治安、警务站、派出所等部门对所属辖区娱乐场所、重点单位、特业、人员密集场所区域监控探头安装情况、使用情况再作检查和督促安装工作，通过工作新增监控探头120余个。

【党建工作】 依托队伍正规化建设，队伍凝聚力进一步加强，充分发挥党员先锋模范作用，调整充实支部班子成员，带头开展好“两学一做”，忠诚教育月等活动。深入开展精准扶贫工作，按照县政府相关工作要求，按照县级领导干部一人一户，科级干部两人一户，一般干部三人一户的要求，开展入户调查，扶贫工作80余场次。并积极联系内地公安机关，为全县各学校送去衣服、棉被、电脑等扶贫物资。加大对队伍训练培训工作；利用三会一课时间，强化民意主导警务理念，强调要在执法上尊重群众，在感情上贴近群众，在生活中帮助群众，用真情感召群众，了解群众的所需、所求、所急、所盼，及时解决群众遇到的困难，促进社会和谐稳定。

【党风廉政建设】 县公安局组织开展半年回头看考察工作，由政委、公安局副局长、办公室主任带领三个考察小组，采取民主测评、召开座谈会、个别谈话等方式，全面检查了解各部门领导班子落实党风廉政建设责任制、思想政治建设、工作业绩等情况以及中层干部廉洁自律、工作作风等方面的情况。

县公安局以党风廉政建设工作为抓手，以落实“两个责任”为重点，坚持高站位谋划、高强度启动、高质量推进，不断加大政治建警、素质强警、文化育警工作力度，努力提升公安队伍整体素质，优化队伍作风形象。制定并下发多个相关等文件，在全局各种大会和专题会议上，对办案部门领导的勤政廉洁、监督管理、班子建设、行政效能、案件处理等方面都提出明确要求。领导班子及班子成员实行党风廉政建设责任制，每半年对下属部门落实党风廉政建设责任制情况进行检查考核，党委班子成员每季度对分管和联系单位的党风廉政建设进行部署、检查、指导。县公安局还加强廉洁自律教育，增强反腐倡廉意识。组织全局民警学习《中国共产党廉洁自律准则》《中国共产党纪律处分条例》，组织学习上级纪委通报的违纪案例，促使民警牢固树立纪律意识、规矩意识，抓警示教育加强思想防线。

（陈小龙）

【局领导名录】

县委常委、政法委书记、公安局长
次旦东党（藏族）

县公安局政委 宋　盘

县公安局副局长 土　桑（藏族）
拉巴占堆（藏族）

加查县司法局

【概况】 2016年，加查县司法局深入贯彻落实中央、区、市、县各级经济、政法、司法行政工作会议精神，充分发挥法律宣传、法律保障、法律服务等职能作用，切实做好服务发展、服务民生、服务稳定的各项工作，努力推进全县司法行政工作再上新台阶，为建设“平安加查”“法治加查”“依法治县”做出积极贡献。

【法制宣传】 2016年，加查县普法办公室、各普法办成员单位、各乡（镇）通过“法律七进”活动、“12·4”国家宪法日活动、加查县“五下乡”活动等举办各类法制宣传活动15余场次，悬挂横幅50余条，现场解答群众法律咨询140余人次，散发各种宣传材料40500多份，受教育群众1.5万余人次，普及宣传面95%以上。

【人民调解】 2016年，加查县全县各级人民调解委员会共受理调解案件187件，调解结案179件，调解成功率达95%以上。做到及时掌握，迅速处置，把矛盾纠纷解决在萌芽状态，化解在基层，确保加查县社会稳定和经济发展。

【法律服务】 2016年，加查县司法局法律援助中心共解答法律咨询180余人次，代写各类法律文书3份，审查各类合同50余份，办理法律援助案件4件（其中合同纠纷1件，婚姻纠纷1件，其他案件2件）。

【社区矫正、安置帮教】 2016年，加查县司法局严格按照《社区矫正实施办法》《西藏自治区社区服刑人员监督管理暂行办法》《西藏自治区社区服刑人员教育矫正暂行办法》等政策法规要求，严格落实社区矫正各项工作制度，加强教育矫正、监督管理和帮困扶助工作。完善安置帮教中的衔接机制，积极协调相关部门做好困难刑释解教人员的扶持救助工作，最大限度的解决生活困难，切实维护社会稳定和谐。

【队伍建设】 2016年，加查县司法局共组织举办业务学习培训班 2 期，参加培训人数40余人次。选派干部参加自治区、市、县举办的各类培训6次，培训人数25人（次）。组织10多次专题理论学习和交流，以“两学一做”学习教育为契机，学习党的路线、方针、政策，多角度、全方位对干部职工进行理想信念、宗旨意识、反腐倡廉、职业道德、执业纪律等教育。通过学习教育，班子及全体干部职工能够做到思想上始终保持清醒，政治上始终保持坚定，牢固树立政治意识、大局意识、责任意识和服务意识。

（德吉曲珍）

【领导名录】

县司局局长　朱　兴

县司法局副局长　王　兵

洛桑卓玛（女，藏族）

谢　铀

经济管理

加查县发展和改革委员会

【概况】 2016年，加查县发展和改革委员会（以下简称加查县发改委）认真贯彻落实党的十八大和十八届三中、四中、五中、六中全会精神，中央第六次西藏工作座谈会精神，习近平总书记系列重要讲话精神特别是“治国必治边、治边先稳藏”的重要战略思想和“加强民族团结、建设美丽西藏”的重要指示精神，自治区第八次、九次党代会和区党委八届七次、八次、九次全委会精神以及市第一次党代会精神，全面分析发展形势，按照中共加查县委、加查县人民政府的要求积极出主意、想办法。紧紧围绕“23355”县域经济社会总体发展思路，按照建设“七个加查”的要求，统筹加查经济发展、社会进步、民生改善、生态环境保护协调发展，制订切实可行的国民经济发展年度计划，并把任务分解到各部门、各行业。

【项目建设】 2016年，加查县发改委坚持把项目建设作为我县的主责、主业，精心部署，狠抓调度，优化服务，全县项目建设稳步推进。全年开复工项目66个，完成投资20.19亿元，加查水电站、嘎堆电站、拉林铁路加查段、加桑公路二期、拉林铁路供电工程等项目共完成投资15.19亿元，自身建设国家类投资项目3.26亿元。

【争项目服务县域经济】 为争取更多的国家投资项目落户，2016年加查县发改委及时研究把握国家政策和有关信息，针对提高项目的质量档次，整合现有项目资源，主动深入调研，包装一批符合国家、自治区投资方向的项目，对于项目库中符合国家投资政策、上级感兴趣的项目，主动邀请设计单位进行规划设计；多方协调，积极向上汇报。县发改委负责人和县主要领导一起多次赴自治区、市等相关部门汇报项目，为成功申请项目资金奠定良好基础。

【加强资金管理】 2016年，加查县发改委在项目资金管理和使用上，严格按财经纪律和财务制度办事，由县财政局统一管理资金，实行专款专账，增加资金的透明度，避免发生项目资金的变相使用等违法违规的现象发生。

【加强建设管理】 2016年，加查县发改委针对开工建设的项目，从设计到建设管理都严格按照基本建设程序办事。按照《中华人民共和国招投标法》《加查县基本建设项目管理办法》等有关规定，严格施工队伍的筛选，建设过程中，着重抓好工程质量的管理，县发改委联合县住房和城乡建设局加强对工程建设现场管理，建设过程中出现问题时，县发改委负责人第一时间赶到现场予以解决。

【抓调度加快投资进度】 2016年，加查县发改委实行项目工作每月调度制度，每月组织召开调度会议，通报当月工作情况，分析存在的问题，安排下月目标任务。抓好国家投资项目的调度工作，重点做好拉林铁路、嘎堆电站、加查电站等协调工作，认真研究解决存在的困难问题，明确时间节点和建设任务，切实加快投资进度。

【狠抓经济宏观调控】 2016年，加查县发改委加强宏观经济检测预警，进一步完善宏观调控和部门工作协调机制，深入开展调查研究，加强经济发展的预测、预警工作，更加关注国内经济形势及国家宏观调控政策的变化，强化经济运行分析工作，密切关注经济运行中出现的不健康、不稳定因素，为县委、县政府决策提供有价值的参考依据。加强物价监管与监测，加大价格和收费的监管，进一步增强了“保供稳价”工作力度，规范市场价格秩序，推进质量兴县各项工作。

（王志亮）

【领导名录】

主　任（局　长）　扎西顿珠（藏族）
副主任（副局长）　次仁白珍（女，藏族）
　　　　　　　　　马 世 海（藏族）
　　　　　　　　　云旦次仁（藏族）

加查县工业和信息化局

【概况】 2016年，加查县工业和信息化局（以下简称加查县工信局）在县委、县政府的坚强领导下，全局上下认真学习贯彻落实党的十八大和十八届三中、四中、五中、六中全会精神，中央第六次西藏工作座谈会精神以及习近平总书记系列重要讲话精神，坚持统筹推进“五位一体”总布局和协调推进“四个全面”战略布局，牢固树立发展理念主动适应经济发展新常态。加强工作主动性，对全县的产业发展情况和特点进行调研、分析，同时针对全县的企业（民族手工业）建设过程中出现的问题，提出相关的发展建议。总体上，加查县各中小企业运行情况良好。

【非公有制经济】 2016年加查县工信局高度重视民族手工业发展工作，全县新增各类农牧民专业合作社、专业协会等59家，共有236家。农村经济组织的成立，有效传承和发扬了加查县民族手工业优秀文化，提高农牧民在市场中的主体地位，并且从某种程度上促进农村劳动力的稳定就业和农牧业技术的改造，拓宽农牧民的增收渠道，为振兴县域社会经济活力，提升社会经济发展水平奠定了坚实的基础。

【党建工作】 2016年加查县工信局加强思想政治学习，不断提高党员思想政治素质，认真落实“三会一课制度”，在重大事项决策坚持集体研究，最大限度维护党员干部的知情权和发言权，确保每项决策科学、正确。着力推进学习型党组织建设，抓好基层组织建设和党员队伍建设。

【信息化建设】 2016年加查县积极推动“两化”深度融合，大力推进信息技术在工业的广泛应用，加快信息网建设，优化提升全县政府信息网络，加快农村信息网络建设。加快全面建设光纤接入网、无线接入网、移动通信网、农村通信网、农牧区通信网。完善信息网络交换平台，扩大电话、广播电视和互联网络覆盖率。促进企业内部资源有效配置，以农村 综合信息服务站项目为依托，加快农村信息化进程，促进农牧区发展。

（王志亮）

【领导名录】

主　任（局　长）　扎西顿珠（藏族）
副主任（副局长）　次仁白珍（女，藏族）
　　　　　　　　　马 世 海（藏族）
　　　　　　　　　云旦次仁（藏族）

加查县统计局

【概况】 2016年是“十三五”规划的开局之年，也是不平凡的一年，加查县统计局在县委、县政府的坚强领导下，认真贯彻落实中央经济工作会议精神，山南市统计工作会议、全县经济工作会议精神，以科学发展为统领，把创新体制机制作为推动加查县统计调查事业发展的动力源泉，履行统计工作职能，各项工作取得明显进展。

【能力建设】 2016年，山南市统计局下发文件，从认真搞好基层统计机构，加强统计队伍建设、加强各部门统计管理、实行统计管理制度、推进统计工作信息化、提升统计服务能力、规范基层统计工作、提高统计法制化等8各方面对统计工作提出要求。

【开展各项常规统计工作】 2016年，加查县统计局规范地区生产生产总值和人均纯收入的计算工作。按时完成各专业的年报和季报、月报等工作。加强与相关单位的沟通和联合清查、确保数据真实可靠。2016年年末，全县总户数7911户、23862人；全县生产总值113063万元，同比下降0.6%；第一产业6958万元，同步增长4.4%；第二产业76722万元，同比下降7.5%；第三产业29383万元，同步增长21.7%；社会固定资产投资201948万元，同比下降20%；社会零售消费品总额29500万元，同比增长17.4%；农牧民人均可支配收入12383元，同比增长9.8%。

【认真做好第三次全国农业普查工作】 2016年加查县统计局认真做好第三次全国农业普查工作，一是层层建立责任制度。全县各乡镇人民政府、相关部门和村（居）委会要建立农业普查工作责任制；二是坚持依法普查。坚持依法普查确保普查工作顺利进行，确保普查数据质量；三是充分运用现代信息技术。使用智能手持电子数据采集设备，建立普查数据联网直报系统，提高普查工作信息化水平和效率；四是加强宣传引导。各级普查机构会同宣传部门认真做好普查宣传的策划和组织工作，广泛深入宣传普查的重要意义和要求，引导广大普查对象依法配合普查，教育广大普查人员依法开展普查，为普查工作顺利实施创造良好的舆论环境。

（王志亮）

【领导名录】

主　任（局　长）　扎西顿珠（藏族）
副主任（副局长）　次仁白珍（女，藏族）
　　　　　　　　　马 世 海（藏族）
　　　　　　　　　云旦次仁（藏族）

加查县财政局

【概况】 2016年，加查县总财力39230万元。其中上级补助收入完成30720万元，本级财政收入完成8510万元。2016年本级财政收为8215万元，比上年实际完成决算数减少513万元，减少5.9%。全县实际支出62256万元，比上年同期增加7290万元，增长13.26%。

【落实“十大民心”工程资金】 2016年，加查县财政局按照各项经费、补助的相应政策标准，兑现民生类资金9577万元，主要包括：教育强基工程；科普活动；文化产业发展资金；农村文化专项经费；基层文化辅导员补助；民间艺术团补助；艺术团运转经费；干部职工；城乡居民和在编僧尼免费体检；大病救助；提升基本公共卫生服务；村级卫生室运行经费；提高住院分娩率；降低孕产妇和婴幼儿死亡率专项奖励资金；扶贫配套资金；联户增收扶持资金；村委会建设；五大保险补助；购买公益性岗位；落实五保户；孤儿生活保障及地区及县福利院正常运转；城乡居民最低生活保障；医疗救助；优抚对象医疗补助；流浪乞讨人员救助；自然灾害救助；困难群众临时救助；三大节日一次性生活补助；基层政权建设示范点建设；“双联户”户长补助；落实村民小组长待遇；落实村级组织党建经费；村居第一党支部书记办实事经费；高寒边远地区干部职工生活补助资金等支出。

【支农项目资金情况】 2016年，加查县支农项目资金共计2430.31万元（其中：节能环保资金238.07万元，农牧业资金948.5万元，林业资金769.25万元，水利资金333.76万元，扶贫资金42.5万元，其他农林水食物资金98.23万元）

【扶贫项目资金情况】 2016年，加查县扶贫项目资金共计2026.52万元（其中：农村基础设施建设资金91.20万元，生产发展资金1586.2万元，扶贫事业机构资金349.12万元）。农村危房改造及农村饮水水源地保护补助资金总计336.00万元，2016年支出286.50万元。

【财政投入资金监管】 加强监督检查，自觉接受监督。开展财政扶贫资金、公务接待费、因公出国（境）经费、公车运行费等专项监督检查和会计信息质量检查，坚决纠正和查处各种财经违规违纪行为。依法向县人大及其常委会报告财政预决算、预算调整等情况，主动接受县人大对预决算的审查。深化改革创新，强化财政资金管理。清理归并专项资金，取消执行到期、绩效不佳的，整合方向相近、性质相似的。加强结余结转资金管理，对无法执行或执行不佳的全部收回，统筹安排用于重点项目支出。加快预算执行进度。

【财政增收节支】 依法加强收入征管，财政收入稳定增长。面对宏观经济下行压力加大、重点税源对财政增收支撑作用减弱等不利影响，定期分析财政收入形势，加强收入征管督导，完善综合治税体系，强化非税收入征管实现财政收入稳定增长。持续优化支出结构，重点支出得到切实保障。认真贯彻落实自治区、市“厉行节约、反对浪费”的一系列指示精神，从严控制一般性支出增长，大力压缩“三公”经费支出，集中财力优先保障重大建设项目、重点产业发展项目、重点民生工程项目等支出需要。清理盘活存量资金，资金使用效益稳步提高。2016年盘活存量资金8234万元，统筹调整用于全县经济发展亟需支持的重点项目。推进预算编制改革，扎实开展预算中期评估，继续加大支出绩效评价力度，强化财政支出管理，防止形成新的存量资金。

【乡财县管】 2016年，加查县各乡镇的收账工作基本完成，并采取专人专户管理。加查县财政局不断建立健全“乡财县管”管理制度，单独开设“统一账户”，规范基层乡镇财务管理工作。

（胡秋林）

【领导名录】

县财政局局长　陈　伟

县财政局副局长　妮　尼（女，藏族）

　　　　　　　　陈　晨（女）

加查县商务局

【概况】 2016年，加查县商务局以业务工作为主线，以经济发展工作为中心，明思路、抓落实。全面有序的开展商贸流通服务体系建设、招商引资等工作。

【招商引资】 2016年，加查县招商引资完成固定资产投资9170万元，主要投资的企业有加查县鑫发房地产、西藏博盛矿业有限公司、斯迈酒店等。

【落户企业跟踪服务】 山南市碧玉泉水资源有限公司是2015年引进的一家大型企业，总投资2亿元，其中在加查县投资1.5亿元，是天然饮用水开发项目。

【万村千乡市场工程】 2016年，加查县商务局对2011年—2012年“万村千乡”市场工程网点51家农家店进行全面检查清理，对已经营的“万村千乡市场工程农家店”51家，共完成兑现51家万村千乡市场工程农家店补贴资金306000元。农家店覆盖率100%。2016年，加查县三个乡镇加查镇、冷达乡、坝乡乡镇配送中心已改造完毕。

【碘盐配送】 2016年，全县加碘盐推广完成配送食用碘盐109.5吨，配送率达100%。其中，安绕镇22吨，加查镇19吨、拉绥乡20吨、洛林乡23吨、冷达乡13吨、崔久乡4吨、坝乡8吨、敬老院0.5吨。

【成品油市场监督管理】 2016年，加查县商务局加大对成品油市场监督监理工作力度，定期不定期排查安全隐患，确保成品油市场供应充足，安全稳定。按照《成品油管理办法》和《关于2016年山南市成品油经营资格年鉴的通知》的要求，做好加查县2016年成品油经营资格年度检查工作，对县辖区内的三个加油站进行年检资料收集并初审上报，对成品油经营企业的每月购销情况进行实时统计上报。

【家电下乡补贴】 截至年底，加查县家电下乡产品已销售2080多（台、件），参与农牧民户数1300户，销售额4740548万元。补贴兑现资金1490452.75万元，其中2014年家电家具补贴资金中兑现990100元、参与农牧户数925户、家电1241件、家具261件、销售2757008元），2015年家电家具补贴资金中兑现504080元（参与农牧民户数375户、家电489件、家具74件销售1983540元），全部通过民生资金账户兑现给农牧民群众。

（宗　吉）

【领导名录】

县商务局局长　张文学

县商务局福局长　宗　吉（女，藏族）

范　丽（女）

加查县安全生产监督管理局

【概况】 2016年，加查县全县共发生各类生产安全事故3起，死亡0人，伤2人。

【道路交通事故】 2016年，加查县共发生道路交通事故1起、伤2人。

【火灾及工矿商贸事故】 2016年，加查县共发生火灾事故2起，无人员伤亡。全年未发生工矿商贸事故。

【危险化学品监督管理】 2016年，加查县安全生产监督管理局对危险化学品企业建立健全安全生产各项制度和应急预案情况，企业防火、防爆、防雷击、防静电、防泄漏工作情况，人员持证上岗情况等开展拉网式大检查，对违规充装超期未检气瓶行为、特种作业人员无有效资格证、卸油（卸气）环节为严格按照操作规程作业、从业人员三级教育培训落实不到位等问题，责令企业立即进行整改。2016年，加查县共开展危险化学品检查22次，发现隐患18处，发现的隐患全部整改完毕。

【非煤矿山安全监管】 2016年，加查县安全生产监督管理局共开展非煤矿山（1家岩金矿、1家砂石厂）安全检查，排查出隐患16处，全部整改完毕。

【烟花爆竹安全监管】 2016年，加查县安全生产监督管理局审批1家烟花爆竹零售经营点，审查申请办证商户的安全生产经营条件，合格后才予以许可发证，经营时间为1个月，并对其节后退出经营的烟花爆竹零售点剩余烟花爆竹退回批发情况、经营点及储存仓库清理情况进行督促检查，完成烟花爆竹零售经营点的发证和收尾工作。烟花爆竹零售点经营期内共开展烟花爆竹安全检查3次，发现安全隐患4处，全面整改完毕。

【工贸企业安全监管】 2016年，加查县安全生产监督管理局对加查县9家工贸企业进行调查摸底检查，对发现的问题和隐患，要求企业立即整改。全年共检查工贸企业9家（次），排查安全隐患7处，全部整改完毕。

【职业健康安全监管】 2016年，加查县安全生产监督管理局发挥县安委办监督协调指导职能，督促各乡（镇）人民政府、县直各部门各单位强化安全生产意识，促进安全生产工作在行业和基层的有效落实；要求各分管领导、各行业负责人明确安全生产工作重点、细化工作措施，抓落实求实效。开展节假日安全生产检查、安全生产月、“打非治违”、安全生产大检查、工矿商贸领域安全隐患排查等多项专项行动，强化广大干部群众特别是从业人员的安全意识，规范加查县安全生产秩序，提升生产经营单位安全生产水平。

【安全生产大检查】 2016年，加查县安全生产监督管理局开展安全生产大检查活动，集中排查治理一批安全隐患。排查出超速、超载、疲劳驾驶、农用车违法载人、准驾不符等各类交通违法行为646起，其他各行业主管部门共排查安全隐患43处，全部整改完毕。

【隐患排查治理】 2016年，加查县安全生产监督管理局通过开展隐患排查治理常态化机制建设，全面落实企业安全生产主体责任，实现安全隐患排查治理常态化、规范化、制度化。

【加强教育宣传】 2016年，加查县安全生产监督管理局利用“法律进万家”，法治宣传日、社会治安综合治理宣传月、安全生产宣传月等活动，重点对国家安全生产法律、法规和安全生产知识进行宣传讲解。在开展各种安全生产检查时，结合被检查对象的实际情况，向从业人员有针对性地宣传安全生产法律法规。利用新闻媒体及通信工具刊发安全生产新闻，利用各类LED显示屏滚动播放安全生产信息，向广大群众发放安全生产简易读本。联合县安全生产委员会各成员单位，利用安全生产咨询日进行定点宣传，推进安全生产月活动。年内共开展安全生产宣传教育活动10次，悬挂宣传横幅11条，摆放各类展板40余个，发放宣传资料3万余份，宣传彩信1万余条。

（蔡志伟）

【领导名录】

县安全生产监督管理局局长

黄 远 军

县安全生产监督管理局副局长

格桑卓嘎（女，藏族）

加查县国家税务局

【概况】 加查县国税局紧紧围绕组织收入中心工作，坚持“抓大不放小”的征收管理原则，在加强对重点税源企业的管理，加大大型项目耕地占用税、资源税等清缴力度的同时，对辖区内小微企业和个体工商户的超定额开局发票的补税力度不放松，坚定不移地提高收入质量。全年完成各项税收收入6653万元。

【落实改革举措】 为确保“营改增”政策贯彻落实，加查县国税局通过电话、网络、下户走访等方式对纳税人进行“营改增”政策宣传，并开展税务干部和纳税人的双向培训工作，对试点政策、系统操作、网上报税等内容分批分类开展纳税人集中培训和一对一培训，按时保质保量完成410户试点纳税人和8户达到条件的一般纳税人资格登记的纳税人的数据维护、补录等前期准备工作，确保所有试点纳税人5月1日发票代开开具成功和后期工作的保障。为确保资源税改革政策贯彻落实，深入涉及企业实地，详细了解企业生产情况，对企业会计人员和负责人开展一对一宣传培训，向纳税人明确“清费立税、合理负担”的基本原则，模拟销售业务进行申报表填写，打消纳税人疑虑，争取到纳税人的大力支持。

【党建工作】 2016年3月，中共加查县委直属机关党委和中共加查县委批准成立加查县国家税务局党支部和中共加查县国家税务局党组。组织干部学习中央第六次西藏工作座谈会精神和习近平总书记系列重要讲话精神，深入开展法制教育，教育引导广大党员干部增强法治意识，树立法治观念，持之以恒纠查“四风问题”开展巡视整改自查自纠工作。

【维稳工作】 切实加强单位维稳工作，时刻重视值班带班工作，保证24小时值班，严格遵守县委县政府值班安排，把开展社会管理综合治理工作作为重要政治任务，全面落实社会管理综合治理责任制，确保大事不出，中事不出，小事也不出。

【依法治税】 持续推进依法治税工作，利用税法宣传月、打击与防范经济犯罪宣传日上街发放税法宣传手册，讲解税法知识，并规范税收执法流程，加大税收违法风险管理力度，在单位内加强法制学习教育，

【信息管税】 对办理网上申报的纳税人一对一辅导，并与银行做好沟通协调开通绿色通道，办理三方协议的纳税人不必排队、优先办理。截至年底，共推行网上申报73户。推进“互联网+税务”，建立网络税企交流平台，利用“三证合一”工作与工商、银行等部门建立了纳税人信息共享渠道，实现了信息管税的目的。

【队伍管理】 加查县国税局党支部认真贯彻落实中央要求和上级党委（党组）部署，切实贯彻落实“两学一做”和“三爱”教育活动，结合每周四学习日活动把“两学一做”和“爱国守法”“爱党守纪”“爱岗敬业”学习内容纳入支部学习日程，紧密联系税收工作实际，在“学”上用功夫，在“做”上见真章，把税收工作作为践行“两学一做”和“三爱教育”的试金石。随着税制改革的开展，税务工作逐渐呈现专业化、精细化的态势，加查县国税局为更好的完成各项工作，开展集中学习、参加岗位大练兵、鼓励报考“三师”等措施督促干部学习，提高综合素质。为切实加强绩效管理工作，落实上级推行的绩效工作部署，贯彻以绩效促改革的理念，加查县国税局建立健全绩效管理相关制度及考评办法，确保绩效工作的开展有据可依。并将分解落实绩效指标到个人，建立个人绩效台帐与绩效日志，定期开展绩效自考自评工作，做到过程留痕。

【规范行政管理】 坚定贯彻落实中央八项规定精神，规范行政管理制度，加查县国税局加强出差、报销审批制度，专款专用，杜绝铺张浪费，合理安排经费支出。对局内所有资产进行清查盘点，对单位基本情况、资产账套、资产实物进行一一核实，加强对职工周转房的管理。

（次旦拉姆）

【领导名录】

县国税局局长　索朗加措（藏族）

县国税局纪检组长

刘　洋

县国税局副局长

次旦拉姆（女，藏族）

加查县工商行政管理局

【概况】 加查县工商行政管理局（以下简称加查县工商局）共有干部职工7名，编制人数7人，其中汉族3人、藏族4人，设有局长1人，副局长1人、副主任科员1人，科员3人，志愿者1人；本科7人。

【注册登记】 截至年底，全县共有注册登记市场主体2085户，注册资本（金）6.7613亿元；注册登记企业164户，注册资本4.3188亿元，增长20%和13%；其中私营企业119户，注册资本3.6271亿元，从业人员1693名，增长21%、46%和8%；个体工商户1751户，注册资金1.1318亿元，从业人员2965人，增长19%、33%和25%；农牧民专业合作社170户，注册资本1.3106亿元，成员3665个，增长18%、20%和14%。全县市场主体数量稳居全市第二。

【商标广告管理】 认真贯彻落实新修订的《中华人民共和国商标法》和实施商标战略工作安排，大力实施商标战略，充分发挥商标在加快产业建设、促进经济社会发展中的重要作用。截至年底，全县有效注册商标量41件（包括“加查核桃”地理标志证明商标1件），正在申请22件，全年成功申请注册各类商标11件。全县有效注册商标量位居全市第二；2016年查处广告案件1起，罚

没款0.15万元，新登记注册广告市场主体户2户。

【市场监管与案件查办】 2016年，共开展各类专项整治15次，出动执法人员55人（次），检查市场主体944户（次），依法查处案件12起；其中立案10起，案值总计2.85万元，罚没款2.52万元，依法公示案件9起，全县不正当竞争案件查处取得突破，具体为查处虚假表述误导消费者反不正当案件1起，罚没款1万元。

【年报工作】 加查县工商局认真开展企业信用信息公示工作，2015年度市场主体年报公示率达97.7%，对39户未年报市场主体依法列入经营异常名录，同时对1户补报年报企业依法移异常名录。依法公示案件10起，有效推进信用信息监管。积极开展“五证合一”工作，截至年底，已发放“五证合一”执照10个，并加强宣传，做好个体两证合一前期准备工作。

【消费维权】 加查县工商局贯彻新修订的《中华人民共和国消费者权益保护法》为契机，更新维权理念、创新维权方式、完善维权机制，不断提升消费维权工作水平，努力营造安全放心的消费环境。利用“3·15国际消费者权益保护纪念日”等时机，倡导群众科学文明、环保节约的消费理念。全年各类宣传活动悬挂横幅3条，散发宣传单500余份，接收群众咨询10余次。加查县工商局把农牧区建立“一会两站”作为践行“三个代表”重要思想、贯彻落实自治区和市工商局文件精神的切入点，作为全年工作重点。到崔久乡、拉绥乡和藏木电站联络指导工作，夯实基层消费维权力量。全年受理消费者投诉5起，挽回消费者经济损失0.178万元。

【党建工作】 加查县工商局共有中共党员3名，隶属加查县工商电信党支部，经选举产生强巴多吉（加查县工商局）任支部书记，白玛朗杰（加查县电信局）任副书记，央宗（加查县工商局）任组织委员，苏小刚（加查县工商局）任宣传委员。2016年全体党员干部发挥先锋模范作用，围绕市场监管履职新任务、新要求，积极加强自身建设，市场监管效能进一步提升。按中央全面从严治党部署要求，成立党建工作领导小组，选强化细化党风廉政建设主体责任和监督责任，推动党建工作落到实处。扎实开展“两学一做”专题教育，严格落实“两个责任”，加强干部作风建设，促进干部队伍作风转变。

【党风廉政建设】 加查县工商局认真贯彻落实上级党风廉政建设工作会议精神，加强党风廉政建设责任制及《中国共产党党员领导干部廉洁从政若干准则》的落实，以开展“创先争优”“廉政建设”活动为主线，紧密结合全县工商行政管理工作实际，坚持把反腐倡廉建设放在更加突出的位置，深入推进惩治和预防腐败体系的健全和完善，全面推进党风廉政建设和反腐败工作深入开展，在全年的党风廉政工作中，单位及全局干部未出现一起违规违纪行为。

（苏小刚）

【领导目录】

县工商局局长 强巴多吉（藏族）

县工商局副局长 苏小刚

加查县供电有限责任公司

【概况】 2015年8月，加查县供电有限责任公司挂牌成立，性质为国有独资企业，实行独立核算，自负盈亏。公司管辖110千伏变电站1座，变压器总容量25000千伏安；35千伏变电站5座，变压器总容量6650千伏安；35千伏输电线路5条，长度171.39公里；10千伏线路10条，长度234.63公里；配电变压器274台，总容量30884千伏安；设供电营业厅1个，服务电力客8411户。

【主要业务指标】 2016年，加查县供电有限责任公司购电量2236.4万千瓦时，增加30.64%；售电量为1711.52万千瓦时，增加39.11%；综合线损23.47%，下降4.66%；全年电费回收率98.28%，增加5.02%。

【供电达标工作】 2016年，加查县供电有限责任公司制订《加查县供电有限责任公司2016年专业管理提升工作实施方案》，全面启动公司规范化建设。将达标、安全风险体系建设等中心工作有机结合、融入绩效，确保通过集中办公，建立信息共享平台等方式，加大服务力度。

【电网安全生产及应急处理】 2016年，加查县供电有限责任公司推广生产作业两票三制，加强施工作业管理，查处违章3起，安全风险得到有效管控；全面开展电力设施隐患排查工作，发现上报隐患2处，完成辖区内树障清理工作，全年安全生产局面稳定。加强紧急突发事件管理，启动应对自然灾害的电力抢修应急预案、防汛应急预案，组织抢修队伍105人次。开展为民服务创先争优“五到位”“六走进”活动，实地解决用户用电难题，为用户排忧解难，提升供电服务能力。开展走进农村、走进社区、走进学校、走进企业、走进困难家庭等免费用电检查活动回馈广大用电客户。

【电网建设管理】 2016年，加查县供电有限责任公司严格执行“五个严禁”，加强项目全过程监管力度，规范电网建设工程管理。防止不规范电网建设行为发生。全力做好重点项目和民生供电设施建设工程，参与易地扶贫搬迁工作，全力推进精准扶贫工作的开展。

【经营管控】 2016年，加查县供电有限责任公司定期落实电费资金归集、资金计划执行等措施，2016年账户资金归集率100%。加大营销稽查力度，做好宣传工作，确保电价、电费政策平稳实施。

【队伍建设】 2016年，加查县供电有限责任公司通过业绩考核、民主测评，公司为员工提供职务晋升平台。通过召开董事会、职工大会共同商议决定公司重大事项，充分实现民主化管理。开展“正风行动”，做好维稳工作。

（覃　江）

【领导名录】

县供电有限责任公司总经理

旺　堆（藏族）

县供电有限责任公司副总经理

桑　旦（藏族）

农牧林水

加查县农牧局

【概况】 2016年，加查县总播种面积1393公顷，全年生产粮食8390吨，较上年增长0.87%；生产油菜籽487.5吨。

【种植业】 2016年，加查县种植冬小麦533公顷，青稞547公顷，油菜260公顷，土豆120公顷，青饲玉米133公顷。

【畜牧业概况】 2016年，加查县全县生产肉类2113.786吨，奶类4865.99吨；出栏率为32.08%；成畜死亡率1.03%；新生仔畜成活率96.04%。

【重大动物疫病防控】 2016年，加查县农牧局春季重大动物防控共发放春防疫苗49箱（盒），其中，口蹄疫疫苗29箱，猪口蹄疫“O”型疫苗4箱、禽流感疫苗1箱、猪瘟疫苗15箱。同时，县农牧局安排5名兽防站技术骨干包乡（镇）进行蹲点指导。2016年春季重大动物疫病免疫注射应免畜禽64339头（只），实免64339头（只），免疫密度100%。其中，牛“W”病三价苗应免疫51046头，实免疫51046 头；羊“W”病双价苗应免疫8055只，实免疫8055只；猪“O”型苗应免疫1269头，实免疫1269头；猪瘟疫应免疫1269头，实免疫1269头；禽流感应免疫3969只，实免疫3969只。

秋季重大动物防控共发放43箱（盒），其中，口蹄疫三价苗25箱、口蹄疫双价苗2箱，口蹄疫“O”型疫苗2箱、禽流感疫苗1箱、猪瘟疫苗13箱。2016年秋季各乡（镇）重大动物疫病免疫注射应免疫畜禽56312头（只），实免疫56312头（只），免疫密度100%。其中，牛“W”病三价苗应免疫48827头，实免疫48827头；羊“W”病双价苗应免疫4737只，实免疫4737只；猪“O”型苗应免疫886头，实免疫886头；猪瘟疫应免疫886头，实免疫886头；禽流感应免疫1862只，实免疫1862只。

【农牧业实用技术培训】 2016年，加查县农牧局共开展农牧业技术培训5次，内容涵盖重大动物疫病疾控技术、黄牛改良技术、科技特派员技术培训、农牧民防病虫害培训等，参训人员达420人，为基层农牧技术服务工作充实力量。

【乡镇农牧综合服务中心建设】 2016年，加查县共计7个农牧综合服务中心建设项目，其中加查镇、冷达乡、拉绥乡、洛林乡已建设完成并配备办公设备，现各乡（镇）农牧综合服务中心全部配齐专职技术人员、皮卡车一辆，增强基层农牧技术服务能力。坝乡、崔久乡农牧综合服务中心建设项目正在建设当中；安绕镇农牧综合服务中心建设项目因涉及安绕镇整体搬迁未能开工建设。

【渔政执法】2016年，按照自治区农牧厅、市农牧局要求，加查县农牧局继续加大《中华人民共和国渔业法》及相关法律法规的宣传力度，并对加查县境内所有湖泊、江河实行禁渔，经常性开展重点检查，坚决查处非法行为。

【蓝莓种植基地】加查县雪域贡发农业开发有限责任公司，公司注册资金800万元，实际筹集资金1000万元，其中成都老农王农业开发有限公司出资510万元，占股份51%，加查县冷达乡雪域贡发蓝莓种植专业合作社出资490万元，占股份49%，由合作社社员136人共计现金入股190万元，平均每人入股现金1.4万元左右，最高出资达到3万元，另合作社筹资300万元，共计490万元。主要负责蓝莓种植基地的运营和管理，以“公司+合作社+农户”的模式运行，种植面积245.3亩，2016年产量为5吨，群众收益共计205.12万元，其中，土地流转金4年（分别为2013年、2014年、2015年、2016年）共兑现68.33万元、群众工资120.41万元、慰问品（红酒、蜂蜜、鲜果）折合资金为16.37万元。

【重点项目】2016年，加查县农产品质量安全监测站建设项目，总投资300万元，建设800平方米业务用房及购置相关仪器设备。

【农业机械三项作业】2016年，加查县全县机械耕种面积1147公顷，机械播种面积1060公顷，机械收割面积707公顷。

【农机购置补贴项目】加查县2016年农业机械购置补贴项目分两批实施，第一批落实补贴300万元，第二批落实补贴100万元。

【草原生态补助奖励机制工作】2016年5月，加查县草畜减畜已通过区、市两级验收；共兑现资金536.3396万元，其中草畜平衡奖励资金443.1036万元，草原监督员补贴61.02万元，牧草良种补贴5万元，牧民生产资料补贴28.15万元。牲畜存栏、出栏、资金兑现等所有数据在各村委会进行7天以上的公示。

【农牧综合服务中心项目】加查县农牧综合服务中心项目总投资144万元，其中自治区投入139.3万元、县财政配套4.7万元。主要建设内容为新建一座747平方米综合楼、配套仪器设备。已投入使用。

【人工饲草基地建设项目】该项目总投资450万元，建设饲草料基地3000亩，正在建设当中。

【暖棚圈建设项目】加查县暖棚圈建设项目总投资540万元，其中国家投资360万元，群众自筹160万元。每座牲畜棚圈投资1.8万元，其中国家投资1.2万元，当地群众自筹0.6万元。新建300户高寒牲畜棚圈，户均建设牲畜棚圈200平方米，其中暖棚50平方米、畜圈150平方米。其中崔久乡133户、坝乡59户、安绕镇67户，加查镇13户、冷达乡28户。截止2016年年底，已建设完成。

【黄牛改良配种点建设项目】加查县2015黄改配种站建设项目共建13座，总投资195万元，为中央预算内投资，每座80平方米及附属工程已通过市级验收，并投入使用。2015年“三位一体”黄改配种点建设项目，在洛林乡日达村、安绕镇嘎玉村建立三位一体黄改配种点，总投资30.76万元，为山南市财政投资，每座80平方米，已通过市级验收，并投入使用。

【产业扶贫】2016年，共梳理定稿加查县“十三五”产业扶贫项目20个，总投资40690万元，涉及种植业、养殖业、加工业、商贸流通、文化旅游和资源开发6大类，覆盖贫困户357户1124人。

【科学技术推广普及】2016年，加查县落实科普经费，投入2.2万元，占财政支出比重为0.3%，科学技术支出194.6万元，占比重为0.3%。

（赵明明）

【领导名录】

县农牧局局长 洛桑班旦（女，藏族）

县农牧局副局长 仓 决（藏族）

加查县林业局

【概况】 2016年，全县林地面积178951.026公顷，占全县国土面积的40.78%；森林面积134056.923公顷，占林地面积的74.91%，森林覆盖率为30.55%，活立木蓄积量2406384立方米。

【植树造林】 2016年，全县植树造林完成300亩，投入资金5万元，重点区域造林413亩，投入资金1404082元。园艺一、二场核桃种植196亩，投入资金130万。截至年底，县林业局病虫害防治过程中共动用防治药品30箱。培训5次，参加人数2300人次，完成防治面积1.5万亩。各种林业种植培训10余次，参加人数1900余人次。

【森林防火】 2016年，加查县林业局认真贯彻“预防为主，积极消灭”的工作方针，全面推行森林防火责任制，积极落实各项措施，年内未发生森林火灾。

（次仁元旦）

【领导名录】

县林业局局长

次仁元旦（藏族）

副局长 珠贡旺扎（藏族）

李 雪 梅（女）

加查县水利局

【概况】 2016年，加查县共实施水利项目5项。加查县做业主的项目4项，分别是冷达乡嘎玛吉塘水塘建设工程、加查县2014年小型农田水利专项工程县建设工程、加查县核桃种植基地配套工程、加查县城区防护工程，项目投资分别为149.52万元、1120.3万元、920.9万元、2624.94万元；山南市水利局做业主的项目1项，加查县江南灌区（核桃产业基地项目）工程，项目投资2700.71万元。

【小型农田水利建设】 2016年，加查县维修水渠11条23.95km，加固维修堤坊1.2km，疏浚河道2.4km，改扩建水塘（池）8座，新增或改善蓄水能力1.35万m³，改善灌溉面积4799亩，投入42万余元购买各种型号管材19042米。

【组织开展汛前大检查】 2016年5月，加查县水利局对7个乡（镇）、电站、水库等重点防汛区域开展汛前大检查。

【防汛抗旱】 2016年，加查县人民政府县长、加查县防汛抗旱指挥部指挥长西洛次仁与7个乡（镇）长、防汛抗旱指挥部指挥长签订2016年防汛抗旱责任书，明确责任，落实工作任务。

【完善各种预案】 2016年，加查县水利局修订完善加查县防汛应急预案和抗旱应急预案，上报县政府，督促检查各乡（镇）完成防汛和抗旱应急预案和水库防洪应急预案，各电站修订完善防汛应急预案，并报县防汛抗旱指挥部备案。

【防汛物资储备】 2016年，加查县财政落实防汛经费34.5万元，购买铁丝200圈、编织袋6万条、铅丝笼80捆。防汛物资共发放编织袋34600条，铅丝笼45卷，铁丝142圈，同时对2015年防汛物资进行清理、检查、登记造册、调配和补充。

【应急防汛值班制度】 2016年6月1日，加查县水利局建立领导带班，防汛人员24小时值班，落实汛情、灾情月报制度，配备1辆防汛专用车。

【安全生产】2016年，加查县水利局落实行业监管责任，加强安全生产工作。到在建水利工程施工现场和电力各站（所），督导检查安全生产措施落实情况，全年未发生安全生产事故。

（付东升）

【领导名录】

县水利局局长 陈　爱

县水利局副局长 尼玛顿珠（藏族）

加查县扶贫开发办公室（农业综合开发办公室）

【概况】加查县扶贫开发办公室（农业综合开发办公室）从事全县扶贫、农业综合开发项目的申报及实施工作，编制人员5名，实际工作人员15人（其中中共党员13名），包括扶贫开发领导小组办公室、农业综合开发领导小组办公室、脱贫攻坚指挥部办公室（其中主任1名、主任科员1名、副主任1名、工作人员4名、借调8名）。

【扶贫项目】2016年加查县完成整乡推进、整村推进、面上扶贫共14项收尾工作，项目涉及5个乡（镇）14个村委会，共计总投资1910万元，其中国家投资1800万元，自筹110万元。

【设施农业（蔬菜）基地项目】2016年，完成2015年续建项目设施农业（蔬菜）基地项目1项，总投资300万元，其中国家投资200万元，施工方自筹100万元。

【财政配套资金建设项目】2016年，实施本级配套资金建设项目7项，总投资812.8万元。

（唐小军）

【领导名录】

县扶贫开发办公室主任

边巴次仁（藏族）

县扶贫开发办公室副主任、主任科员

格　桑（藏族）

县扶贫开发办公室副主任

其米扎西（藏族）

社会事业

加查县人力资源和社会保障局

【概况】 2016年，加查县全县新增就业345人，完成全年目标任务的104.5%；建档立卡贫困户转移就业80人，完成全年目标任务的100%。实现农牧民劳动劳务输出1.25万人次，劳务创收3328.1万元。城镇登记失业率控制在2.1%。社会保险参保19568人，其中养老、医疗、工伤、生育、失业参保人数分别为13216人、2619人、1597人、1317人、819人。人才服务体系健全，职工队伍配置日趋合理。处理劳资纠纷案件56件，涉及农牧民工501人，追回农牧民工工资1022.69万元，结案率100%。

【队伍建设】 2016年，加查县全县人才总量达到1011人，其中公务员576人，事业专技人员350人。

【退休干部慰问】 2016年，贡嘎县财政投入11.9万元，慰问加查县退休干部职工119人。

【劳动关系调处】 2016年，加查县处理劳动监察案件56起，涉及501人，追回农牧民工工资1022.69万元。公安、人社、建设、发改、安监、工会等部门联合在全县开展“农民工工资支付情况专项检查”“非法使用童工”“整治非法用工打击 违法犯罪专项行动”等专项检查行动10次，排查单位85家，重点排查单位22家，涉及民工5600余人，审查劳动合同5800余人次，监督用人单位与民工补签劳动合同324份，检查中未发现非法用工及违法使用童工、无违法扣留各种身份证件，或者以暴力、威胁、限制人身自由等手段强迫劳动。

【缴纳民工工资保证金】 2016年，加查县全县有建筑施工队37家，缴纳民工工资保障金791万元。

【帮助“零就业家庭”成员就业】 2016年，加查县通过实施就业援助，使“零就业家庭”成员实现就业再就业，有效缓解“零就业家庭”在生产生活方面的困难。以加查县辖区内的各大企业和餐饮服务业为就业困难人员提供就业岗位的方式和通过政府购买公益性岗位、往年缺岗情况进行补录缓解就业压力。

【就业工作】 2016年，加查县实现新增就业345人；建档立卡贫困户转移就业56人，其中技能培训转移就业45人、企业吸纳11人；城镇失业人员再就业15人；开发就业岗位259个，职业介绍236人，介绍成功206人（主要用于施工八大员、绿化员、城市清洁员、酒店服务员、餐厅服务员等岗位）；公益性岗位169个。截至年底，全县开展两期“扶贫就业暨人力资源洽谈会”，60多家企业为全县广大贫困户及高校毕业生、内地中职班52人解决就业问题。

【农牧民职业技能培训】 2016年，加查县人力资源和社会保障局共开展木碗加工、核桃油加工、卡垫编织、毛毯编织、竹器编织、石锅加工、家具制造、钢筋工、汽车驾驶、装载机驾驶等农牧民技能培训19期，投入资金127.1万元，其中县级财政投入31万元，实现就业培训581人次，培训后就业率达到60%，其中培训建档立卡贫困户430人次，占培训总数的74%，培训后就业率达70%。加查县先后分批选派304名农牧民群众到山南市参加技能培训，其中99名为全县建档立卡贫困户人员，培训涉及建筑施工“八大员”、藏式烹调师、创业培训、计算机、汽车驾驶员、蔬菜种植员、挖掘机操作员、摩托车维修等20多个工种。

【劳务输出】 2016年，加查县农牧区劳务输出6199人，1.25万人次，实现劳务创收突破3328.1万元，人均创收5369元。

【社会养老保险】 2016年，加查县全县城乡居民基本养老保险缴费人数12900人，征缴基金120.95万元，农村60岁以上享受养老金待遇人数1626人，发放养老金262.83万元。

【医疗保险】 2016年，加查县城镇职工参保人数1606人，征缴基金124.91万元；城镇居民医疗保险参保人数1013人，征缴基金62780元，县级财政补贴20260元。2016年共为97名参保人员进行审核报销，共计金额86.31万元，（其中职工住院报销23人，19.2万；职工生育报销47人，47.94万元；居民住院报销26人，18.36万元；居民生育报销1人，8115.72元）。截至年底，加查县城镇（企业）职工养老保险参保人数316，征缴基金450.56万元。城镇（企业）职工工伤保险参保人数1597人，征缴基金27.73万元。城镇（企业）职工生育保险参保人数1317，征缴基金85.8万元。城镇（企业）职工失业保险参保人数为819人，征缴基金11.7万元。

【工资福利】 2016年，加查县人力资源和社会保障局落实发放高海拔地区工龄折算补贴，涉及人数925人，金额151146.95元；补充干部档案工资小表3570张，涉及人数305人。截至年底，完成享受64号文件的7名干部职工退休申报审批工作，4名副县级人员从2016年8月起执行退休后的工资福利待遇、3名干部从2016年10月起执行退休后的工资福利待遇。完成上报全县干部职工及退休人员折算工龄工资统计及2017年1月在职机关工作人员正常晋升级别工作及事业专技人员薪级工资晋升呈报表，涉及人数315人，涉及金额213698.4元；报批调整人民警察警衔津贴，涉及人数145人，涉及资金共计1344765元。

（胥源怡）

【领导名录】

县人力资源和社会保障局局长

阿　林（藏族）

县人力资源和社会保障局副局长

桑姆卓玛（女，藏族）

阿旺曲培（藏族）

加查县教育（体育）局

【概况】 2016年，加查县全县设有中学1所，小学7所，县、乡（镇）独立幼儿园11所，小学附属幼儿园1所。在校学生共3352人，其中初中在校学生1015人，小学在校学生1556人，幼儿园在校学生781人；专任教师271人，其中初中专任教师85人，小学专任教师135人，幼儿园专任教师30人，教研室教研员16人；临时工117人，其中保育员33人，炊事员52人，宿管员14人，保安13人，其他工作人员5名。

【幼儿教育】 2016年，加查县全县幼儿园11所（其中县级幼儿园1所，乡镇幼儿园6所，村级幼儿园4），小学附属幼儿园1所，幼儿班级28个；幼儿正式教师30人，幼儿代课兼临时工33人；全县5—6周岁适龄幼儿746人，其中城镇户籍65人，学前幼儿在园781人（不含在外借读幼儿），学前一年入园率100%，农牧区学前两年毛入园率97.2%，城镇学前三年毛入园率100%。

【小学教育】 2016年，加查县全县设有乡镇小学7所，小学正式教师135人，炊事员、保安等临时工95人；全县7—12周岁适龄儿童1531人，其中外地户籍15人，小学在校生1556人（其中6岁儿童1人，13岁儿童23人），一年级321人，二年级246人，三年级181人，四年186人，五年级302人，六年级320人；小学适龄儿童入学率100%，五年巩固率100%，升学率100%；寄宿学生1542人，其中女生738；农村留守儿童7人，其中女生1人。

【初中教育】 2016年，加查县全县设有中学1所，中学正式教师87人（其中专任教师85人），炊事员、宿管员等临时工23人；全县13—15周岁适龄儿童985人，其中外地户籍6人，初中在校生1015人（其中12岁儿童199人，16岁儿童108人。），七年级329人，八年级389人，九年级297人；初中适龄儿童毛入学率103%，巩固率100%，升学率100%；寄宿学生995人，其中女生475；中学在校生中，学生共青团员686人。

【基础设施建设】 2016年，加查县实施学校基础设施建设项目7个，总投资为1813.1万元。加查县冷达乡冷达点学前班建设项目（新建教学辅助用房346㎡及附属）总投资100万元。加查县坝乡小学改扩建项目（教学及辅助用房、学生宿舍、太阳能澡堂、室外厕所等1964.16㎡及简易运动场、硬化等附属配套设施），总投资750万元。加查县冷达乡小学义务教育薄弱学校改造建设项目（新建学生太阳能澡堂，改造厕所172.64㎡及修建饮水机井一座及附属设施），总投资97万元。加查县拉绥乡中心小学义务教育薄弱学校改造建设项目（新建太阳能澡堂、厕所，简易运动场及附属设施），总投资为155万元。加查县安绕镇小学新建250米塑胶跑道及附属工程建设项目（新建250米塑胶跑道及观众台5997.91㎡），总投资350万元。全县学校校舍涂料维修项目，总投资261.4万元。县中学、加查镇小学等4所学校新建热水房建设项目，总投资99.7万元。

【教育督导】 2016年，加查县教育局推行全县中小学（园）规范化管理，在春、秋季开学期间进行开学检查，围绕学生开学安全工作进行全面排查。3月与乡镇签订全县教育事业发展目标责任书。6月和12月，按加查县学区划分范围，加查县教育督学领导小组成员围绕控制农村学生流失、学校及周边环境治理进行专项督导考核。全年组织召开推进义务教育均衡发展专题会议6场次，组织专项督导检查19次。

【招生考试】 2016年，加查县县中学中考参考学生1015人，参考率100%%，中学报考内地西藏班招生报名297名，500分以上29人，400分以上18人，18名学生考入内地西藏班。小学考内地西藏班招生报名57名，3名学生考入内地西藏班。

【教育信息化建设情况】 2016年，加查县全面实施“信息化进校园工程”，总投入360万元，为各级学校架设光纤网络服务、配备多媒体教室、教学电子白板、电子图书、教师配备个人笔记本电脑247台、学生计算机及设备35套。全县小学平均每百名学生拥有计算机20台，中学平均每百名学生拥有计算机10台。全县22名教师参加“一师一优课、一课一名师”竞赛，向平台推送优质课堂实录作品21件，刻录制作教学案例关盘210份，举办县级教育信息技术培训24场次，培训教师264人。

【师资队伍建设】 2016年，全县教师总数273人，高级职称教师7人，中级职称的教师94人，初级职称教师103人，员级教师67人。24岁以下47

人，25岁至29岁79人，30岁至34岁62人，35岁至39岁45人，40岁至44岁18人，45岁至49岁12人，50岁至54岁7人，55岁以上3人。加查县教育局教研室18人，县中学87人，安绕镇小学45人、加查镇小学21人、拉绥乡小学14人，拉绥乡藏木点小学9人，冷达乡小学11人，洛林乡小学24人，坝乡小学14人，幼儿园30人）。专任教师271人，本科学历173人、专科学历92人、中专学历6人，教师学历合格率100%，小学师生比例为1：12，中学师生比例为1：13。

【惠教政策】 2016年，加查县全年“三包”政策从幼儿园到中学实现全覆盖，全年“三包”经费预算总额903.38万元，营养改善经费预算总额198.96万元，寄宿交通费38.18万元，思想政治工作专项经费12.73万元。享受国家义务教育阶段“三包”政策学生共有3228人，其中：初中961人，生均“三包”经费2900元/年；小学1543人，生均“三包”经费2900元/年；学前724人，生均“三包”经费2400元/年。根据《山市委、市政府关于“十二五”时期“十大民心工程”的实施意见》《资助农牧民子女上大学实施办法》等文件精神，2016年按照每人每年区外本科1000元、专科8000元，区内本科8000元、专科6000元，免补生5000元发放资助金，共资助369名加查县籍大学生，发放资助金280.1万元。

【体育工作】 2016年，加查县积极实施全民健身计划，新建全民健身中心1所，室内内活动场所1643.2平方米，总投资673万元。选派4人参加山南市体育社会指导员培训，3人参加西藏自治区篮球、足球裁判员、民族体育项目培训班；加查县足球代表队24人参加山南市第五届体彩杯足球赛，并获得季军；组织农牧民代表队参加山南市雅砻文化节民族传统体育比赛拔河、抱石头、打牛角、押架等项目，获得团体总分第一名。积极推进“阳光体育运动”基础项目建设，投入148万元，在全市各县范围内率先为所有学校新建硅PU篮球场。

【义务教育均衡发展工作】 2016年，加查县坚定不移地实施科教兴县战略，全面贯彻落实《国家中长期教育改革和发展规划纲要（2010—2020年）》，以“办好每一所学校、教好每一学生”作为全县教育事业发展的宗旨和目标，全力推进义务教育均衡发展，促进教育公平，2016年9月，县域义务教育均衡发展工作顺利通过国家评估认定。2016年，全县小学生均教学及辅助用房面积达4.55平方米，中学生均教学及辅助用房面积达5.35平方米。小学生均体育运动场馆面积达11.02平方米；中学生均体育运动场馆面积达8.04平方米。小学生均教学仪器设备值达1524元；中学生均教学仪器设备值达877元。小学生均图书册数达16册，中学生均图书达25.2册。

（杨海培）

【领导名录】

县教育（体育）局局长

张文学

县教育（体育）局副局长

唐晓平（女）

单巴欧珠（藏族）

加查县文化新闻出版广电局（文物局）

【概况】 2016年，加查县文化新闻出版广电局（文物局）深入学习中共十八大和十八届三中、四中、五中、六中全会精神，贯彻落实西藏自治区第九次党代会精神，和习近平总书记在文艺座谈会上的重要讲话精神，围绕年度目标任务和本职工作内容，以文化惠民为宗旨，以建设公共文化服务体系为着力点，牢固树立文化大发展大繁荣的发展观，把文化建设纳入到全县国民经济和社会发展总体规划，全面提高加查县广大干部职工和农牧民群众的科学文化素质和公共服务水平，为加查县经济社会长足发展提供强大的精神动力和文化支撑。

【巩固公共文化服务体系创建成果】 中共加查县委、加查县人民政府高度重视第二批国家公共文化服务体系的巩固工作，3月18日，投入5000万元建成的多功能文化活动场所——达布文化艺术中心启动并正式投入使用；保障公共文化投入力度，巩固创建成果，将创建经费纳入年度预算，确保专款专用，不截流、挤占、挪为他用，设立每年15.4万元的农村文化建设专项资金（每村每年200元标准）；加查县文化新闻出版广电局（文物局）利用好上级补助的免费开放资金外，加查县人民政府加大免费开放资金支持力度，县综合文化活动中心每年4万，各乡（镇）文化站每年1万，为免费开放提供财力支撑；明确77个行政村每村一名文化辅导员享受每月200元的财政补贴，投入18.48万元。不断巩固第二批国家公共文化服务体系的建设成果，指导县综合文化服务中心、7个乡（镇）文化站和77个村级农家书屋开展文体活动和免费开放工作，加查县文化服务中心到馆人次达1.1万；加查县文化新闻出版广电局（文物局投入3000余元完成纪实片《高原明珠 文化加查》拍摄，全面总结加查县坚持因地制宜，统筹兼顾的原则，以构建现代公共文化服务体系为出发点和落脚点，强化组织领导，加大资金投入，改善文化基础设施建设，开展富有地域性和民族性的特色活动的探索实践路子。

【群众文化活动】 为提升加查县公共文化服务水平，切实保障群众基本文化权益，加查县文化新闻出版广电局（文物局）充分发挥县文化综合服务中心阵地作用和县民间艺术团节庆造势功能，丰富群众文化生活。2016年，做好投入65万元创编一台晚会汇报演出工作，隆重举办3·28百万农奴解放纪念日文艺汇演活动；投入126.89万元参加中国西藏雅砻文化节开幕式演出，《达布家园》荣获文艺展演三等奖；成功举办加查县第五届达布核桃节，并举办“金秋·加查书法摄影美术展”。县综合文化服务中心开办公益性书法培训班，开展全民阅读活动；民间艺术团演职人员领舞并组织广场果谐活动85场，参与群众3700人次，到农牧区、学校、医院、寺庙和藏木电站、拉林铁路大型项目建设工地开展文艺演出55余场次，受益群众6.5万人次，送文艺下乡活动44场，11月22日—12月2日在西藏自治区各地（市）进行“扶贫攻坚”专题巡回演出，并参加西藏自治区2017年藏藏历年晚会演出活动。

【文化市场监督管理】 2016年，加查县有歌舞娱乐场所6家（4家KTV，2家朗玛厅）、7家打字复印店、4家互联网上网服务经营场所、2家音响制品零售店以及1家新华书店，形成集娱乐、休闲为一体的文化娱乐业。加查县文化新闻出版广电局（文物局）为确保文化市场的健康与繁荣，与各文化经营单位签订文化市场管理目标责任书，确保营业许可证件和管理制度上墙；切实做好“扫黄打非”工作，成立加查县2016年度“扫黄打非”领导小组，并与各乡镇人民政府签订“扫黄打非” 进基层目标责任书，组织开展突击检查，加大监管力度，联合加查县文化执法大队、加查县公安局、加查县工商局检查文化市场11次、出动55人次，对2家娱乐场所经营许可证过期进行口头警告并限期换证，收缴盗版光盘60张；深入开展“4·23读书日”“护苗”专项行动，文化市场管理得以规范，文化市场繁荣稳定。

【非物质文化遗产保护和传承】 2016年，加查县文化新闻出版广电局（文物局）投入27.109万元完成达布文化艺术中心内设的非遗展厅的实物收集工作，并陈列于展厅中，营造人人知晓、人人参与文化遗产保护的良好社会氛围。为提高非遗传承人的工作积极性，及时兑现2016年度非遗传承人补助资金2万元；加大非物质文化遗产的普查挖掘力度，不断传承和发扬非物质遗产，2016年，自治区级非遗品牌项目石锅和木碗制作技艺参加第三届中国西藏旅游文化国际博览会的产品展销活动，展示加查绚丽多姿的人文风情和细致精湛的手工技艺；举办第十一个全国文化遗产日非遗成果展演活动，开辟专版，充分挖掘非遗资源，将木碗、竹编两个县级民族手工艺非遗保护项目争取录入市级保护项目中；做好自治区级非物质文化遗产哲巴卓舞传习基地建设项目的地勘和初步设计工作。

【文物保护与文物安全防范】 加查县文化新闻出版广电局（文物局）按照“保护为主、抢救第一、合理利用、加强管理”的文物工作方针，重视文物保护工作和文物安全防范，成立以分管县长为组长的文物保护工作领导小组，并将文物保护和文物安全工作列入重要议事日程，作为重中之重来抓，并将文物保护经费5万元纳入财政年度预算。2016年，加查县召开文物保护专题会议，对文物保护任务进行部署，并与各乡（镇）、各寺庙层层签订责任书；加大并夯实文物安全检查工作力度，重点在汛期排查文物保护点的安全情况，2016年未发生文物安全事故。9月8日，邀请山南市文物鉴定专家，对加查县10座寺庙拉康开展全国第一次可移动文物普查的后期工作，经过文物普查人员4天的努力，建设了数据库，摸清了家底，规范了档案，顺利地完成了加查县可移动文物普查工作，加查县可移动文物总数达到892件。

【广播影视】 2016年，加查县文化新闻出版广电局（文物局）围绕中共加查县委、加查县人民政府的中心工作和重大部署，坚持实事求是和重点报道，把握正确的舆论导向，发挥新闻报道的时效性和准确性，并严格按照上级维护社会稳定工作要求，做好加查县电视台有线机房和调频台的值班备勤工作，确保广播电视安全播出，与上级部门积极协调办理达布数码影院加入院线手续。宣传立足“快、准、新”，做好采编工作，2016年，加查县电视台共制作新闻368条，台内播出358条，山南市电视台新闻采用103条，西藏电视台采用13条。提升自办栏目水平，开设专题栏目，2016年，设立“廉话加查”“卫生与健康”专栏，并在群众反响中取得一致好评，专题报道“两学一做”“精准扶贫”的内容，加大舆论造势，营造了良好的宣传氛围。强化“户户通”实施工程，2016年，加查县文化新闻出版广电局（文物局）从户户通结余经费中投入49.0820万元购买1012套户户通设备并安装完成，圆满完成了年初山南市新闻出版广角电局下达的“3058套第一代户户通清流型直播卫星机顶盒置换和 400户村村通设备的安装”任务，确保加查县广播电视覆盖率达99%；投入17280元外送维修户户通216套设备，自行维修1360套。加查县流动电影放映队6个离退休工作人员深入基层、深入群众、深入生活，扎实实施 “电影进农家、电影进寺庙、电影进学校”工程，结合加查县虫草采挖时节，分成6个组，深入高海拔地区放映电影218场，群众达26000人次，2016年超标准高质量地完成了电影放映任务，全年放映电影1600余场，受益群众达32万人次，进一步活跃了加查县干部职工和农牧民群众的精神文化生活，让全民共享电影大餐。

【项目建设】 加查县文化新闻出版广电局（文物局）全面落实主体责任，狠抓项目进度，按照属地管理原则，积极做好加查县文化文物广电项目的申报工作，增强硬性设施建设工作，保质保量完成“十三五”项目规划的前置手续，全力以赴做好项目行政审批工作。

【党风廉政建设与党建工作】 按照县纪委驰而不息纠正四风和廉洁自律的纪律要求，加查县文化新闻出版广电局（文物局）通过抓廉政促党建，建设一个好班子，带出一支好队伍，在思想上、行动上与县纪委保持高度一致，团结一致，强化党风廉政建设；在用人制度、政务公开、党务公开、财务管理上及机关党支部全体党员学习《中国共产党章程》《中共共产党纪律处分条例》《中国共产党廉洁自律准则》《中国共产党问责条例》中，力争把纪律挺在前头，把信念放在心尖，旨在提高党员党性认识和党性修养；在强担当促有为上做思考，在增强四个意识上下功夫，在建设廉洁高效的机关上出成绩。2016年，全局上下风气正、干劲足、精神好、面貌新。

【其他方面】 根据中共加查县委、加查县人民政府的统一部署，加查县文化新闻出版广电局（文物局）遵循“统一思想、高度重视”的原则，积极响应号召，抓好维稳值班工作，确保万无一失；积极参与精准扶贫暨结对帮扶活动、优化发展环境和强基惠民专题活动；扎实做好安全生产，2016年无重特大安全生产事故发生，圆满完成了各项中心任务。

（李亚萍）

【领导名录】

县文化新闻出版广电局（文物局）局长

央　琼（藏族，2月免）

容　伟（2月任）

县文化新闻出版广电局（文物局）副局长

次仁卓嘎（女，藏族）

加查县卫生局

【概况】 2016年，加查县有医疗卫生计生机构12所，其中县级由县卫生服务中心（含县人民医院、县疾控中心、县妇幼保健站、县卫生监督所、县农牧区医疗管理办公室），乡（镇）级由卫生院7所，村级由村卫生室69所（不含县、乡镇人民政府所在地的8个村委会）。全县从事卫生医疗工作人员共计319名，其中正式工129人，公益性岗位32人，聘用11人，临时工147人。卫生行政机构6人，县卫生服务中心122人（含疾病控制中心13人、妇幼保健站5人、卫生监督所3人、农牧区医疗管理办公室1人）、乡镇卫生院44人、村医147人。319名从业人员中，研究生1人，本科学历73人，大专学历69人、中专及高中学历76人、初级及以下学历100人。全县医疗卫生机构共开放病床数98张（其中，县人民医院68张，7所乡镇卫生院共计30张）。

【疾病防控】 2016年，加查县全县计划免疫接种数6613剂次、接种率98%，其中乙肝疫苗955剂次、卡介苗383剂次。脊髓灰质炎疫苗1452剂次、百白破疫苗1452剂次、麻疹（风）疫苗343剂次、麻腮风疫苗379剂次、A群流脑疫苗882剂次、A+C群流脑疫苗290剂次，甲肝疫苗480剂次。2016年，全县共发现肺结核病人可疑就诊者37人例，其中涂阳3例、涂阴病人33例、肺外1例，均按照政府免费治疗管理。鼠疫防治方面，与各乡镇人民政府、施工单位签订鼠疫责任书。2016年，传染病监测工作，完成采集血清100份、狗血清30份，旱獭血清5份，羊血清65份，未发现阳性血清。艾滋病防治：全年发放宣传资料22000余份，出“防艾”宣传栏5期。对高危人群进行实地干预4次，干预100余人，发放安全套2400余只，发放艾滋病预防宣传单、宣传册5000余份，受教育群众达2000余人，对监管场所被监管人员开展艾滋病抗体检测工作，共检测251人，未发现感染者，检测率100%。

9月1日—20日，加查县包虫病流掉工作队随机对扎西定岗村、白琼村、奴巧村、坝村4个自然村开展包虫病流行病学调查，共计调查目标人群856人，其中检出包虫病阳性病人2名，疑似病人3名（已采集血样，将送至山南市卫生部门进行检验确诊），开展入户调查80例，采集80份犬粪样本，并对150名小学生及80个养犬户进行包虫病防治知识及行为知识调查。目标外人群检出包虫病阳性病人2名。此外，经过流掉组B超检查，除包虫病外，发现其他病例144人。其中胆结石49例，脂肪肝40例，肝囊肿14例，胆囊息肉6例，肾积水5例，胆血管瘤10例，肝内占位病2例，其他18例。居民户碘盐监测工作，调查居民户碘盐300份，8—12岁学生尿碘检测200份，孕妇尿碘检测100份，结果均正常。

2016年，加查县共发现传染病62例，其中法定乙类传染病1种2例，乙肝2例；丙类传染病3种7例，分别为细菌性痢疾4例，手足口病1例，水痘2例。无甲类传染病发生，无重大传染病发生。

【免费健康检查】 2016年，加查县全县城乡居民暨在编僧尼免费健康体检24226人，其中农牧民19903人，在编僧尼68人，城镇居民4255人，体检完成率100%，全县总计查出患病数6237人，患病率26%，同比上年患病率下降17.5%。其中高血压患者1180例；胆道疾病患者（包括胆结石、胆囊息肉等）714例；妇科疾病（盆腔积液、子宫肌瘤、附件囊肿等）521例；泌尿系统疾病610例；各类心脏病702例；乙肝344例；消化系统疾病1197例；各类贫血388例；风湿402例；脂肪肝12例；糖尿病19例；各类肺病139例；重性精神病9例。

【先天性心脏病筛查】 2016年，加查县对1004名青少儿进行筛查，发现疑似病例24名，确诊2名，符合手术1例，已完成治疗。

【改善基层医疗机构办公】 2016年，加查县为全县69个村卫生室配发大量听诊器、血压计等18种类的基本医疗设备，优化村级医疗服务能力；加查县为16个行政村建成位置相对独立功能齐全的标准化卫生室。截至年底，加查县实现“一村一室”全覆盖目标。

【妇幼保健站工作】 2016年，加查县孕产妇活产总数325例、住院分娩率达100%；5岁以下儿童死亡数3例，死亡率9.23‰；婴儿死亡3例，死亡率9.23‰；新生儿死亡1例，死亡率3.07‰，全年加查县无孕产妇死亡，妇幼各项指标均达到上级指标要求。连续五年未发生孕产妇死亡。全年总共发放叶酸262盒，268人，发放率79.63%，服用叶酸随访145人，出生缺陷2例，全身多处畸形、唇裂各1例。

【卫生监督所工作】 2016年，加查县卫生监督所对全县44家公共场所检查55次，对9所中小学校（幼儿园）进行宣传传染病及卫生检查、生活饮用水监测等12次；办理公共场所从业人员健康证92人次，发放卫生许可证30家；对9家个体诊所进行督导检查，下发监督意见书6份。

【人口和计划生育工作】 2016年，加查县免费孕前优生健康检查工作，截至年底，参检76人，发现血液常规检查异常8人，肝功能检测异常21人，乙型肝炎异常4人，梅毒螺旋体异常3人，其他疾病5人。

【兑现计划生育两项扶助资金】 截至年底，加查县卫生局组织工作专职人员以巡回方式到7个乡镇完成兑现2016年计划生育“两项”奖扶资金，惠及365人，累计发放资金584520元。（其中“一孩双女”户287人，每人960元；伤残家庭11人，每人3240元；死亡家庭67人，每人4080元。）

【节育情况】 截至年底，选用各种避孕方法人数总计4336人。发放“准生证”64本，“独生子女父母光荣证”42本，发放独生子女奖励金额累计2100元。

（李　盼）

【领导名录】

县卫生局（人口和计划生育委员会）局长（主任）

扎西顿珠（藏族）

县卫生局副局长

谭　春　华（湖北援藏）

县卫生局副局长

格桑德吉（女，藏族）

加查县食品药品监督管理局

【概况】 2016年，加查县辖区监管对象总数为657家，其中，生产企业2家、食品生产小作坊24家、个体餐饮服务217家、食品销售234家、食堂18家、农产品经营34家、化妆品31家、药品经营3家、医疗机构94家。

【食品经营许可证办理】 2016年，加查县食品药品监督管理局严格按照《中华人民共和行政许可法》《食品经营许可管理办法》及《食品生产经营审查通则》相关规定和程序办理食品经营许可证。全年共办理食品经营许可证86个，从业人员健康证486人。

【食品药品安全监管】 2016年，加查县开展食品安全专项整治13次，出动执法人员71人次，发现无证经营25家，没收过期食品42种，货值9738.6元，下发整改意见书56份，现场调查笔录68份；药品化妆品专项检查7次，出动执法人员28人次，没收不合格药品29种，货值4174元；开展食品抽样13批次，出动执法人员17人次，1个批次检测不合格，处罚3000元。

【食品药品安全宣传】 2016年，加查县食品药品监督管理局充分利用“3·15”“6·19”以及重大餐饮保障活动等重要时机，开展进学校、进社区、进企业“三进”活动，采取送法律、送政策、送咨询、现场受理群众投诉举报等“三送一受理”形式开展食品药品安全宣传，引导群众积极参与食品药品安全监管。全年共发放食品药品安全宣传单1025份，宣传册1741份，接收咨询298人次，发放手提袋、围裙、门帘各500条。

【培训与机构设置】 2016年，加查县食品药品监督管理局通过走出去学习、带进来指导的模式，选派3名人员参加各类培训9次；发挥援藏技术员的作用组织医疗机构管理人员和学校规范化建设培训2次；对内不断完善机构设置，逐步明确食品安全委员会的成员设置，明细各成员单位的职责职能，为乡镇和行政村配备7名食品安全协管员和77名食品安全信息员，充分发挥齐抓共管的作用。

（陈　斌）

【领导名录】

县食品药品监督管理局局长

陈　梅（女）

县食品药品监督管理局副局长

张志杰（女）

达娃群宗（女，藏族）

加查县人民医院

【概况】 加查县人民医院始建于1964年，现已发展为县境内唯一一所学科配套、设备完善、技术力量雄厚，集教学预防于一体的一级甲等级综合医院。

【业务工作】 2016年，加查县人民医院共完成门诊量32583人次；急诊6327人次；收住院906人次；手术120人次；无痛胃镜16例；平均住院天数9.5天。

【提高医疗服务质量】 2016年，加查县人民医院坚持“以病人为中心，以提高医疗服务质量为核心”的医疗管理理念，认真落实16项核心制度；以在援藏专家的指导下“三基三严”为基础进行全院业务学习、考核及培训工作；坚持每周四大查房制度，做好业务带教，规范诊疗活动；做好质控并持续改进；做好各项应急预案，做好医院感控工作。

2016年，加查县人民医院基础护理、危重患者护理达标95%以上，护理人员对工作制度、岗位职责、核心制度落实率达95%以上；每月组织学习并考核，护理部每月组织大讲课一次。

【构建和谐医患关系】 2016年，加查县人民医院在门诊楼设置导诊台等便民措施，以“二级甲等综合医院创建”为契机，通过问卷调查、电话访谈、上门服务等措施开展行风评议工作。严格执行国家政策，做到“因病施治、合理用药、合理检查、合理收费”，组织募捐，为特困病人减轻经济负担。

【强基础惠民生活动】 2016年，加查县人民医院继续开展“城乡居民和寺庙僧尼免费健康体检”工作，体检率达100%。向社会推出顺产、无痛人流、斜疝等10多个单病种，并率先在全市县级医院开展腹腔镜胆囊切除术、阑尾切除术等；在宜昌援藏医疗队的支持帮助下，不定期开展义诊及健康宣教、免费送医送药等活动，免费发放药品近10万元。

（韩怀生）

【领导名录】

县人民医院副院长

胡　　池（湖北援藏）
赵 永 忠（湖北援藏）
格桑曲珍（女，藏族）
扎西罗布（藏族）
刘　　翔（湖北援藏）

加查县民政局

【概况】 2016年，加查县民政局共出险8次，并为74名困难群众发放2016年冬春救灾物资；为7个乡镇发放救灾物资大米1000袋、面粉1000袋、清油1000桶、砖茶1000条、毛毯248床、棉大衣248件、棉被248床；为县级救灾仓库、坝乡救灾仓库仓库代储物资，大米350袋、面粉350袋、清油350桶、砖茶350条、毛毯120床、棉大衣120件、棉被120床。

【宣传工作】 2016年，加查县民政局组织开展“5·12”防灾减灾宣传活动，发放宣传资料200份，完善县级救灾物资储备库管理制度，采购救灾物资，签订代储协议，增强加查县防灾减灾应急能力。2016年，储备救灾物资有棉帐篷356顶、棉被1884床、棉褥1656床、藏毯110床、藏垫125对、藏被151床、棉衣164件、棉鞋240双、棉大衣924件、军用胶鞋290双、毛毯384床、棉裤467件、雨鞋356双、手电筒200个、发电机17台、折叠床141床、大棚膜40捆、雨衣220件、防水灯30个、对讲机6台、千斤顶10个、喊话器10个。

【优抚安置“双拥”工作】 2016年，加查县民政局严格落实优抚政策，足额发放义务兵家属优待金，全县共有优抚对象364人，其中重点优抚对象12人。截至年底，为4家驻军部队发放“三大节日”慰问资金0.8万元，为364名优抚对象发放价值14.8万元的“三大节日”慰问物资；为5名退役士兵发放家属优待金及自主就业一次性经济补助金32万元，为13名革命伤残军人发放抚恤金21.5万元；配合县人民武装部开展夏季秋季征兵工作，做好征兵政策宣传，确保夏季秋季征兵任务圆满完成。

【城乡社会救助】 2016年，全县共有城镇低保对象23户37人，农村低保对象281户674人；发放城镇最低保障资金18.5万元，提标资金10.51万元；发放农村最低生活保障资金108.6万元，提标资金33.85万元；临时救助城乡困难群众152人，落实临时救助资金21.4万元；农村医疗救助人数117人（次），兑现救助金52.9万元；城镇医疗救助人数13人（次），对象救助金8.6万元；大额医疗救助21人（次），对象救助金33.7万元。全县城乡医疗救助151人次，兑现医疗救助金95.2万元。

【社会福利工作】 加查县五保集中供养中心总投资1390万元，2015年6月投入使用，共入住“五保”老人130人，实现有意愿集中供养率100%的目标。为269名“五保”老人发放供养金253.89万元。核定全县孤儿人数，健全孤儿信息库，全县孤儿共计19人，将符合入住条件的19名孤儿送往山南地区孤儿院。对辖区内流浪乞讨人员进行全面清理救助，共救助流浪乞讨人员65人次，落实救助金9830元。为225名80周岁以上寿星老人发放健康补贴7.52万元。

【残疾人培训与补贴发放】 2016年，全县共有各类残疾人856人，兑现残疾人两项补贴72.86万元，先后将16名残疾人送往山南地区就业培训中心参加美容美发及缝纫培训；为856名残疾人发放生活补贴资金135.6万元；为20名残疾人进行慰问，发放价值4000元的慰问物品及1.3万元的慰问金。

【婚姻登记管理】 2016年，全县共办理结婚登记414对，离婚登记29对，补办结婚登记10对。同时，加查县民政局对《中华人民共和国婚姻法》《婚姻登记条例》等法律法规进行宣传。

【项目建设】 2016年，加查县社会福利中心建设项目，总投资150万元，2015年年底竣工验收，2016年投入使用。

【强基础惠民生活动】 2016年，加查县扎实做好宣传教育工作，利用广播乡农牧民群众宣传党的政策、法律法规、惠民政策；开展“法律进万家”活动，让群众知法、懂法、守法、用法；工作队与村委会一道建立健全维护社会稳定工作机制，拓宽致富门路，先后为群众送去清油、糌粑、砖茶等慰问物资，协调有关部门为驻村点发放慰问资金1500元。

（旦增旺扎 普布扎西）

【领导名录】

县民政局局长 德 吉（女，藏族）
县民政局副局长 罗 布（藏族）
县民政局副局长 德 庆（藏族）
县残疾人联合会理事长
参旦曲珍（女，藏族）
县五保集中供养中心院长
达 珍（女，藏族）
县五保集中供养中心副院长
达 娃（藏族）

城建·环保·气象

加查县住房和城乡建设局

【概况】 2016年，加查县住房和城乡建设局下设加查县住房制度改革办公室、加查县城管大队等2个内设机构，编制人数15人，其中加查县住房和城乡建设局5人，加查县城管大队10人。现有干部职工29人，其中行政编制6人、事业编制5人、工人编制14人、公益性岗位4人，藏族23人、汉族6人。紧紧围绕“23355”经济发展思路，“一核、双心、两带”的整体功能布局，基础设施建设得到完善、城市整体功能全面提升，重点开展基础设施建设、保障性住房建设与管理、工程质量安全监督管理、党风廉政建设、干部队伍建设等各项工作。

【市政公用事业管理】 2016年，加查县住房和城乡建设局实施国家投资4550万元新建康桑西路延伸段、康桑路支线一、康桑路支线二、达瓦路延伸段、达瓦路支线二、达瓦路支线三、达瓦路支线四及配套附属设施，总长度3500米、宽20米。投资360万元改造政务中心绿化，新建绿化面积6562.7平方米。投资50万元实施退休区供水改造工程。投资600万元实施2016年棚户区改造项目，改造面积11250平方米及配套设施。续建总投资675万元用于2015年棚户区改造工程。

【保障性住房建设】 2016年，新建保障性住房项目1个，投资2020万元，共72套，总建筑面积6600平方米。续建2015年公租房112套，总投资1360万元，总建筑面积4480平方米。投资117万元改造干部职工周转房，改造198套。投资532万元实施乡镇周转房附属工程。

【建筑市场动态监管】 2016年，加查县住房和城乡建设局从“管人管资料”入手，严格落实工程建设“五制”，抓好“业主、设计、施工、监理、质监”五个单位的工作，全面启用仪器设备，科学管控项目质量，建立项目巡查台账。全年发放权限内项目施工许可证12份，项目管理人员现场巡查40次，下发质量整改通知24份，返工8次，召开监理专题会6次，开展安全生产大检查3次，下发停工令4份，整改通知书52份。加查县住房和城乡建设局与项目监理、施工企业签订《工程质量安全责任书》《廉洁自律承诺书》，与项目安全员签订《安全生产责任书》。加强预制厂产品质量监管，制定施工进场材料准则，实行“一责、两证”准入制，即“一责”为厂家与施工单位签订《材料质量承诺责任书》，“两证”为出厂产品“合格证书”，进场材料“检测合格证书”。

【房地产行业监管】 2016年，加查县房地产开发公司2家，其中新增注册房地产开发公司1个，注册资金2000万元，开发项目1个，开发面积16359平方米，交易面积1199.58平方米，交易金额1559.21万元。加查县全年房地产交易面积1735.17平方米，交易金额1729.37万元。

【住房公积金管理】 2016年，加查县住房和城乡建设局住房制度改革办公室办理住房公积金缴存资金2845.17万元，涉及1266人，其中县教育系统缴存资金565.35万元，涉及266人。加查县职工建房、买房支取住房公积金1472.85万元，涉及192人。

【城乡规划管理】 2016年，加查县住房和城乡建设局组织召开5次规划编制征求意见会，《加查县总体规划》（修编）、《加查镇新型小城镇建设规划》初稿完成。严格落实“一书两证”办理制度，全年办理《工程项目选址意见书》118份、《项目选址意见函》102份，建设用地规划许可证118份、建设工程规划许可证118份。

【保障性住房房租收缴】 2016年，加查县共有保障性住房634套，其中廉租房134套、公租房282套、周转房218套，全年收缴房租共42.83万元。

【城市卫生管理】 2016年，强化城市管理，明确城市管理“三步走”工作思路，逐步提升城市品味。建立城市管理“定岗、定责、定人”三定管理制度，制定国策、园林公司考核实施细则。全面落实环境卫生，城市绿化管理“三个一”工作机制，做到“一天一检查、一周一通报、一季度一兑现”。开展城区牲畜管控工作，建立城管工作人员24小时不间断巡逻制度，全面整治城区违规放养牲畜。

【城市饮用水监管】 2016年，加查县住房和城乡建设局积极衔接施工单位，全面试运营新自来水厂，指定专人负责维护供水管网，建立值班巡查登记制度，确保及时发现隐患并整改，保障全县人民群众饮用水安全。

【农村人居环境调查】 2016年，加查县住房和城乡建设局开展加查县7个乡（镇）、77个行政村农村人居环境大调查，完成数据录入。

【建筑业发展情况】 2016年，加查县全县共有建筑施工企业67家，其中农牧民施工队55家，建筑公司12家。

（朱 琳）

【领导名录】

县住房和城乡建设局局长

次仁尼玛（藏族）

县住房和城乡建设局副局长

周 兆 青（6月免）

阿旺次仁（藏族，6月任）

田 卫 锋

加查县环境保护局

【概况】 2016年，加查县环境保护局坚持保护环境基本国策，紧紧围绕构建西藏生态安全屏障、建设美丽西藏的总体目标，把生态环境保护作为红线、底线、高压线和“四个绝不能”的要求，加快推进生态文明体制改革，以优化发展环境为契机，落实环境目标责任制，强化环境监察，全面推进自治区环保考核、环境质量监测、生态村创建、规范环评审批等各项环保工作，保护环境和改善生态环境，全面推动绿色发展，为全县经济社会又好又快发展提供环境保障。

【党建工作】 2016年，加查县环境保护局组织全体干部职工学习党的十八届三中、四中、五中、六中全会精神及习近平总书记系列讲话精神，学习党章党规，不断提高干部思想政治和理论水平。2016年，加查环境保护局积极参加支部组织的植树节、环境卫生大扫除、“三八”、“五四”等活动12次。

【党风廉政建设】 2016年，加查县环境保护局结合“两学一做”学习教育，学习贯彻落实中央、区、市、县纪委关于党风廉政建设工作相关文件精神，签订目标责任书，认真落实“两个责任”，认真践行“三严三实”要求，开展“正风肃纪”工作，持久抓好党员干部的教育管理，抓好工作作风长效建设，筑牢“不想腐”的思想根基，打造“不敢腐”的制度环境。2016年，参加县中心理论组学习会12次。

【自治区级生态村创建】 2016年，加查县7个行政村（林堆村、玛岗村、仲莎村、联村、嘎玛吉唐村、邦达村、热当村）被授予“自治区级生态村”称号，冷达乡被授予“自治区级生态乡镇”称号。

【执法行动】 做好辖区内企业和大型建设项目日常监管，实行不定期检查制度。2016年，对水电站、拉林铁路加查段、金矿、垃圾填埋场、医院污水处理厂、砂石厂等重点项目、重点领域组织开展各类联合执法检查13件、排查和整改问题35件，专项执法检查50余次、出动执法人员100余人次，下发整改通知和责改决定书共20份。2016年，加查县未发生突发环境安全事件。及时妥善处理环境信访，共处理环境信访投诉3起，其中水污染投诉1起、噪声污染1起、其它1起，处理率100%。依法征收排污费1.2万元，全部上缴国库，实现收支两条线。

【建设项目审批】 加查县环境保护局严格执行建设项目审批权，坚持围绕发展抓环保，抓好环保促发展，不因招商环境趋紧而放松源头管理，强化从源头上控制环境污染和生态破坏。2016年，项目审批环境影响评价登记表共180分、环境影响评价备案表11份。

【环境质量监测】 严格按照自治区环境保护厅批准的《加查县环境质量监测方案》，委托云南中科监测技术有限公司，对县城环境质量进行4次监测，县城空气质量达到《环境空气质量标准》二级以上且不低于上年；雅鲁藏布江主要水体水质达到《地表水环境质量标准》Ⅱ类以上水质标准且不低于上年；集中式饮用水水源地水质达到《地表水环境质量标准》Ⅱ类以上水质标准且不低于上年。

【环境保护考核】 2016年，加查县通过自治区环境保护考核，获得自治区奖励资助金200万元，山南市政府奖励资金20万元。2016年10月，加查县对辖区内5乡2镇进行环境保护考核，对前三名乡镇，共发放奖励资金6万元。

【环保基础建设】 2016年，加查县环保局按照生态扶贫原则，对全县交通干线和旅游景区部分行政村配备38名环保监督员并落实工资待遇22.74万元。投入170.04万元用于购买4辆高压洒水车、1辆道路清扫车。

【思木村生态修复项目】 2016年，安绕镇思木村生态修复项目总投资34万元，主要建设内容为土地平整、植被恢复及其洒水设备等。

【环境宣传】 2016年，加查县以“三月综治宣传月”、生态村创建动员大会、“6·5”世界环境宣传日为契机，多形式多渠道宣传环境保护相关法律知识。发放宣传资料共1000余份；悬挂横幅18条。

（次仁卓玛）

【领导名录】

县环境保护局局长　罗布次仁（藏族）

县环境保护局副局长　卓玛央金（女，藏族）

加查县国土资源局

【概况】 2016年，加查县国土资源局认真贯彻落实党的十八大和十八届三中、四中、五中全会精神，团结协作、锐意进取、求真务实、主动作为，以国土资源管理基础更加牢固、保障更加有力、保护更加严格、秩序更加规范、利用更加高效为宗旨，强化宣传教育，认真履行职责，探索创新服务，加强作风建设，着力推进国土资源管理制度改革、构建国土资源管理共同责任机制，确保各项工作稳步推进，积极为加查县经济社会发展和长治久安提供资源保障和优质服务，为农牧民提高生活质量改善民生提供优良条件，为矿区安全生产提供有利保障，为地质灾害防治提供有效措施。

【法律法规宣传】 2016年，加查县国土资源局坚持宣传国土系统相关法律法规、现行政策及节约集约用地、坚守18亿亩耕地红线的重大意义和深刻内涵，多次走村入户对农牧民群众普及法律知识。2016年共悬挂横幅4条，设置宣传栏1个，发放各类宣传资料1000余份；多次对村干部进行国土系统法律法规知识培训，共培训村干部45人，发放宣传书籍50本。

【土地使用制度】 2016年，加查县国土资源局全力推进节约集约用地，加强农村宅基地和不动产管理，坚持有堵有疏，堵疏结合，防止违法违纪审批和私圈乱占行为，合理安排农村居民点用地，引导农村村民按规划建房；对重大建设项目用地坚持在项目选址、可行性研究阶段提前介入，及时了解掌握项目前期工作进展情况，确保按程序及时预审、报批和供地，保证重大建设项目顺利开工建设；依据土地使用制度改革的相关规定，盘活存量国有土地进行依法供地。全年按挂牌出让方式依法依规供地2宗，面积5069.57平方米，收取土地出让金710余万元。

【征地和报批工作】 2016年，加查县国土资源局按照“依法依规、从严从紧、有保有压、集约节约”的原则，支持有利于结构调整的项目建设用地，保障经济社会发展的必需用地。2016年，共出具用地建设项目初预审251件。妥善解决征地中的突出问题，做好国家和自治区、市、县重大项目用地的前期各项准备工作，解决部分建设项目用地未下达批复而能够按时开工建设，并已上报建设用地项目的审批报件材料。

【土地节约和集约利用】 2016年，加查县国土资源局加强土地供应管理，按照《国务院关于促进节约集约用地的通知》的要求，推行经营性土地招拍挂制度；落实房地产市场土地调控政策，确保经济适用房和廉租房建设用地；加强批后监管，严格禁止长期批而不征、征而不供和占而不用的现象存在；按照《关于严格执行有关农村集体建设用地法律和政策的通知》，对符合土地利用总体规划和年度计划，符合节约集约用地要求的建设项目，依法办理审批手续；按照《关于加强农村宅基地管理的意见》的规定，坚持全审制度，实行“三到场”的农村宅基地审批管理办法，办理相关手续，推进农村土地的节约、集约利用。

【矿产资源管理】 2016年，加查县国土资源局清查违法违规砂石厂和污染破坏矿山环境的行为，建立部门协同配合的矿产资源管理机制；推进矿产资源有偿使用制度，按照《中华人民共和国物权法》的要求，加强对矿业权从设立到灭失的全过程管理，执行矿产资源规划和矿业权设置方案，停止以行政审批方式授予砂、石、黏土采矿权，加大砂、石。黏土矿的市场出让力度；强化矿产资源勘查开采监管工作。按照突出重点，重在治本的原则，加大对矿产资源执法检查力度，对全县5家矿山企业进行年检。

【地质灾害监测防治】 2016年，加查县国土资源局加强防灾知识的宣传教育，就地质灾害监测防治的内容、方法和有关法规向各乡镇主要负责人和各群防群测人员进行辅导讲解。采取发放资料、悬挂横幅的办法，加强农村和企业地质灾害防治知识的普及宣传；落实防灾责任，编制2016年地质灾害防治方案和应急预案，建防灾工作明白卡10份，填发防灾避险明白卡50份，确定遇险信号、撤离路线、遇险信号发布人；加强动态监测。落实汛期值班、灾情速报和险情巡查三项制度以及地质灾害监测、预报、预警和应急反应的各项制度，及时传递信息，加强动态监测。

【农村集体土地确权登记发证】 2016年，加查县国土资源局成立农村集体土地确权登记发证工作领导小组，领导小组办公室设在加查县国土资源局办公室，具体负责农村集体土地确权登记发证工作；通过横幅、标语、动员大会等形式对开展农村集体土地确权登记发证工作进行广泛宣传；在动员大会上，对有关文件精神进行传达学习，并逐级召开村（居）委会、村民小组会安排部署此项工作。

【党建工作】 2016年，加查县国土资源局成立县国土资源局机关党支部，选举产生了支部委员，及时召开支部大会传达学习中央、区党委、市委、县委一系列指示精神，加强防范教育，组织开展预防职务犯罪专项教育活动；认真贯彻落实党员领导干部述廉等有关廉政制度；并结合工作实际，积极开展专项治理工作，落实三务公开制度，继续实行三务公开，民主管理；继续组织开展党建联系点调研帮扶工作，为联系点支部发展谋思路。

【党风廉政建设】 2016年，加查县国土资源局深入贯彻落实各级纪委会议精神，认真落实《党风廉政建设责任制安排意见》《党政领导干部选拔任用工作条例》，签订《党风廉政建设目标责任书》，先后组织干部职工认真学习十八大报告，区、市、县有关党风廉政建设责任制方面的文件以及《中国共产党章程》《中国共产党领导干部廉洁从政若干准则》《加查县党政机关公务用车问题专向治理工作实施方案》等，教育引导全体干部在思想上筑牢拒腐防变防线，牢固树立全心全意为人民服务的宗旨意识。严格按照“一把手负总责，分管领导各负其责，全体成员共同参与”的原则和“一岗双责”目标管理办法，成立以局长为组长的党风廉政建设责任制工作领导小组，建立反腐倡廉防控体系，对目标任务、防范措施、责任追究等内容提出了明确要求，并将任务层层分解，形成一级抓一级，层层抓落实的反腐倡廉工作格局。

（张　涛）

【领导名录】

县国土资源局局长　索　　朗（藏族）
县国土资源局副局长　索朗果杰（藏族）
　　普琼桑旦（藏族）

加查县气象局

【概况】 2016年，加查县主要以多云转晴天气为主，年平均气温为9.9℃，与历年同比正常；年最高气温28.7℃，出现在8月8日；最低气温—12.4摄氏度，出现在1月11日；年降水量为589.5mm，与2015年相比偏多3成；日最大降水量为22.3mm，出现在7月19日；年日照时数为2662.5个小时，占年可照时数的60%；全年出现6次大风天气。

【强降水】 2016年，加查县最大降水量出现在7月19日，降水量为22.3mm。

【大风天气】 年内，加查县共出现6次大风天气，分别出现在2月、3月、4月、5月、8月、11月各一次。

【主要气象灾害】 7月2日，洛林乡日岗布村一头牦牛雷击致死。7月4日，洛林乡帮新村道路冲毁，一户村民因房屋倒塌，10只羊被冲走。村集体加工厂屋顶掀翻。7月6日，洛林乡帮新村一户村民，两匹马雷击致死。7月11日，安饶镇惹米村强降水至三间房屋损毁，一间倒塌。7月12日，洛林乡岗雪巴村一户村民房屋因降水受损。7月21日，嘎吉村因强降水一间房屋出现裂缝。7月26日安饶镇桑东村因降水房屋倒塌一间，损毁一间。7月27日，坝乡巴村降水房屋损毁3间。

【气象防灾减灾】 2016年6月16日，加查县气象局在加查县开展2016年“安全生产月”宣传活动。活动中，共向农牧民群众发放防灾减灾气象知识手册100册、防雷避险手册100册、防御雷电灾害科普知识50份，提高了广大群众气象安全意识。

【防灾减灾科普宣传培训】 2016年4月21日，加查县气象局联合地区气象局防雷中心组成临时宣传小组，到加查县崔久乡两个群众较多的虫草采挖点进行防雷知识宣传。通过通俗易懂的语言为老百姓讲解雷击事件发生的原理，并例举实例亲身演示教学如何科学防雷避险，消除部分群众的迷信和恐惧心理，提高群众的安全防范意识和应急自救互救能力。此次宣传活动共计发放印有防雷知识简画的“唐卡”200余个，防雷避险手册200余本，农村防雷知识读本200余本。2016年5月12日是全国第8个防灾减灾日。县气象局干部职工与有关部门联合在县城人员密集地段开展以“减少灾害风险，建设安全城市”为主题的防灾减灾宣传活动。活动发放宣传册、宣传单共计100余份，解答群众对防灾减灾的疑问10余个。

（徐莉蓉）

【领导名录】

县气象局局长　拉巴次仁（藏族）

加查县农牧民安居工程领导小组办公室

【概况】 2016年，加查县安居办农村危房改造建设任务为224户，补助资金336万元，分别为安绕镇23户，加查镇37户，拉绥乡44户，洛林乡35户，崔久乡24户，冷达乡33户，坝乡28户。2016年完成建房任务的有211户的，兑现补助资金316.5万元。

【已建房屋抗震加固】 2016年，实施房屋抗震加固2428户，兑现资金1214万元。

【基层政权示范点建设】 基层政权建设项目是山南市十大民心工程之一，每个行政村投资220万元，分别为本级财政配套110万和地区财政配套110万元，2016年山南市给加查县安排3个行政村的基层政权建设任务，共计总投资660万元，分别为拉绥乡拉索村，冷达乡嘎玛吉塘村，洛林乡扎西岗定村。加查县人民政府安排安绕镇塘麦村的基层政权建设任务，总投资220万元，该资金为本级财政配套。共计4个行政村的基层政权建设项目，项目于2016年7月开工建，截至年底，完成工程总进度的45%。

【村委会维修项目】 2016年，加查县各乡镇村委会维修资金136.45万元。加查县安居办根据村委会的申请，技术人员的实地勘测，各村委会的受损程度等情况，进行备案预算，截至年底已完成维修24个行政村的村委会维修工程，拨付维修款107.439991万元。

【易地扶贫搬迁集中搬迁】 加查县莫热坝易地扶贫集中搬迁项目：建设性质为新建，占地面积708亩，总建筑面积为36342.83平方米，建设内容为228套民房结构为砖混结构，幼儿园、村委会及商业楼（框架结构），以及相关附属设施建设，项目建设地位于西藏山南地区加查县冷达乡联村，项目总投资为1.16亿元。2016年确定搬迁户为228户759人。2016年8月开工，截至年底，已完成约40%的总工程进度。

加查镇坭塘村佳吾坝易地扶贫搬迁任务为60户、214人。建设性质为新建，用地面积92亩，总建筑面积为10306.34平方米，建设内容为民房60套（结构为砖混结构）、幼儿园、村委会及商业楼为框架结构，以及相关附属设施建设，项目建设地位于西藏山南地区加查县加查镇泥塘村，项目总投资为4621万元。该项目2016年已完成办理项目前期手续，并已完成评审。

【人居环境建设和环境综合整治工程】 2016年，加查县安居办实施2015年人居环境建设和环境综合整治工程续建项目， 2016年3月，惹米村人居环境整治工程项目实施，2016年6月30日完工验收。2016年3月15日，玛罗村道路硬化项目开工建设，工程主要建设砼路面建设，新修路基、机耕道，新修灌渠等工程，工程总投资829728.26元，2016年5月24日竣工验收。2016年4月13日，嘎玉村道路硬化项目开工建设，总投资246.2074万元；主要实施道路硬化、路边沟、排水渠、圆管涵制安等工程， 2016年6月30日完工验收。

（卓玛次仁）

【领导名录】

主　任　扎西达杰 （藏族）

交通·旅游·通信

加查县交通运输局

【概况】 2016年，全县2镇5乡、77个行政村已全部通车，通车里程达667.107公里，其中黑色（水泥）路面315.929公里，占全县总通车里程的47.3%；全县7个乡镇已全部通沥青或者水泥路；77个行政村有50个行政村通沥青或者水泥路，行政村通畅率65%.除国道560线和省道508线附近乡（镇），村庄交通条件较好外，其他区域公路等级仍然较低，路况较差。

【农村公路建设】 加查县崔久乡至神湖公路位于崔久乡境内，起点位于崔久乡政府东边，与现有的水泥路相接，终点止于神湖湖底，路线总长21.319公里，路基宽度4.5米，路面宽度4.5米，项目总投资为4887.8175万元，建设内容包括路基路面、桥梁涵洞、排水防护及其他公路设施等。按照四级公路水泥公路技术标准进行建设，设计行车速度20公里/小时。全线新建桥涵设计汽车荷载采用公路—Ⅱ级标准。

加查县洛林乡扎西林村公路，起点位于岗沙村，终点位于扎西林村，路线全长9.373公里，路基宽度4.5米，路面宽度3.5米，项目总投资为1513.8493万元，建设内容包括路基路面、桥梁涵洞、排水防护及其他公路设施等。按照四级公路水泥公路技术标准进行建设，设计行车速度20公里/小时。全线新建桥涵设计汽车荷载采用公路—Ⅱ级标准。

加查县冷达摸色公路，该公路位于冷达乡境内，起点位于摸色线交叉口，终点位于玛尼村，路线总长7.703公里，路基宽度4.5米，路面宽度3.5米，项目总投资为1671.1746万元，建设内容包括路基路面、桥梁涵洞、排水防护及其他公路设施等。按照四级公路水泥公路技术标准进行建设，设计行车速度10公里/小时。全线新建桥涵设计汽车荷载采用公路—Ⅱ级标准。截至年底，3个公路建设项目均已完成。

【农村公路养护】 2016年，加查县农村公路养护74条，养护总里程633.283公里，其中县道2条，共81.139公里（铺装路面69.631公里，砂石路面11.508公里）；乡道7条，共125.698公里（铺装路面99.887公里，砂石路面25.811公里）；村道54条，共397.214公里（均为砂石路面）；专用公路12条，共29.232公里（均为砂石路面）。

【交通运输行业管理】 2016年，加查县交通运输局同7个乡（镇）开展全县农民货运车辆、大型机械设备统计调查摸底工作，截至年底，全县共有农民货运车辆266辆、其中无从业资格证170台、无营运证116台。大型机械设备37台，其中装载机31台、挖掘机6台，农用运输及拖拉机2681台。

（顿　珠）

【领导名录】

县交通运输局局长　钟 云 建

县交通运输局副局长　次旺卓嘎（女，藏族）

加查县旅游局

【概况】 2016年，加查县共接待游客7.21万人次，旅游收入2018.8万元，旅游业带动就业，带动农牧民致富人数逐年增加，加查的旅游基础设施和旅游知名度得到加强和提高。

【旅游宣传】 2016年，加查旅游宣传工作依托拉姆拉措、千年核桃林等主要景区，整合旅游资源，统一宣传，统一管理，加大旅游节点宣传力度，全新打造加查特色旅游。以5·19中国旅游日、6·5世界环保日、安全生产月活动等为契机，县旅游局在拉姆拉措景区开展文明旅游、安全旅游宣传活动，悬挂横幅5条，发放相关宣传画册1000余册。投资30万元制作旅游宣传画册10000册，用于放置在区内各酒店宾馆客房内，加强加查旅游宣传力度。精心策划，整理旅游产品、特色产业、交通饮食等方方面面相关旅游业的材料，通过申请开通“西藏加查旅游新浪微博”、加查旅游微信公众平台等，利用网络让更多游客了解加查，获得加查的景区信息、节庆活动、食宿、交通、路线、购物、娱乐等信息。截至年底，县旅游局通过微博发送4条信息，浏览量达5000余人次；通过微信公众平台发布旅游信息4条，累计关注人数730人；通过手机报发布信息20条。

【脱贫攻坚】 2016年，县旅游局与斯迈酒店、拉姆拉措大酒店、神湖旅游农家乐等涉旅企业衔接，为贫困户提供力所能及的就业岗位。年内，斯迈酒店、拉姆拉措大酒店等涉旅企业为贫困户提供5个保洁岗位，县旅游局与县扶贫办、各相关乡镇扶贫专干衔接，选派68名贫困户担任旅游厕所保洁员，帮助贫困户就业，促进贫困户脱贫。

【安全监管】 2016年，配合崔久乡派出所做好拉姆拉措景区维稳工作，重点做好虫草采挖、萨嘎达瓦节、“五一”“十一”等重点节点期间的维稳工作，联合食药监局、公安局、安监局、交通局、消防大队、工商局等相关单位开展景区、涉旅行业食品卫生检查2次；道路交通安全检查4次；公共安全等安全生产大检查10余次，组织干部制动开展拉姆拉措景区、千年核桃林景区环境卫生整治12余次，出动人力80余人，车辆24辆。

【旅游市场调研】 2016年10月15日，市旅游发展委员会党组副书记、主任罗云，市旅游文化投资有限责任公司党委书记、董事长普布次仁等一行到加查县调研考察旅游市场。考察组一行实地查看了崔久沟、坝乡原始森林、千年核桃林、思木村、索囊沟等地，并就景区开发、规划等情况与副县长孙砅交流意见。

【召开旅游发展座谈会】 2016年10月17日，召开加查县旅游发展座谈会，对加查县旅游业发展提出宝贵建议。县旅游局、交通局、水利局、发改委、文广局等相关部门结合本单位实际，就更好推进加查旅游提出建议。

【推广旅游资源】 2016年10月27日，以“藏源山南、神圣非凡”为主题的山南旅游推介会在拉萨市隆重举行。加查县作为山南旅游推介的三个代表县之一，全面介绍县域旅游资源，重点推出崔久、坝乡、环线景区。

（边巴次仁）

【领导名录】

县旅游局局长　德　吉（女，藏族）

县旅游局副局长

张 娟 利（女）

边巴次仁（男，藏族）

中国邮政集团加查县分公司

【概况】 2016年，山南市邮政分公司下达的经营计划目标为217万元，加查县分公司全年完成业务总收入224万元，完成年计划的103%，比上年同期增长13%。成本费用完成260万元，完成年计划的116%。全员劳动累计生产率达到24万元。

【业务发展】 2016年，邮政加查县分公司全年邮务类完成收入108万元，增长20%，占业务总收入的48%。代理速度物流业务完成收入52万元，增长13，占业务总收入的 23%。代理金融业务完成收入64万元，占业务总收入的28%，增长 18%。

【经营举措】 2016年，邮政加查县分公司重点发展农村电子商务平台、代理金融业务、代缴交警罚没款、代售航空机票、代理销售分销产品、和“一县一品”集邮项目开发等亮点业务，使业务发展和便民服务同比进行。共发展农村电子商务服务平台3个，为农产品进城和工业品下乡提供渠道，借助农村电子商务服务平台实现网上代购35笔，销售特色商品0.5万元，给农村客户提供购物便利渠道，提升邮政加查县分公司的便民服务业务。

【农村通信】 2016年，加查县农牧区中心乡镇邮政所有8处，共有9名乡邮员（其中1名专职营业员、7名乡邮投递员兼营业员和1名城市乡邮投递员），藏木邮政所、加查镇、崔久乡、坝乡、冷达乡、拉绥乡和洛林乡邮件及党报党刊的投递频次为周三班，实现各行政村和各寺庙通邮率100%。全年，村邮政通信共投送函件8160 件，包裹20196件，EMS28173件，农村党报党刊投递达65.76万份，较好的履行邮政三农普遍服务。

【精神文明建设】 2016年，邮政加查县分公司紧紧围绕邮政经营中心开展工作，狠抓“三个文明”建设，认真组织参加自治区“进位争先”“五好支局”“争当星级员工”等竞赛活动，开展形势任务教育活动，参加山南市邮政分公司开展的各项活动。荣获2016年区公司授予的前十“进位争先”单位；荣获2016年邮政山南市分公司先进集体；总经理杨梅被评为2016年度“先进管理者”荣誉称号。

【基层党建】 2016年，邮政加查县分公司成立党支部，组织本单位党员学习党章党规和习总书记的系列讲话，认真贯彻执行《关于在全体党员中开展“学党章党规、学系列讲话，做合格党员”学习教育方案》，巩固拓展党的群众路线教育实践活动和“三严三实”专题教育成果，做一个合格的党员要有政治意识，向党中央看齐，向党的理论和路线方针政策看齐，加强道德修养，保持干事创业、开拓进取的精气神，密切联系群众，全心全意为人民服务。

【邮政金融】 为全面覆盖邮政服务领域，从2010年开始，县邮政公司开始代办邮政储蓄银行个人金融资产类业务，主要针对农牧民群众提供邮政储蓄银行个人金融业务。截止2016年12月31日，系统开户人数1326户，存款余额达2631.06万元。2016年12月1日起，县邮政公司开始代理邮政储蓄银行个人消费贷款业务，并在当月成功放贷两笔，放贷金额96万元，结束了县域邮政公司无法办理信贷业务的历史。

（马　仙）

【领导名录】
总经理　旦　增（藏族）

中国电信集团山南分公司加查县电信局

【概况】 2016年，山南分公司加查电信局围绕，“规模效益发展”这一年工作主线，以移动业务，宽带业务，天翼高清业务。翼支付业务，宽带用户数1200户，移动用户数3000户，县城全部覆盖了互联网光纤到户，全县乡镇具备50兆、100兆宽带接入能力。

【互联网网络建设】 2016年、加查县乡镇光进铜退工程全面竣工、实现FTTH网络全覆盖。

【电信基础设施建设】 按照中国电信“宽带中国光网城市”的战略和建设目标，电信3G网络已经覆盖全县，乡、行政村全部覆盖。

（旦增卓嘎）

【领导名录】

局　长　白玛朗杰（藏族）

中国移动通信集团西藏有限公司加查县分公司

【概况】 2016年，中国移动通信集团西藏有限公司加查分公司（简称加查县移动分公司）位于拉姆拉错路，成员7名，平均年龄28岁，下设15家渠道合作客户。主要负责全县的客户规模拓展及维护，渠道管理及支撑，集团客户服务及日常维系工作。

【经营理念】 2016年，加查县移动公司牢固树立和贯彻发展新理念，并以诚信、供应为经营理念，创造良好的企业环境。以全新的管理模式，完善的技术，周到的服务，卓越的品质为生存根本，用真诚服务加查县各民族群众。落实公司战略转型、改革创新战略。加查县移动公司始终秉承“正德厚生，臻于至善”的企业核心价值观，把发展作为第一要务，以改革为动力，推动加查县分公司持续、快速、健康发展。

【市场运营】 2016年，加查县分公司紧扣山南市分公司市场发展工作战略，积极落实各项工作要求，保持行业领先地位。在县城市场、农村市场、集客市场通过常态化营销、驻点服务等方式提升市场掌控能力。加查县移动分公司加大渠道的建设力度，通过统一跟班学习、组织培训、帮扶等各种措施提升所有渠道点的整体业务和服务能力。同时，也加强直销队的管理、分工、培训力度，充分利用直销团队的力量加大整体业务的发展。

【节日营销】 2016年，山南市移动加查县分公司员工利用“加查核桃节”人流量大的契机，结合当地农村“望果节”时机，在加查县城区域内的重点社区及各乡、镇多次组织驻点营销活动。

【“5·17电信日活动”】 2016年5月15日—17日，山南市移动加查县分公司开展“电信日宣传活动”。为客户提供家庭宽带、4G终端、家庭短号网、软件安装、数据业务、集团活动宣传、电话用户真实身份登记制度的业务宣传。

【服务水平】 2016年，加查县移动分公司优化营业员业务培训和考核制度，提高营业员的业务能力、服务规范、主动服务意识和服务态度。做好最基础的服务 ，及时处理客户投诉，给客户一个满意的答复。在宣传营销活动时跟客户解释清楚，提升营业厅的服务水平。服务得好，企业就有生命力、竞争力，就能求得企业更大的发展。服务得不好，企业则将一事无成。牢固树立“顾客就是上帝”的服务意识，加大重点集团驻点服务力度，提高客户感知度。

（德吉卓玛）

【领导名录】

县移动分公司经理　卓玛曲珍（女，藏族）

联通山南分公司加查县营业部

【概况】 2017年，联通山南分公司加查县营业部位于加查县德吉路，主要网络覆盖区域加查县城区及乡镇，泽当至加查沿路。公司员工4名，中共党员1名，管理岗1名，营业员2名，店长1名。下设自由营业厅1个，合作营业厅1个。

【网络建设】 2017年，根据《转发工业和信息化部电信管理局关于做好电信网络安全运行及通信保障工作的通知》和严格落实移动网、固网用户实名登记服务工作的要求执行，维护网络安全，确保用户信息不泄露。

【产品及业务】 2017年，联通山南分公司加查县营业部主要业务有：132、156、185、186、145号段“沃派”、无线网卡、4G全国套餐、合约终端、冰淇淋套餐、宽带等业务。“沃”品牌4G业务，2G/3G/4G手机终端销售。固定业务：固定电话、ADSL家用宽带、数据业务等。SDH数据传输专线接入、互联网专线接入、住宅及沿街商铺商务办公楼弱电集成。

【经营收入及服务】 2017年，加查县全县有移动用户800户，固网用户130户，专线5户， 全年收入总额60万元。2016年在原有的16座基站的基础上新建4座，确保网络全县覆盖的目标任务。

【宣传及慰问活动】 2017年，联通山南分公司加查县营业部利用“5·17”开展电信日宣传活动。为客户提供4G终端、家庭宽带、无线座机数据业务、流量0元1.5GB活动。电话用户真实身份登记制度的业务宣传。并对老用户、大客户进行回访维系和意见反馈工作，为全县客户服务及网络安全奠定扎实基础。

（安海龙）

【领导名录】

联通山南分公司加查县营业部经理

安海龙（土族）

金 融

中国农业银行股份有限公司加查县支行

【概况】 2016年，中国农业银行股份有限公司加查县支行（以下简称农行加查县支行）共有员工45人，内设综合管理部、客户部和营业部3个部门，下设5个营业所。截至年底，各项存款余额143300万元，其中个人储蓄存款为55943万元；各项贷款余额为104070万元，其中个人贷款为22174万元。

【优化服务细节】 2016年，农行加查县支行对网点服务制定提升目标和发展计划，创立“以敬畏之心服务百姓，真诚之心服务客户”的独特服务理念，将基本服务要求提升到关注服务细节的新高度。每一个环节都务必做到用心服务和真诚服务，将困难留给自己，把享受留给客户，真正做到为客户着想，为客户服务。

【信贷投入】 2016年，农行加查县支行充分利用“农牧户小额信用贷款”“农村个人生产经营贷款”等信贷产品，加强农牧户到户贷款的有效投入力度，壮大全行的资产规模；积极拓展个人贷款，扭转个贷萎缩局面。在有效控制潜在风险的前提下，推行“随薪贷”“自建房贷款”等个贷产品。加强贷后管理工作，有效实现优化资产结构，提高资产质量的目标。

【服务三农】 2016年，加强农村金融知识普及宣传力度，转变当地百姓传统理财观念。要求各营业所必须每个季度完成一次对所辖的所有村庄的走访任务，走村串户将国家和农业银行的惠农政策带到群众家中，宣传农行保本保收益的理财产品。截至年底，全行理财产品余额为9768万元。2016年，全行扶贫贷款余额为9890万元。截至年底，全行投放服务点100个，投放助农机具100台，为每个服务点配备点钞机和保险箱，并抽出专人对服务点机具进行定期维护，投放范围覆盖全辖77个行政村，覆盖率达100%，

【内部基础管理】 2016年，农行加查县支行紧紧围绕业务发展，创新管理模式，不断强化内部基础管理，建立起按章办事、求真务实、制度约束的管理文化。主要措施有转变对营业所的传统管理模式，将分管行长变为联系行长；树立管理人员的科学发展观、业绩观，加重主管和营业所主任的考核力度；优化绩效考核等。

【安全保卫】 2016年，农行加查县支行紧抓安全保卫基础设施建设，确保物防设施到位达标。多次更新全行消防灭火器材，查看监控是否完好。抓培训演练，确保技防水平不断提高。通过观看教学光盘、案例分析等形式组织安全保卫学习，

并进行防爆演练，有效提高全员的防范意识和技防水平。

（廖承志）

【领导名录】

农行加查县支行行长 米玛次仁（藏族）

农行加查县支行副行长 多吉占堆（藏族）

李 华（女）

中国人民财产保险股份有限公司山南分公司加查县营销服务部

【概况】 2015年7月，中国人民财险保险山南分公司加查营销服务部（以下简称人保财险山南分公司加查营销服务部）正式成立，开办车辆保险、农牧民小额人身意外伤害保险、建筑团体意外伤害保险、企业财产保险、乡村干部人身意外伤害保险、学生幼儿意外伤害保险、政策性涉农保险（种植业、养殖业、农房、能繁母猪、拖拉机、农业机械）等各类保险业务，协助山南分公司开展理赔查勘业务。

【各项经营指标】 年内，加查县营销服务部保费收入为459.61万元 。2016年加查县共接报案1345件，共计赔298.47万元 。其中车险赔付 108.45万元，非车险赔付78.65万元。政策性涉农保险赔付共计 111.36万元，其中养殖业20.45万元，种植业 25.64万元，农房 35.46万元，能繁母猪 18.45万元，农业机械11.36万元 。

【树立和巩固PICC品牌】 年内，加查营销服务部到7个乡镇开展各类保险知识下乡走村活动，自然村和行政村覆盖率达92%，接受宣传达1.9万人次。通过宣传，加查县广大农牧民的保险意识得到提升，提高自觉参加保险的积极性。通过广泛宣传，树立和巩固人保财险PICC的品牌，充分发挥保险在服务地方经济改善民生中的积极作用。

【精准扶贫】 为发挥保险行业体制机制优势，创新保险助推脱贫攻坚的思路和途径，加查营销服务部开辟政策性涉农保险理赔绿色通道，主动与相关部门对接，第一时间向贫困群众进行赔付，帮助贫困群众快速恢复生产。同时，大力开展农牧民意外伤害保险，缓解人民群众“因意外事故返贫、因病致贫返贫”的问题。

（仓决拉姆）

【领导名录】

中国人民财产保险加查县营销服务部经理

刘红莲

乡（镇）概况

安绕镇

【概况】 安绕镇位于加查县中南部，环绕县城，是以农业、牧业、林业兼营的行政区域，海拔3250米，下辖14个行政村，74个自然村，1所小学，2座寺庙，有农业银行和邮政银行营业厅，镇卫生院，公安派出所等机构。全镇总耕地面积3772.53亩，森林覆盖面积5万亩，草场面积26.2073万亩；全镇共有1258户4156人；68个村民小组；43名困难党员；27名三老人员；15个党支部，1个达布夏竹林寺管会党总支；779名中共党员，其中农牧民党员711名，机关党员52名，寺管会党员16名；镇机关行政编制23人，事业编制29人，司法编制1人，干部职工54人（公益性岗位4人）。

【主要经济指标】 2016年，安绕镇完成生产总值达13181.78万元，增长4.3%。其中第一产业5837.02万元，下降5.63%；第二产业1268.66万元，增长10.22%；第三产业6076.0万元，增长14.6%；农牧民人均纯收入达到17667元，增长3.3%；农牧民人均现金收入达14916元，增长5.3%。其中，虫草年产量435.62公斤，按每公斤6万元计算，共计2614万元；全镇交通运输人员247人，年收入2958.27万元；全镇建筑业从业人员537人，年总收入998.04万元；全镇住宿餐饮及批发零售业从业人员120人，年收入1542.44万元；完成2016年安绕镇各项目标任务。

【农牧业】 2016年，安绕镇积极调整农牧业产业结构。安绕镇农作物播种面积322.68公顷（含复种面积74.71公顷），其中粮食作物面积181.66公顷，油菜面积57.84公顷，蔬菜种植面积8.47公顷。粮食作物主要以小麦、青稞和玉米为主。粮食产量达1425.89吨，油菜产量达171.63吨，蔬菜产量达1370吨，年总收入为604.46万元。安绕镇牲畜总头数5532（匹、头、只），其中大畜5033（头、匹），全年肉类总产量391.30吨，奶类产量437.7吨，牧业总收入为1117.26万元；2016年安绕镇为热果村黄牛改良点争取维修资金2万余元，为桑东村黄牛改良点追加资金2万元。

【安全生产】 安绕镇制订《安绕镇“六打六治”专项行动方案》，成立安绕镇安全生产工作领导小组，采取张贴标语、发放宣传单、悬挂横幅等方式深入各村进行安全生产和道路交通安全法律法规宣传活动，开展安全隐患排查130余次，出动人员483人次，开展安全生产宣传教育活动42场次，发放安全生产宣传手册5000余份；加强对全镇成品油的管理，并与14个行政村签订成品油管理责任书和易燃易爆物品安全管理责任书，确保责任到户、到人，切实做好平安乡镇创建工作。

【社会保障】 2016年，全镇参加新型农村养老保险2063人（不含60岁），养老保险参保率达100%，缴费金额211800元；城镇居民合作医疗参保户数1184户，参保人数3970人，参保金额1667400元，参保率达100%；2016年安绕镇报销人数为3973人，报销户数为1096户，报销金额为553542.72；孕产妇住院分娩达75个，其中腹中死胎3个；住院分娩率达100%；农牧民健康体检率100%，疫苗接种率100%；做好残疾人服务工作，建立残疾人数据库，及时了解残疾人生活状况，2016年安绕镇共有残疾人226 人。

【教育工作】 2016年，安绕镇有完全小学1所，教学点1个，在校生408人，适龄儿童405人，入学率100%； 13—15岁适龄初中生218人，在校生272人，入学率100% 。安绕镇党委、镇政府主要领导干部定期深入学校检查学生学习情况和生活情况，并检查学生的辍学率；加强对“教育法、未成年保护法”等法律宣传达2场1800余人，进行劝学教育4人次，确保了控辍保学工作100%。

【精准扶贫】 2016年，安绕镇精准扶贫建档立卡173户493人，其中一般贫困户100户340人，低保贫困户46户96人，“五保”户27户27人。2016年脱贫100户340人。安绕镇立足实际找对策、谋路子，严格按照精准扶贫“六个精准”和“十个一批”的政策要求开展工作，引领各村因地制宜发展木碗制作、石锅加工、卡垫编制等传统手工业，创造价值17余万元，提供就业岗位50个；根据需要设定公路养护人员17人，旅游保洁人员20人，草原监督员48人，环境监督员9人，水生态保护员14人，城镇保洁员39人，提供就业岗位147个，人均年增收3000元；联系企业资助大学生5名资助金额为54500元；按照“123”结对帮扶要求，“大复核”中共参与结对认亲干部职工175人，结对认亲贫困户100户340人，投资慰问资金及物资折价共计7.225元；培训就业的贫困户18户18人；为低保人员衔接争取医疗救助金19万元；通过华能公司衔接，提供保洁岗位26个，人均月增收2300元。

【环境保护】 2016年，安绕镇召开环境保护专题会议8次，制订《环境综合整治工作方案》，与14个行政村，村与联户单位层层签订责任书达117份，制作环境保护宣传册及宣传单500余份；开展环境卫生整治活动24次，环境卫生评比10次。

【双联户工作】 2016年，安绕镇共参与和开展社会治安综合治理工作督导检查56次，宣传教育12次，发放宣传手册500余份；并积极开展双联户工作，将全镇14个行政村、1258户、4156人划分为103个联户单位，规定工作步骤，明确工作责任；开展双联户户长培训4次，参与人数达524人次，印发学习资料130余份；开展传销宣传整治行动28次，制作横幅一条。

【优化环境】 2016年，安绕镇根据摸底调查结果，对全镇违法违规行为进行分类梳理，共梳理违规买卖土地行为354户，违规出租土地54户、违规房屋出租102户、违规买卖房屋行为384户、私建房屋265户、私圈乱占行为612户、改变土地属性109户、一户多宅81户、简易房屋39户。截至年底，群众主动归还圈占土地207户；主动拔除林木1000余棵；主动终止非法买卖合同1起，主动解除房屋出租合同2起；主动解除房屋买卖合同1起主动拆除简易房屋28起；主动合并一户多宅2户。

【党建工作】 2016年， 安绕镇制订《安绕镇2016年度党建工作计划》，成立由镇党委书记翟国栋任组长的党建工作领导小组，召开党建专题会议2次，党建考核推进会12次，并与各村第一支部书记签订基层党建目标责任书，形成镇党委书记亲自抓，副书记具体抓、各村第一支部书记齐抓共管的工作格局；深入开展“两学一做”

学习教育，集中学习20余次，专题讨论4次，班子成员讲党课10余次；15个党支部共组织党员学习208次，学习人数达9036人次；收缴党费合计10875元，全额上缴县委组织部，无拖欠党费现象；整顿了2个软弱涣散组织；共发展党员21名，其中农牧民党员14名，机关党员7名；积极分子转预备15名，其中农牧民13名，机关干部2名；“七一”建党节慰问困难党员3名，发放慰问金3000元。

【特色产业】 2016年，安绕镇索囊村有石锅加工厂，占地面积为300平方米，加工厂房80平方米，员工20人，年收入金额100000万元；嘎堆村有农家乐出租地1200平方米，年收入120000元；惹米村有木碗加工厂，总投资15万元，每年生产350个木碗，销售额为50000元，利润为20000元；惹米村有综合养殖场，面积为1560平方米，改良牛12头，藏鸡400只，藏香猪37头，年收入为50000元；塘麦村有砖厂，占地面积1500平方米，年收入为60000元。

【项目建设】 2016年，安绕镇为切实把农牧民安居工作落到实处，进行危房改造23户，兑现款项275000元，2016年验收新增2户，兑现款项30000元，抗震加固15户，75000元。

【党风廉政建设】 2016年，安绕镇始终将落实中央“八项规定”、区党委“约法十章”“九项要求”和市委“十项规则”摆在突出位置，对比“三大问题”“六项纪律”和“八项规定”内容，召开党风廉政建设和反腐工程专题会议，镇党委书记与镇党委委员、各村党支部书记签订相应党风廉政建设和反腐败工作责任书共计46份。先后组织开展宣传活动5次，组织开展学习教育活动10次，组织开展检查“四风”违反情况、中央“八项规定”遵守情况及维稳值班在岗情况35次，组织相关制度修订1次。

【文化事业】 2016年，安绕镇加强对各村文化活动场所的管理力度，指定专人负责，做到制度上墙。以春节、藏历新年、“三八妇女节”“3·28”西藏百万农奴解放日，“六一”儿童节等重大节日为契机，用“走进农村，贴近群众”等方法开展形式多样、内容丰富的文艺活动，争取以健康、有趣的宣传方式宣传知识，满足农牧民群众日益增长的物质文化需求。安绕镇文化站设有图书阅览室（收藏藏书2000余份）、全国信息资源共享工程基层服务室，文化娱乐室、多功能厅、管理人员办公室、男女更衣室、调音乐器功能等功能室等，均实现每周末24小时开放。

（郝友琴）

【领导名录】

镇党委书记　翟国栋

镇人民政府镇长　多　吉

镇人大主席　索朗扎西（藏族）

加查镇

【概况】 加查镇，位于加查县东部，北纬29° 08'59"、东经92° 39'91"，属于雅鲁藏布江北岸河谷地带，平均海拔3200米，地形复杂多样，全境高峰林立。加查镇属于高原温带半干旱季风性气候区，光照充足，气候温和，年平均气温8.9℃，年日照2817.3小时，年均降水505.38毫米，无霜期124—169天，最深积雪厚度140毫米。加查镇距离县城14公里，东临朗县，西接安绕镇，北靠坝、崔久两乡，南与冷达乡隔江相望。全镇下辖11个行政村，32个自然村，总户数为959户、3523人（其中牧民33户、108人），劳动力1493人。加查镇党委下辖14个党支部（11个农村党支部、1个小学党支部、1个寺管会党支部、1个机关党支部），41个党小组，共有党员537人（含预备党员12名），其中男党员376人，女党员161人。农牧民党员465人。国土总面积512.04平方公里，耕地总面积4460.55亩，草场面积41.15万亩。加查镇主要以第一产业为主，粮食作物有小麦、青稞、豌豆、蚕豆、荞麦；经济作物有蔬菜、花卉、油菜。经济林木有核桃树、桃树、苹果树、梨树、花椒树、葡萄树等；药用植物有虫草、贝母等。加查镇草场面积41.15万亩，森林面积6606公顷，森林覆盖率为31.17%，森林储积量60.09万立方米。加查镇主要旅游景点有达拉岗布寺、五世热枕振活佛丹巴坚赞修行官殿、象牙泉和莲花生大师归隐修行地古如日追。特色产品有冬虫夏草、核桃、贝母等。截至年底，加查镇农村经济总收入7799.38万元，农牧民人均纯收入12180元，同比增长10.86%。其中第一产业收入4824.97万元，同比增长13.18%；第二产业收入538.34万元，同比下降18.46%；第三产业2436.07万元，同比增长15.4%。全社会固定资产投资1130万元。固定电话用户959户，使用率100%；移动电话用户959户，使用率100%；互联网用户959户。全年农村居民人均纯收入12180万元，城镇登记失业率0%。2016年，加查镇财政收入996万元。养老保险实际参保人数2049人，参保率100%。全镇有大小寺庙、尼姑庵、拉康、日追5座。

【党建工作】 2016年，加查镇根据实际情况，调整充实“加查镇党的建设工作领导小组”，制定《加查镇2016年党的建设工作实施方案》，修订《加查镇村党支部第一书记工作职责》《加查镇党员监督管理办法》等5部工作制度。镇党委与14个党支部签订基层党建工作目标责任书。保障党建专项工作经费5万元落实到位。民主选举产生39名党小组组长。根据《加查镇2016年党的建设工作实施方案》，分解党建工作为165个小项目。落实“四议两公开”和“十个一”工作法等。对11个村党支部的远程教育站点进行维护登记。建成加查镇基层党建示范点，带动全镇基层党建工作整体推进。加查镇扎实开展“两学一做”学习教育，镇党委理论学习中心组举办学习研讨会14次，全镇召开支部党员大会学习讨论56次，召开党小组学习讨论268次。县（处）级干部讲党课2次，镇（科）干部讲党课8次，基层党组织书记讲党课18次，邀请党校教师、讲师团、老党员讲党课6次，驻村工作队队长讲党课15次。全镇各党支部共查摆问题62个，乡科级以下党员干部查摆问题468个，现已全部整改完毕。

【党风廉政建设】 加查镇组织学习中央“八项规定”、区党委“约法十章”、地委“十项规则”和新修订的《中国共产党廉洁自律准则》《中国共产党纪律处分条例》等党纪条规。镇党委书记与党委班子成员签订《中共加查镇党委班子成员落实党风廉政建设和反腐败工作目标责任书》和《加查镇2017年村级党风廉政建设和反腐败工作目标责任书》，压实村一级党建主体责任，打通党的建设“最后一公里”。镇长与政府班子成员签订《加查县加查镇政府班子成员落实党风廉政建设责任书》，扎实落实“一岗双责”工作责任制。2016年，加查镇共召开党风廉政建设会议8次，通报典型案例2次，观看警示教育影片12次，张贴廉政横幅14张，撰写心得体会45篇，筑牢党员干部拒腐防变意识。

【农牧业】 加查镇农田水利设施齐全，能够保障95%以上的耕地得到灌溉。农机具广泛应用，机耕率达100%，机播率达100%，机收率达100%。2016年，加查镇种植小麦2897.35亩、青稞1260.75亩、油菜181.45亩、土豆78.1亩，其它农牧业42.9亩；复种农作物连片种植1250亩，人均收入逐步提高；农牧技术人员共39人（其中科技特派员22名、村级兽医16名、镇级兽医1名），开展技能培训4次，春季动物疫苗注射免疫率达100%，农牧专业技术人员实现全覆盖；落实草畜平衡补助资金592909.77元，共计769户；2016年，加查镇雨季频繁，雨量较大，镇政府及时成立工作组、制定应急方案，摸排检查汛期各类隐患16次。

【教育事业】 加查镇有3所中心幼儿园和1所

小学，现有学生423名。适龄学生入学率达到100%，适龄学前教育入学率达到到98%，控辍保学率100%。镇党委班子成员与贫困学生结对帮扶，实行包校包班制度。加查镇着力推进义务教育均衡发展，通过积极争取县教育局项目资金、强化师资力量配备，有效促进镇完小、镇幼儿园教学水平持续提升，教师学历合格率100%。2016年，镇中心幼儿园、中心小学大量开展感党恩教育、新旧西藏图片展、“3·28”百万农奴纪念日文艺汇演、庆祝“六一”儿童节文艺演出、学雷锋精神做事带新人、“红领巾心向党”等文艺教育活动，丰富学生精神生活，培养学生感党恩、听党话、跟党走的信心和决心。

【医疗卫生】 2016年，加查镇配齐配强镇卫生院和村级卫生室医务人员，镇卫生所配备专业医务人员6人，11个行政村卫生室配备村医22人，实现基础医疗全覆盖。严格落实各项惠民利民医务政策，全镇孕妇住院分娩率达100%，看病就医率达95%。发放宣传资料500份，宣传展板30个，开展送医送药送温暖活动10次。江塘村驻村工作队积极联系市食药监局和市藏医院开展就诊活动3次。全年未发生重大医疗事故和重大疫情。

【文化事业】 全镇电视覆盖率达100%，广播覆盖率达100%。加查镇文化站配有乒乓球、台区、藏式克朗球、电子琴、吉他、六弦琴、笛子等文艺体育器材，藏书1041种、2061册。加查镇文化站辐射周边群众，满足农牧民群众精神生活。全镇11个行政村文化室均配有整套音响设备、39寸液晶电视和DVD放映机，实现宽带网络全覆盖。村级“文化书屋”书籍种类繁多，长期向农牧民群众开放。各村均已建成文化广场，健身器材完善。2016年，加查镇隆重举办乡土民俗文化节。全镇在藏历新年等重大节日期间共开展文艺活动20场次，覆盖群众3000余人次。

【社会保障】 2016年，加查镇共参加农牧民合作医疗有909户3417人（其中包括16名五保户和2名孤儿），养老保险实际参保人数2049人，参保率100%。119人享受到农牧民门诊药费核销18405元，1454人享受到农牧民门诊药费报销，报销金额为434538元。全年发放低保户生活补贴149328元，“五保”户生活补贴267900元，“三老”人员生活补贴162020元。残疾人等弱势群体补贴资金均得到按时足额发放。加查镇机关党支部成立“关爱老人志愿服务团队”，定期开展关爱老人志愿活动。2016年，“关爱老人志愿服务团队”共开展8次活动。

【旅游业】 加查镇历史悠久，文化气息浓厚。全镇有大小寺庙、尼姑庵、日追5座。有达拉岗布寺、五世热枕振活佛丹巴坚赞修行宫殿、象牙泉、莲花生大师归隐修行地古如日追、汉盐和“千年核桃树”的旅游资源。2016年，加查镇旅游年接待量5000余人次。

【生态保护】 加查镇认真贯彻落实“绿水青山就是金山银山”生态环保理念，制定《加查镇关于破坏生态环境惩戒机制》和《加查镇关于生态保护奖励机制》2部生态保护行为规范。动员全镇人民共清理河流垃圾8次，在政府街道、人口密集地区、交通枢纽等地方清理垃圾55次，有力促进加查镇生态环境保护。

【维护稳定】 结合“六五”普法和“两学一做”学习教育，开展反分裂宣传教育活动共14场次，发放宣传资料800余份，覆盖群众1200余人次。2016年共开展维稳督导9次，排查调处矛盾纠纷2起，全镇未出现安全生产事故、群体性事件和越级上访事件。同时，加查镇充分发挥双联户单位“联户平安 联户增收”作用，集中双联户长开展培训4次，向群众宣传双联户政策25场次，受众人数1700余人次。

【项目建设】 为贯彻落实《西藏自治区人民政

府关于加快天然饮用水产业发展的意见》大力发展市天然饮用水产业，提升工业经济发展水平，助推加查县地方经济的发展。2016年，中力鼎盛有限公司在加查县加查镇奴巧村兴建年产30万吨的天然饮用水项目。项目竣工投产后，年均产值可实现17250万元，年均生产成本10350万元，年均利税总额6900万元，年均上缴税金约为1593万元，年均净利润约为5307万元。

【精准扶贫】 2016年，加查镇建档立卡贫困户为141户、384人，其中一般贫困户65户222人，低保51户137人，五保户25户25人。加查镇及时为769农户兑现草原生态补偿奖励补贴592909.77元。申报211个护林员岗位、42个草原监督员岗位、8个水保员岗位、6个公路养护员岗位、10个旅游厕所保洁员岗位和8个环保监督员岗位，共为285名贫困户提供就业岗位。截至年底，全镇已有3名农牧民群众自主创业（个体经商户），月收入3000元以上。推广山东7号冬小麦（818亩）和冬青18号青稞（700亩），继续推广藏青320号青稞，提高粮食生产质量。2016年加查镇粮食补贴830户，共计192228.82元。积极鼓励党员致富带头人开展结对帮扶，为农牧民群众提供就业岗位，促进再就业。全镇11名党员致富带头人及致富能手共带动16人就业，创造收入374000余元。

【特色产业】 加查镇素有“千年核桃林之乡”美名，全镇核桃种植达99000万余株，年产量199530公斤。加查镇积极招商引资，在江塘村、扎西定岗村、龙巴村培育三家农家乐，集休闲、娱乐、旅游、观光一体，日接待量500余人次，为广大农牧民群众和游客提供最优质的休闲服务。在龙巴、久堆、扎西定岗等村建成温室大棚85座。2016年第一产业收入4824.97万元，其中特色产业一虫草产业收入3225.06万元，约占第一产业66.84%。特色产业吸纳就业人员1300余人。

（梁　博）

【领导名录】

镇党委书记　吴 建 国

镇人大主席　罗布旺杰（藏族）

镇人民政府镇长

扎西桑布（藏族）

坝　乡

【概况】 坝乡位于加查县东北部，东与林芝市朗县接壤，西与本县崔久乡连接，南与加查镇相邻，北与林芝市贡布江达县连界，距离县城97公里，是加查县的仅有两个高寒纯牧业乡之一，平均海拔4200米，国土面积1072.72平方公里，生产方式以传统牧业为主，农业为辅，主要经济来源于冬虫夏草。坝乡党委下辖6个党支部，共有党员215名（其中农牧民党员183名）。乡政府位于坝乡坝村，全乡下辖4个行政村，17个自然村，共444户1506人。草场面积677896亩，耕地面积453.45亩，年末牲畜存栏数8460头（只、匹）。

【经济指标】 2016年，全乡经济总收入达4883.88万元，比2015年增长了650.92万元（增长率为15.38%），其中：第一产业达到3537.75 万元，比2015年增长了545.24万元（增长率18.22%）；第二产业达961.33万元，比2015年增长了35.98万元 (增长率10.31%)；第三产业达961.33万元比2016年增长了69.7万元（增长率2.62%）。人均纯收入达17836元，比2015年增长了1744元，增长率为15.38%。

【党建工作】 2016年，坝乡严格按照基层党组织建设“三级联创”的要求，以创建“六好乡（镇）党委”为目标，及时制定2016年党建工作计划，明确工作重点，与各党支部签订党建工作目标责任书，积极开展晋位升级、党员学习教育等工作，使基层党组织的创造力、凝聚力、战斗力得到不断增强，有力地促进了我乡社会各项事业的发展。认真贯彻落实 “两学一做”学习教育，明确目标任务，真正把党的思想政治建设抓在日常、严在经常。圆满完成乡党委、政府、人大换届工作，进一步巩固和加强了乡领导班子；落实民主生活会制度，认真剖析、开展批评与自我批评，着力改善工作中存在“四风、两问题”。2016年坝乡党委集中学习12次，全乡召开党员大会25次，科级干部讲党课10次，基层党支部书记、老党员、驻村工作队长共讲党课45次。

【党风廉政】 坝乡始终以作风为突破、以教育为基础、以制度为保障、以监督为关键、以纠风为重点，逐步加大从源头上预防和治理腐败的力度，切实加强党风廉政建设和反腐败工作。将全面贯彻落实党风廉政建设责任制作为“一把手”工程，放在突出位置切实抓好抓实，不断提高干部职工廉洁自律意识。

【农牧林发展】 2016年末，全乡牲畜存栏数8460头（只、匹），出栏2776左右，出栏率32.81%。肉类产量达354吨，奶类产量达1032吨，皮类产量达2776张。2016年，乡政府投资78万新建65个牲畜暖圈，兑现草补助资金142.2663万元。2016年底，全乡农作物播种面积453.45亩，产量233.87吨。坝乡野生药材较多，至2016年底，共采集野生药材294.6公斤。

【精准扶贫】 全乡2016年建档立卡贫困户和贫困人口为82户211人。坝乡通过9大措施加快贫困人口脱贫致富，产业扶持户有33户96人、转移就业（保洁员12户12人，8户9人为培训对象）、易地搬迁6户15人、教育援助1户1人、医疗救助26户29人、社保兜底19户27人（新增7户13人）、生态补偿（护林员67户83人、草监员35户41人）、信贷扶持37户120人、结对帮扶63户184人。

【教育事业】 在巩固提高“两基”工作的基础上，乡党委、政府高始终坚持把教育工作纳入全乡发展的总体规划中，不断加强对教育工作的领导，全面贯彻落实自治区农村义务教育经费保障机制和“两免一补”政策，双语教学已经实现常态化。投资1200万元建设的学校综合楼和活动场所已投入使用，控辍保学4人，适龄儿童已99.98%入学就读，我乡有3名大学生，5名高中生（1名内地西藏班），65名初中生。

【社会保障】 发动全乡干部职工深入各村宣传农村社会养老保险。全乡16至60岁适龄参保736人，实际参保736人，参保率达到100%，共计缴费74800元。

【医疗卫生】 大力宣传有关农牧区免费医疗政策，全乡参加免费医疗的人数达1506人，完成了免费医疗个人筹资收缴工作，实现了医保全覆盖。宣传并开展“两降一升”工作，加强母婴保健工作，关注孕妇身体情况,鼓励她们住院分娩，乡政府免费接送孕妇，目前在我乡辖区内未发生孕产死亡事件。加大环境保护工作，每村配4个环保监督员，通过定期不定期的我乡环境进行督查和打扫，进一步打造生态文明乡。

【安全生产】 2016年，成立了坝乡安全生产工作领导小组，一年以来，全乡积极做好安全生产工作，在乡境内显著位置张贴安全标语20余条、发放宣传单（册）200余册、悬挂横幅6副，开展安全生产宣传教育活动42场次，开展安全隐患排查20余次，食品安全检查20次，设立安全警示牌10处，出动人员达135人次。同时，加强对成品油的管理，并与4个行政村签订成品油管理责任书和易燃易爆物品安全管理责任书，通过抓好道路交通安全、食品安全等安全隐患排查整改，切实做好平安乡镇创建工作。

【特色产业】 坝乡是加查县两个重要虫草产地之一，每年4至6月虫草采挖期间，全县各乡镇农牧民群众赴坝乡采挖虫草人员达3000多人。2016年，全乡虫草产量达294.6公斤，带动农牧民群众创收达100余万元。

【领导名录】

乡党委书记 谢祥建（6月免）
周兆青（6月任）

乡人大主席 洛桑旺堆（6月免，藏族）
明久罗布（6月任，藏族）

乡人民政府乡长
巴桑（藏族）

崔久乡

【概况】 崔久乡，位于加查县东北部，东与加查县坝乡邻、北与林芝地区贡布江达县接壤、西与桑日县交界、南与加查镇相连，平均海拔4500米以上，地形地貌主要以山地为主，其中包含有拉姆拉措国家湿地公园，水资源比较丰富，辖区内包含1条二级河流（丝波绒曲河），4条三级河流（达麻洞河、德里姆曲河、白曲河、机隆朗河、思普沟），3条四级河流（夕郎河、白曲右之一河、洞捏弄巴河），气候条件比较恶劣（高寒、潮湿），主要山川以沟壑的形式来命名（分为泽木沟、吉隆沟、岗琼沟、拉玉沟、丝波绒沟），主要物产有：虫草、奶渣、酥油、牦牛肉等。距离县城53公里。下辖3个行政村，16个自然村，211户，总人口711人。其中农村人口710人，人口出生率2.026%，死亡率0.434%，自然增长率1.592%，地域总面积1002.12平方公里，主要以畜牧业为主，农业主要以青稞为主，畜牧业主要以牦牛为主，耕地面积133.2亩，粮食播种面积90亩，经济作物耕地面积200公顷左右，森林覆盖率为12.639，林地面积12666.667公顷，草地面积684271公顷。国家野生保护动物有棕熊、狗熊、野鸡、猴、鹿、岩羊、雪狼、雪豹等，已探明的矿产资源有铅、铝，主要旅游景点有拉姆拉措神湖、班德拉姆酒窖、长寿泉、琼果杰寺、拉姆拉措国家湿地公园等，崔久乡生态资源丰富，多为未开发的原始森林，生长着松、杉、高山栎等优良树种，可开发的中草药有很多种，主要以虫草、贝母、雪莲、红景天、当归等为主，2016年完成生产总值2474.35万元，同比增长3.27%；其中第一产业1556.21万元，同比增长4.95%；第二产业完成120万元，同比增长%；第三产业完成798.14万元，同比增长0.62%。全年农村居民人均纯收入18000元。截至年底，参加基本养老保险380人，城镇职工参加基本养老保险 26人，参加新型农村养老保险376人，已领取养老保险待遇2人。参加新型农村合作医疗691人，参合率100%，有寺庙1所，僧尼8人，其中活佛1人。

【基础设施建设】 2016年，崔久乡实施道路建设项目2处，房屋建筑施工项目2处为乡民政救灾仓库和卫生院，路面硬化项目1处，完工验收项目1处乡机关周转房；其中2处道路建设分别为一条通往二村拉玉沟的交通主道和一条通往三村的交通主道，其两点均有较丰富的虫草产量和畜牧业，带动着整个乡的经济发展。

【党建工作】 2016年崔久乡共有1个党委，1个机关党支部，1个寺管会党总支，3个村党支部，14个党小组，120名党员，农牧民党员86名，35岁以下党员49名。党建领导小组办公室召开5次专题党建工作部署会议和2次党建工作推进会议，安排36场次支部学习，其中集中学习24场次，自学12场次。

【社会治安综合治理】 2016年，崔久乡综治办狠抓乡各机关单位在各维稳重点节点的值班带班力度，严格要求做好相关台账的登记，做到联户单位内“一户有警，联同联动”的治安联防机制，创新出双联户“四个零”工作法。针对“七五”普法开局之年，认真开展法律普法宣传工作，及时的排查调处矛盾纠纷等安全隐患，做到辖区内社会治安和谐稳定，调解口头矛盾纠纷4起，无其他矛盾纠纷发生。

【党风廉政建设】 2016年，崔久乡党委、政府注重引导广大党员干部特别是领导干部树立科学的发展观和正确的政绩观，坚持为民、务实、清廉，做到科学执政、民主执政、依法执政；要求党员干部提高工作效能，转变工作作风，规范行政行为，切实增强党员干部队伍的创造力、凝聚力和战斗力，以良好的党风政风带动社会风气的好转，引导党员干部树立廉洁自律意识和积极向上、无私奉献的思想道德情操，增强党员干部的从政修养，自觉养成守法、诚信、自律的良好行为规范。

【换届选举】 2016年，崔久乡领导班子成员大换届，换届中坚持早启动、早谋划、早部署、压实压紧换届风气监督中“五类责任主体”的具体责任，制定了诸多“十不准、九严禁、七必看十严防、四必查、四必谈、四必访、四必训等”制度，做到齐抓共管、形成合力，共同营造风清气正的换届环境和正式生态。

【脱贫攻坚精准扶贫】 2016年，崔久乡精准扶贫建档立卡36户67人，一般贫困户26户55人，低保户2户5人，“五保”户7户7人，五保户集中供养5户5人，分散供养2户2人；建档立卡贫困户因病致贫1户3人，占4.5%；因残致贫3户4人，占6%，缺劳力致贫13户27人，占41%，异地搬迁脱贫6户13人，生态补偿脱贫28户40人，社会保障兜底脱贫9户12人，金融惠农脱贫12户34人，小额信贷发放总额68万元，培训转移脱贫1户3人，就业援助脱贫1户1人，发展教育脱贫1户5人，经优化整顿现有33户66人（死亡一人），计划脱贫时间2017年。

【合作医疗】 2016年，崔久乡合作医疗个人筹资211户691人，五保户7户7人，新生14人，筹资总额13820元，五保户去世3人，全民参保率达100%。

【农保工作】 2016年，崔久乡参加基本养老保险380人，参加新型农村养老保险376人，已领取养老保险待遇2人，城镇职工参加基本养老保险26人。

【均衡教育】 2016年，崔久乡现有学生146名，幼儿园学生12名，小学生65名，初中生45名，高中生16名，大学生8名，今年考上大学的有4人；一个双语幼儿园教育教学点，在校老师1名，学生12名，厨师1名。

【安全生产】 2016年，崔久乡建立11个村义务消防队，1个村志愿消防队，为村委配备灭火器，在冬季要求各村义务消防队加强对存在隐患的供电线路、灶具进行整改，敏感节点24小时设卡设点，检查过往车辆，严格检查农用车超员超载、人货混装、超速等现象，每季度对辖区内的所有商店、学校、工程建设、道路交通等存在安全隐患的进行一次全面大检查。

【畜牧产业工作】 2016年，崔久乡牲畜存栏总数7540头，出栏820头，出栏率10.875%，成畜死亡200头，死亡率2.653%，新生幼畜1030头，幼畜死亡93头，存活率91%，完成动物疫苗注射疫病防控，注射率达100%，全年无超载户，严格完善落实操场承包经营责任制及生态保护补助奖励机制，并签订草原生态补助奖励机制责任书。

【宣传工作】 2016年，崔久乡在藏历新年、“三八”妇女节、“3·28”西藏百万农奴解放纪念日等重要节日期间，通过举办文艺演出、活动比赛等方式方法进行文化宣传；在“3月宣传月、6月宣传周、9月宣传日、藏历4月15日佛事活动”等，采用发放手册、集中宣讲、观看电影等方式进行法律宣传。

【旅游与环保】 2016年，崔久乡针对越来越多的游客，跟加查县旅游局协商后，加大相应的管理措施和力度，针对进山的游客实行两阶段限速：拉姆拉措实地办至崔久乡派出所限速一小时，崔久乡派出所至拉姆拉措神湖限速半小时，在山顶放置有多个垃圾箱，有专门的环保监督员。

【虫草采挖管理】 2016年，崔久乡针对往年虫草采挖工作中的不足，经与加查县农牧局协商，对清山工作组人员进行调整重新分配，对采挖人员进行按乡镇、按联户单位进行集中制搭建帐篷，做好所有采挖人员信息的统计，收取采挖人员环境保护押金100元（采挖结束时退还），定期进行虫草采集证查证工作，了解采挖人员的思想动态，避免产生矛盾纠纷，虫草采挖期间共调解口头矛盾纠纷2起。

（巴元军）

【领导名录】

崔久乡党委书记

慕育军（6月免）

益西加措（藏族，6月任）

崔久乡乡长 益西加措（藏族，6月免）

平治伟（6月任）

崔久乡人大主席

多吉（藏族，6月免）

米玛多吉（藏族，6月任）

拉绥乡

【概况】 拉绥乡位于布当拉山脚下，乡政府距县城18公里，东邻安绕乡，北邻桑日县，南邻洛林乡，西与曲松县接壤。最高海拔为5243米，最低海拔为3280米，平均海拔为3500米。拉绥乡地处山区地势西高东低，全境高山林立，群山环抱。陇堆沟河、苏夏沟河自西向东汇入雅鲁藏布江。陇堆沟河全长约34公里，有四个行政村村分布在其河道沿线，苏夏河长28公里，覆盖藏木点五个行政村的农田灌溉水源。有独特的气候条件，年平均降水504毫米，平均湿度32%，无霜期124天，年气温在－3℃～14.6℃，年平均气温8.6℃，年日照数2813.7小时，年积温3218℃，最大风速17米/秒，平均昼夜温差18℃。主要山川布当拉山、强巴雪山，主要物产核桃、木碗，下辖9个行政村，45个村民小组（自然村），总人口3688人，其中农村人口3688人，人口出生率13.37‰，人口自然增长率3.0‰，地域面积为452.12平方公里，主要以第一产业为主，农业作物包括小麦、青稞、油菜、豌豆等，畜牧业包括牦牛、犏牛、黄牛、山羊、马等牲畜，属于半农半牧地区。耕地面积其中耕地面积为309.68公顷，粮食播种面积216.52公顷，其中冬小麦151.46公顷，青稞65.06公顷，经济作物耕地面积80.82公顷，其中豆类0.98公顷，油菜33.25公顷，蔬菜17.89公顷，青饲料28.7公顷，森林覆盖率森林覆盖率为42.84%，林地面积193.69平方公里，国家野生保护动物马鹿、獐子、棕熊、狗熊、雪狼、雪豹、雪鸡等，已探明资源有砂金、铁矿、铬铁矿等，主要旅游景点布当拉山，特色产品核桃、木碗等，2016年完成生产总值7436.83万元，增加10.43%，其中第一产业4659.61万元，增长14.77%，第二产业完成435.8万元，增长9.58%，第三产业完成2341.42万元，增长2.85%，全年农村居民人均纯收入为11091元，其中农村居民人均现金收入为8659元，增长9.72%。截至年底，农牧民群众基本医疗保险参保人数为3666人（包括了39名五保户、3名孤儿），参保率99.4%。全乡新型养老保险参保人数为1867人，参保率为97.7%，保费收缴率达到了100%，新型养老保险参保覆盖城乡居民及僧尼。没有寺庙、拉康、日追及僧尼。

【党建工作】 2016年，拉绥乡根据实际情况，调整充实拉绥乡党的建设工作领导小组，制订《拉绥乡2016年党的建设工作实施方案》，修订《拉绥乡部第一书记工作职责》《拉绥乡党员监督管理办法》等5部工作制度。乡党委与12个党支部签订基层党建工作目标责任书。落实“四议两公开”和“十个一”工作法等。建成拉绥乡基层党建示范点，带动全乡基层党建工作整体推进。拉绥乡扎实开展“两学一做”学习教育，乡党委理论学习中心组举办学习研讨会10次，全乡召开支部党员大会学习讨论46次，召开党小组学习讨论176次。乡（科）干部讲党课12次，基层党组织书记讲党课18次，邀驻村工作队队长讲党课11次。全乡各党支部共查摆问题13个，乡科级以下党员干部查摆问题158个，现已全部整改完毕。

【党风廉政建设】 拉绥乡组织学习中央“八项规定”、区党委“约法十章”、地委“十项规则”和新修订的《中国共产党廉洁自律准则》《中国共产党纪律处分条例》等党纪条规。乡党委书记与党委班子成员签订《中共拉绥乡党委班子成员落实党风廉政建设和反腐败工作目标责任书》和《拉绥乡2017年村级党风廉政建设和反腐败工作目标责任书》，压实村一级党建主体责任，打通党的建设“最后一公里”。乡长与政府班子成员签订《加查县拉绥乡政府班子成员落实党风廉政建设责任书》，扎实落实“一岗双责”工作责任制。2016年，拉绥乡共召开党风廉政建设会议9次，通报典型案例2次，观看警示教育影片11次，张贴廉政横幅15张，撰写心得体会41篇，筑牢党员干部拒腐防变意识。

【农牧业】 2016年，拉绥乡粮食播种面积达309.68公顷，其中冬小麦151.46公顷，青稞65.06公顷，豆类0.98公顷，油菜33.25公顷，蔬菜17.89公顷，青饲料28.7公顷。截至年底，粮食产量达到1190.25吨，其中冬小麦819.28吨，青稞317.17吨，豆类5.5吨，油菜74.15吨，蔬菜936.62吨。2016年牲畜总数为8643头，减少1145头。出栏2936头，增加1708头，出栏率为30%；成畜死亡182头，成畜死亡率为2%。黄牛改良 341头，改良率100 %。2016年肉类总产量231.94吨，减少3.8%；产奶类545.35吨。2016年已完成春、秋两季动物疫苗注射工作，春、秋两季的疫苗已完成100%，全乡未发生1例疫病疫情。2016年乡政府的部署和监督科技特派员、科技明白人深入农田、深入牧区大力推广“藏青2000”“藏青320”等新品种。2016年，拉绥乡推广翻转犁190台、手扶拖拉机37台、时风拖小四轮2台、小四轮拖车2台、联合收割机1台。机耕、机播、机收达155.7公顷。

【教育事业】 拉绥乡有两所小学，两所幼儿园。2016年拉绥乡两所小学顺利完成教育均衡发展目标任务。全乡5—6周岁儿童共106人，7—12周岁适龄儿童共207人。13—15周岁适龄儿童共169人，学前双语幼儿园在校106人，小学入学207人，入学率100%，巩固率100%，初中在校生208人，初中入学率为123%，乡政府加大控辍保学力度，一学年内辍学0人，在校巩固率为100%。

【医疗卫生】 2016年，拉绥乡住院分娩孕产妇49人，住院分娩率100%，全年无孕产妇死亡。5岁以下儿童总数为348人，死亡3人，儿童死亡率为0.08%。组织乡卫生院到村组开展传染性疾病相关知识宣传5场次，全年全乡未发生1起疫病。农牧民群众基本医疗保险参保人数为3666人（包括39名五保户、3名孤儿），农牧民群众合作医疗个人筹资73320元。截至年底，拉绥乡家庭账户基金共报销543004万元。未发生挪用、截留、挤占资金和资金兑现错误等情况。

【文化事业】 全乡电视覆盖率达100%，广播覆盖率达100%。拉绥乡文化站配有乒乓球、台球、藏式克朗球、电子琴、吉他、六弦琴、笛子等文艺体育器材。组建乡、村两级业余文艺宣传队，积极组织开展乡、村两级文艺演出。文艺演出团在藏历新年、“3·8”妇女节、“3·28”西藏百万农奴解放纪念日等节日共进行文艺演出17场次。为确保拉绥乡辖区内所有单位，农户家中悬挂新的国旗和领袖像，共发放1090面国旗、1140个领袖像。全乡各村农家书屋的存书量达到3500册以上，各村委会实现农家书屋全面开放。村级文化活动场所配套设备管理使用到位，2016年各村农家书屋已全部实现通网、联网。

【社会保障】 2016年，全乡新型养老保险参保人数为1867人，参保率为97.7%，收缴保费22.96万元整，保费收缴率达到了100%，新型养老保险参保覆盖城乡居民及僧尼。农牧民群众基本医疗保险参保人数为3666人（包括39名五保户、3名孤儿），参保率99.7%，农牧民群众合作医疗个人筹资73320元。截至年底，拉绥乡家庭账户基金共报销543004万元。拉绥乡共有五保户64户、64人，其中25人在县敬老院接受集中供养。

【生态保护】 2016年，拉绥乡实施乡村卫生保洁工作责任制，确立每户的门前卫生职责，加大对村居脏、乱、差问题的整治力度，农牧区及主要省道沿线、村道边、学校、村委会、乡政府周边等公共场所环境卫生明显改善。在耕地保护方面，在新农村建设过程中乡党委、政府结合优化发展环境专项行动，严格土地审批程序，教育引导群众建房不占耕地、鼓励群众开荒种地，实现占补平衡。2016年，拉绥乡共完成义务植树造林200亩，15400株，造林成活率达到95%以上，保存率为100%，其中建设重点区域生态公益林23亩。

【信访工作】 2016年，拉绥乡认真贯彻落实《信访条例》，采取各种有力措施，做好信访工作，将矛盾纠纷排查化解在最基层。2016年，“三级信访领导人”接待7人次的群众来访；包村领导人共排查出矛盾纠纷6起，及时调处群众婚姻家庭、邻里等矛盾纠纷9起；包案领导人调解信访大案件1起，年内，拉绥乡未发生1起特大信访案件。

2016年，联合乡派出所开展烟花爆竹、道路交通、农牧业生产领域进行执法检查共计9次，确保全乡无重特大安全生产事故发生。

【精准扶贫】 2016年，拉绥乡全面开展贫困户家庭的调查摸底，建立贫困户家庭档案202户421人（一般贫困户104户284人、低保户34户73人、“五保”户64户64人），精准吃透贫困底子、严把入户调查，民主评议、公示、公告三个关键环节。拉绥乡扶贫办制定切实可行的帮扶措施。从发展生产扶持、易地搬迁安置、发展教育帮扶、社会兜底保障、结对帮扶脱贫、培训转移脱贫、就业援助脱贫、城乡带动等方面开展脱贫工作。拉绥乡全乡干部职工、各驻村工作队担起举各方力量打赢扶贫攻坚战的任务，形成多对一的结对帮扶模式，帮扶责任到村、到人，严格执行一户落实2—3个帮扶干部，认真帮助扶贫户争取项目、传技术、送政策，确保扶贫工作的取得切实有效的成果。结合农、牧、林业工作开展需要，充分发挥政府能动性，适度开发护林员254人，给贫困群众解决就业机会，让转移就业扶贫群众实现本地就业。

【特色产业】 拉绥乡拉绥点以及苏夏村，发挥自身优越的草场、劳动力条件，大力发展农业、牧业经济。藏木点各村依托自身便利的交通条件和气候优势，推动庭院经济、特色产品品牌化等朝阳产业，依托藏木电站、加查电站、拉林铁路等重大项目为契机，大力发展运输业，取得较好的经济收益。拉绥乡依托区位、资源、政策优势，“一村一品”工作如火如荼地开展。叶云村依靠自身优越的牧业发展环境，购买45头牦牛，取得10万元的收益。拉绥村农牧民妇女开设的“竹器”培训班，取得4万余元的经济收入。昂达村依靠自身优越的草场条件，购买400只山羊，取得6.1万元的经济收益。滚追巴推动手工业产品的品牌化，取得4万元的经济效益。岗巴村、玛罗村大面积扩植核桃、苹果、桃树，岗巴村实现8.7万元的现金收益，玛罗村实现8.3万元的现金收益。岗巴村、玛罗村、滚追巴村在运输行业共取得20余万元的收入。巧巴村毛毯编织、竹器编织“联户增收”项目的发展，取得4.3万元的现金收入；玛罗村山羊养殖“联户增收”项目实现5.4万元经济效益，苏夏村“品种牦牛散养”项目取得6万元的收益。2016年，拉绥乡特色产业虫草产业共有1514名农牧民群众上山采集虫草，足额收取227.1万元的虫草采集植被恢复费，植被恢复费已全部上缴于县财政局。全乡农牧民群众取得虫草采集收入为2936.36万元，增长19.32%。

（马　攀）

【领导名录】

乡党委书记　张伟良

乡人大主席　索朗曲珍（女，藏族，6月免）

洛桑旺堆（藏族，6月任）

乡　　长　边巴次仁（藏族，6月免）

卓玛次仁（女，藏族，6月任）

洛林乡

【概况】洛林乡地处加查县西南部，北与安绕镇（县城所在地）相连，东与冷达乡相邻，西与拉绥乡、曲松县接壤，南与隆子县交接。最高海拔5191米，最低海拔3500米，平均海拔4300米。地形复杂多样，高山林立，属山区乡，地势南高北低。流经全乡的、达隆河、洛林曲属雅鲁藏布江一级支流，河道总长度30千米，流域面积390平方千米，年平均流量7.2立方米/秒天然落差1440米，理论蕴量资源1.63万千瓦。年平均降水量490毫米，年蒸发量2250毫米，年气温在—14℃至25℃之间，平均湿度37%，年日照时数2750.4小时，无霜期116—124天，平均昼夜温差16.7℃，最大风速17米/秒。主要山川有雅勒卡海拔4706米，雄拉海拔5368米，古古通波海拔5129米，普琼拉海拔4911米，达隆河谷穿乡而过。主要物产有冬虫夏草（以下简称虫草）、贝母、奶渣、酥油、藏纸等。乡政府所在地距县城24公里，下辖25个行政村、162个自然村，1222户总人口4162人，劳力1790人，人口出生率18‰。辖区总面积1620.32平方公里，全乡以农业为主，农牧兼营。主要种植农作物为小麦、青稞、豌豆、油菜籽、马铃薯、萝卜等，饲养牲畜为牦牛、犏牛、黄牛、羊、马、猪等，耕地面积374.63公顷，种植粮食作物共348.35公顷（小麦140.96公顷、青稞202.06公顷、玉米5.33公顷），种植油菜、马铃薯、萝卜等经济作物26.28公顷。森林覆盖率9.2%，林地面积14906.9公顷。国家保护野生动物有狼、猞猁、白唇鹿、黑熊、赤狐、藏狐、雪鸡、秃鹫、高山秃鹫、鹿、旱獭、斑头鹰等。已探明矿产资源有砂金、岩金、水晶石、滑石等。特色产品有藏纸、黑青稞、藏竹工艺品、手工藏刀等。2016年，生产总值7586.72万元，增长10.3%（其中一产实现4135.41万元，增长11.5%。二产实现795.17万元，增长2.2%，其中工业总产值121.97万元，建筑业实现收入673.2万元。三产实现2656.14万元，增长11.06%，其中运输业收入实现317.06万元。劳务输出1393人/次，劳务创收达627.91万元）。移动电话用2089户，使用率100%。社会消费品零售总额2418.67万元。全年农村人均纯收入10026元，参加新型农村养老保险（城乡居民养老保险）2847人，参保率100%，已领取养老保险待遇525人。参加新型农村合作医疗4106人，参合率100%。有寺庙、拉康、日追5所，僧尼8人。

【党建工作】党员干部队伍结构不断完善。乡党委下辖29个党支部（其中：25个村党支部、1个乡机关党支部，1个小学党支部，1个林拉康管委会党支部、1个非公企业党支部（博盛矿业），92个党小组，共有党员865人，（其中预备党员26人），机关党员83人，农牧民党员782人，积极分子41人，三老人员49人，其中老党员30人、老干部19人；35岁以下党员398人，占党员人数的46%，60岁以上党员25人，占党员人数的0.28%；初中以下文化水平590人，占68%，初中以上文化水平275人，占31%，此外各村后备干部227人。2016年，开展党员集中学习14次，参加学习人数达1134人，并撰写“两学一做”心得体会30余份。召开全乡专题民主生活会1次，召开机关支部会议12场次，参加人员540人次，民主评议党员865人。党建引领作用不断凸显。乡党委大力实施有效开展帮扶活动，帮扶和致富带头人结合起来，培养农牧民致富带头40人，发展党员20人。

【党风廉政建设】2016年，洛林乡认真落实党风廉政建设“两个责任”，加强班子队伍建设，规范干部纪律监管，及时组织召开乡党风廉政建设工作会议，传达有关会议精神，不断推进党务、财务、政务的制度化、规范化、透明化。组织开好民主生活会，认真查摆问题，特别是“四风”和廉洁自律方面的问题。开展党风廉政建设宣传月活动，组织班子廉政教育学习会3场次并签订党风廉政目标责任书，制作党风廉政专题宣传栏4个。同时，加强反面典型教育，在坚持正面教育的同时，通过组织干部职工观看警示教育录像片，通报反腐败典型案例等方式进行反面典型教育，班子廉政教育学习会3场次。

【民生事业】 2016年，洛林乡以义务教育均衡发展为契机，争取人力、物力、财力，不断提高教育事业软、硬实力。洛林乡入园、入学率达到两个100%，即学前双语教育适龄儿童141人，入园141人，入园率100%。小学适龄儿童290人，入学290人，入学率达100%。全年控辍保学工作开展有序，校园安全工作管理监督到位，实现校区和谐稳定；文化服务体系逐步完善。深入贯彻落实市、县关于创建国家公共文化服务体系示范区建设各项工作要求，创新服务模式、完善服务制度、保障服务成效，成立乡、村业余宣传队3支开展宣传15场次。以文化服务站为平台，组织群众开展“3·28”百万农奴解决纪念日、“七一”、望果节等活动80余场次，以农家书屋为平台，组织开展知识竞赛活动2场次；卫生事业全面进步。建成村级医务室25个，村医配备合理。截至年底，洛林乡孕产妇共计75人，住院分娩75人，住院分娩率达100%，孕产妇死亡率为0。五岁以下儿童379人，五岁以下儿童死亡率控制在12‰以内；社会保障措施得力。参与新型农村医疗保险达4106人，个人筹资金81200元，参合率达100%，大病统筹资金共报销83.3万余元。新农保参保人数2847人，其中享受待遇（60岁以上）人员有525人，收缴参保资金26.88万元，参保率100%。五保户集中供养践行到位，五保户共98人，其中59人在县养老院居住、39人在本乡，实现有意愿集中供养户集中供养率100%；安居工程稳步推进（2009—2014年抗震加固工程、危房改造工程、2013年新增户安居工程），验收通过475户，已兑现总资金316.1万元；基础设施建设有序推进，继续以创先争优强基础惠民生活动为契机，修建一批水利基础设施（莎那布人畜饮水，灌溉项目等），申报一批村集体经济建设项目（莎那布村磨坊等），农村基础设施建设进一步加强；“十大民心”工程落实到位，2016年岗莎至扎西林村水泥公路已开工建设，洛林乡积极同对口扶贫单位山南市交通局沟通衔接，洛林乡至曲松县邱多江乡地界公路、乡村水泥路等12个扶贫帮扶公路项目已通过批准并设计完成。

【脱贫攻坚】 坚持100%入户率，坚持公正客观的作风，严格工作程序，因村、因户、因人做到了对象精准、台账精准、措施到户精准。经统计，全乡贫困户致贫原因包括：缺劳力116户，245人；缺资金70户233人；因病84户146人；因残34户，78人；因学10户38人；缺土地2户6人；缺技术23户84人；交通条件落后20户60人，自身发展动力不足7户19人。共落实金融惠农信贷扶持109户，信贷资金达542万元；易地搬迁193户678人，其中搬迁到莫热坝的169户596人，搬到尼塘村的24户82人；社会保障有164户264人，其中低保66户166人，五保98人（县集中供养59人，分散供养39人）；生态补偿：兼职护林员482人，草监员202人，水管员29人，公路养护员42人，旅游厕所保洁员13人，村级环保监督员8人，乡级环保监督员1人。

【生态环境】 2016年，洛林乡以“可持续发展”为根本，加强环境保护监管，组织开展环境监督检查6次，下发整改通知3份，环境保护工作规范。加强耕地保护，以“双联户”服务管理为载体，将耕地保护纳入联户职责，并加强日常日常政策宣传，有效提高农牧民群众耕地保护意识，全乡耕地面积达5720亩，实现耕地动态平衡。加大植树造林力度，2016年，洛林乡栽种树苗2万余株，改善洛林乡生态环境；加大草原生态补助机制建设工作力度，落实草补资金83.6万元。

（韩鹏辉）

【领导名录】

乡党委书记　程永亮

乡　　　长　达　曲（藏族）

乡人大主席　次　仁（藏族）

冷达乡

【概况】冷达乡，曾用名林达乡。冷达藏语意为处在洲谷口的意思。冷达乡位于加查县东南部、雅鲁藏布江南岸，东接林芝市朗县，南连洛林乡，北与加查县加查镇相望，平均海拔3600米。乡政府所在地距加查县城约21公里。全乡下辖11个行政村、41个自然村，总人口682户2336人（其中劳动力1138人）；冷达乡党委下辖13个党支部（11个村党支部、1个学校党支部、1个机关党支部）共有党员522名，其中农牧民党员486名。全乡国土面积450平方公里，耕地面积3916.4亩，草场林地面积11.5万亩；冷达乡主要以第一产业为主，粮食作物有小麦、青稞、玉米、豌豆、土豆；经济作物有油菜。经济林木有核桃树、桃树、苹果树、梨树、花椒树、蓝莓等；药用植物有虫草、贝母、葵久等。截至年底，全乡经济总收入6465.28万元，比上年增加1871.62万元，增长31.14%；其中，第一产业完成3644.51万元，比上年增加169.59万元，增长26.15%（种植业收入2336.86万元，比上年增加30.52万元，增长0.84%；林业收入267.29万元，比上年增加68.53万元，增长34.48%；牧业收入650.68万元，比上年增加132.59万元，增长25.59%）；第二产业完成1101.7万元，比上年增加466.69万元，增长73.49%（工业收入245.67万元，比上年增加145.01万元，增长144.06%；建筑业收入856.03万元，比上年增加321.68万元，增长60.2%）；第三产业完成1719.07万元，比上年增加451.39万元，增长35.61%，其中社会消费费品零售总额952.65万元，比上年增加501.65万元，增长53%；交通运输业收入378.02万元，比上年增加176.3万元；增长87.4%。2016年农牧民人均纯收入达到15487元，人均现金收入达12432元，分别比上年增加1129元和1635元，增长10.57%和20.13%。

【党建工作】全乡基层党总支1个，党支部13个，全乡党员512名，其中女性74名；团员126人，其中女性57人。冷达乡行政编制19名，其中具备大中专以上学历的15名。2016年乡党委班子成员全部建立党建联系点，到各村抓党建、帮民困，深入各村调研十余次，解决党建工作3个方面9项问题。全年召开17次乡党委会议、6次党建专题会议，推动解决党建重点难点问题。把落实“七项重点任务”作为“一把手工程”重要任务，乡党委召开会议专题研究部署，逐条对照检查，明确牵头人、责任部门和完成期限。着力解决林堆村党组织软弱涣散、三个一活动开展不力等问题。把落实基层党建七项重点任务与村级领导班子建设结合起来，与精准扶贫、经济发展结合起来，全面提升基层党建工作水平。以“七项重点任务”整改为契机，理顺党员党组织关系，规范“三会一课”和党费收缴制度。扎实开展“两学一做”学习教育，制定学习教育方案、督导方案和学习计划，先后开展专题集中学习十余次，专题研讨3次，党课50余次，各类知识竞赛4次。

【党风廉政建设】冷达乡认真贯彻落实中央、区、市、县关于党风廉政建设工作的总体部署，坚持党要管党、从严治党的方针，以建设一支廉洁高效的党员干部队伍为目标，把惩治和预防腐败体系建设和落实党风廉政建设责任制度作为重要工作抓紧抓实，确保各项措施落到实处，为我乡经济社会各项事业实现又好又快发展提供坚强的政治保证和纪律保证。强化宣传教育，营造风清气正的社会氛围。借助周五学习例会、干部职工微信交流群等载体，传达上级纪委有关会议和文件精神，组织学习中央“八项规定”、区党委“约法十章”、市委“十项规则”和新修订的《中国共产党廉洁自律准则》《中国共产党纪律处分条例》等党纪条规。乡党委书记与党委班子成员签订《中共冷达乡党委班子成员落实党风廉政建设和反腐败工作目标责任书》《冷达乡2016年村级党风廉政建设和反腐败工作目标责任书》。结合党的群众路线教育实践活动，各村委会书记普遍走上讲堂，通过上廉政党课的方式进行正面教育和警示教育，营造出“人人学勤廉典型、事事要创先争优”的氛围，树立为民、务实、清廉的干部形象。2016年，冷达乡共召开党风廉政建设会议12次，通报典型案例0次，观看警示教育影片5次，张贴廉政横幅10张，撰写心得体会42篇，筑牢党员干部拒腐防变意识。

【特色产业】 冷达乡嘎玛吉塘村种植蓝莓245.3亩，2016年年产量达5吨。项目总投资1233万元，其中国家投资748万元（扶贫资金300万、农牧资金190万、三推资金208万、科技资金50万）、企业自筹485万元（群众贷款入股为185万元）。解决贫困户收入问题，2016年蓝莓基地因工增收贫困户12人，共增收10600元；土地流转金四年（分别为13年、14年、15年、16年）共兑现68.3370万元；兑现群众工资120.417万元。12月，新扩建200亩种植基地，其中软枣子猕猴桃150亩，蓝靛果50亩。2013年6月，冷达乡嘎玛吉塘村村民桑珠成立西藏山南达布木碗制作有限责任公司，主要制作木碗、石锅，2016年总收入达130多万元，纯收入60多万元；解决当地就业人员57人（其中贫困户14户34人）。2015年9月，成立仲沙村利民纺织品加工合作社，收入达到46000元。

【农牧业】 2016年，冷达乡按照“依靠科学技术、推广应用良种、降低投入成本、提高产出效益”的要求，全年实际粮播面积4690.95亩，2016年完成农作物总播种面积4690.95亩，其中小麦2929.5亩、青稞877.65亩、青饲玉米499.8亩、油菜713.25亩、蔬菜316亩、豆类83.5亩、胡麻4亩，粮食作物产量2186.38吨，比2015年增加366.99吨，增长16%，其中小麦产量1579.1吨，青稞产量277.83吨，青饲玉米产量313.35吨，豆类16.10吨，油菜产量113.3吨，蔬菜产量297吨，青饲料产量1590.39吨，胡麻0.64吨。同时全乡农机化覆盖率90%。推广绿色农家山肥下山使用，有效改良土壤结构。全乡农家肥下山使用量达到500吨，（一年内山区农家肥年/每亩3500－4000斤，沿江农家肥年/每亩2500－3000斤，）二胺18.6吨（二铵每亩10斤），尿素65.04吨（每亩35斤）。使用地膜10吨，使用农药0.13吨。2016年全乡牲畜存栏数4699头，成畜死亡率1.05%、仔畜成活率96.8%。牲畜出栏713，出栏率14%。肉类产量达281.19吨，比上年增加116.5吨，增长70.7%，奶产量达620.82吨，比上年增加106.82吨，增长48.6%。

【教育事业】 2016年，冷达乡党委、政府认真落实“三包”政策，扎实做好教学工作。冷达乡有2所中心幼儿园和1所小学，现有学生168名，适龄学生入学率达到100%，控辍保学率100%。冷达乡着力推进义务教育均衡发展，通过积极争取县教育局项目资金、强化师资力量配备，有效促进乡完小、乡幼儿园教学水平持续提升，教师学历合格率100%。2016年，乡中心幼儿园、中心小学大量开展感党恩教育、家长开放月、师德师风演讲比赛、庆祝“六一”儿童节文艺演出、庆祝十一国庆文艺演出、十二项争章活动等文艺教育活动，培养学生感党恩、听党话、跟党走的信心和决心。

【医疗卫生】 2016年，冷达乡配齐配强乡卫生院和村级卫生室医务人员，乡卫生所配备专业医务人员5人，11个行政村卫生室配备村医22人，实现基础医疗全覆盖。严格落实各项惠民利民医务政策，全乡孕妇住院分娩率达99.8%，看病就医率达99%。2016年，西藏自治区疾控中心、山南市疾控中心、山南市保健医院、山南市藏医院、山南市建明医院、乡卫生院督导义诊共计26次；发放宣传单、宣传手册、宣传海报共计三千余份；发放母子保健营养品折合人民币3000元，义诊发放药品价值约2000元。

【文化事业】 2016年，冷达乡加强11个行政村“乡图书室”“农家书屋”“寺庙书屋”的使用管理，配备专职工作人员，每周免费开放，供农牧民群众、僧尼、乡干部职工查阅。2016年全乡电视覆盖率达100%，广播覆盖率达100%；各村均已建成文化活动场所，健身器材完善。

【支农惠农政策】 2016年，乡党委严格按照相关政策，认真落实支农惠农政策。根据县农牧局的安排部署，冷达乡保质保量完成春冬两季动物防疫工作，保证各村春冬两季动物防疫工作全覆盖、无死角。农田水利建设不断完善，2016年，新修水渠12.86公里、维修水渠6.6公里，新修防洪堤1座、约400米长，全乡渠道清淤完成56.8公里，清理水塘16座。全乡11个行政村落实草场承包户数631户，草场承包可利用面积111055.9842亩，人工种草面积1850亩，牧草良种补贴18500元，畜均草场面积1.3334亩、人均草场面积48.46亩，补助奖励资金111931.34元。2016年发放33户安居工程款项49.5万元，截至年底，安居工程全部已施工完。进行各类培训4次、培训78人，输出劳力1112人，实现收入543.35万元，劳务输出率达100%，实现群众多渠道致富增收。

【生态保护】 冷达乡认真贯彻落实“绿水青山就是金山银山”生态环保理念，把生态保护摆在政府工作重要日程。2016年，冷达乡政府与11个行政村签订《冷达乡生态环境保护责任书》，动员全乡人民共清理道路垃圾25次，清理河道垃圾5次，促进冷达乡生态环境保护。

【维护稳定】 2016年，冷达乡政府成立“一站式服务中心”，建立矛盾纠纷排查调处工作制度，并成立“冷达乡矛盾纠纷排查调处工作领导小组办公室”，每月召开1次村民矛盾纠纷调处情况分析研判会。建立月报告制度，每月月底向乡党委反馈有关情况。强化安全生产隐患排查工作40余次，狠抓防火防盗、防汛抗旱防灾、交通安全、散装成品油管理、民爆物品管理等各项工作；结合“六五”普法和“两学一做”学习教育，开展反分裂宣传教育活动共10场次，发放宣传资料700余份，覆盖群众2000余人次。开展维稳督导15次，全乡未出现安全生产事故、群体性事件和越级上访事件。

【精准扶贫】 按照上级精准扶贫精准脱贫工作安排和部署，冷达乡严格要求，迅速全面启动，把握时间节点，顺利开展精准扶贫各项工作。经核实审定全乡共识别出贫困户242户760人，其中一般贫困户176户653人，低保户26户67人，五保户40户40人。易地搬迁97户319人；落实干部职工结对帮扶贫困户任务，与村干部、农户面对面询问采集登记有关数据，完善贫困户登记表，填写贫困户信息卡和贫困户管理卡，做到村不漏户，户不漏人，高质量完成建档立卡工作，对数据及时进行系统录入。积极引导和动员高山偏远地区农户搬迁至莫热坝。在以县委、县政府和有关部门的统一的指标要求、结合乡的实际情况，解决新增护林员320人、草原监督员100人、公路养护员22人、生态监管员11人、环境监督员6人。

（李　丽）

【领导名录】

乡党委书记　陈　　梅（6月免）
　　　　　　谢 祥 健（6月任）

乡人民政府乡长
　　　　　　拉巴顿珠（藏族）

乡人大主席　扎　　西（藏族）

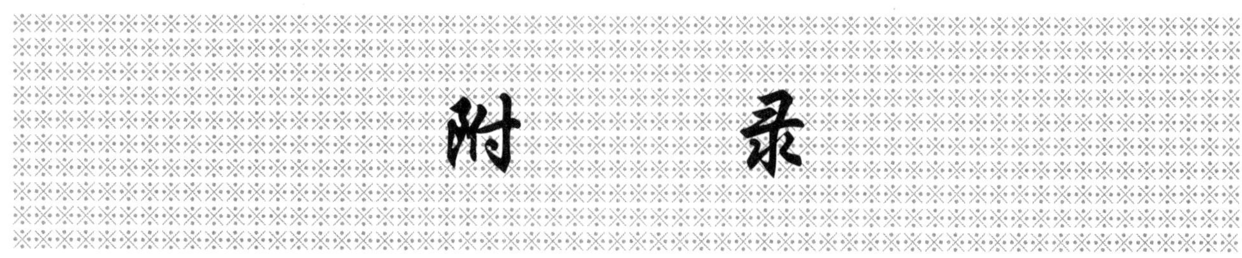

受区（县）级以上表彰的先进集体名录

表1

获奖单位	获奖名称	表彰时间	授予单位
加查县发改委	“加查核桃”地理标志保护产品	2016年	国家质监总局
加查县安绕镇拉岗村	全国生态文化村	2016年	国家环保部
加查县	全国休闲农业和乡村旅游示范县	2016年	农业部
加查县	2016年度全国农业示范县	2016年	农业部
加查县委办	创先争优强基惠民活动优秀组织单位	2016年	中共西藏自治区委员会、自治区人民政府
加查县强基办	自治区创先争优强基础惠民生活动先进单位	2016年	中共西藏自治区委员会、自治区人民政府
加查镇文化站	全区首批“十佳文化站”	2016年	中共西藏自治区委员会、自治区人民政府
加查县人民法院	2016年度民族团结进步模范集体	2016年	中共西藏自治区委员会、自治区人民政府
加查县教育局	创先争优强基惠民活动优秀组织单位	2016年	中共西藏自治区委员会、自治区人民政府
加查镇党委	优秀基层党组织	2016年	中共西藏自治区委员会、自治区人民政府
加查县洛林乡	全区“先进双联户”创建活动先进乡镇	2016年	中共西藏自治区委员会、自治区人民政府
加查县拉绥乡拉绥村	全区“先进双联户”创建活动先进村	2016年	中共西藏自治区委员会、自治区人民政府

续表1

获奖单位	获奖名称	表彰时间	授予单位
加查县冷达乡嘎玛吉塘村	全区“先进双联户”创建活动先进村	2016年	中共西藏自治区委员会、自治区人民政府
市藏医院派驻嘎玛吉塘村	第五批优秀驻村工作队	2016年	中共西藏自治区委员会、自治区人民政府
市交通执法大队派驻雪姆村	第五批优秀驻村工作队	2016年	中共西藏自治区委员会、自治区人民政府
市工会派驻热当村	第五批优秀驻村工作队	2016年	中共西藏自治区委员会、自治区人民政府
市食药监局派驻定贡岗村	第五批优秀驻村工作队	2016年	中共西藏自治区委员会、自治区人民政府
市委党校派驻江惹村	第五批优秀驻村工作队	2016年	中共西藏自治区委员会、自治区人民政府
市委宣传部派驻惹米村	第五批优秀驻村工作队	2016年	中共西藏自治区委员会、自治区人民政府
市烟草公司派驻崔久乡吉隆囊村工作队	创先争优强基础惠民生活动第五批自治区级先进驻村（居）工作队	2016年	中共西藏自治区委员会、自治区人民政府
加查县派驻加查镇联堆村工作队	创先争优强基础惠民生活动第五批自治区级先进驻村（居）工作队	2016年	中共西藏自治区委员会、自治区人民政府
加查县派驻洛林乡伦麦村工作队	创先争优强基础惠民生活动第五批自治区级先进驻村（居）工作队	2016年	中共西藏自治区委员会、自治区人民政府
加查县派驻安绕镇思木村工作队	创先争优强基础惠民生活动第五批自治区级先进驻村（居）工作队	2016年	中共西藏自治区委员会、自治区人民政府
伦麦村	第五批优秀驻村工作队	2016年	中共西藏自治区委员会、自治区人民政府
思木村	第五批优秀驻村工作队	2016年	中共西藏自治区委员会、自治区人民政府
加查县强基办	创先争优强基础惠民生活动第五批自治区级先进集体	2016年	中共西藏自治区委员会、自治区人民政府
加查镇党委	全区先进基层党组织	2016年	中共西藏自治区委员会
加查县纪委	“精神文明建设”先进集体	2016年	区文明委
加查镇综合文化站	全区首批“十佳文化站”	2016年	西藏自治区文化厅

续表1

获奖单位	获奖名称	表彰时间	授予单位
加查县卫计委	2016年度卫生计生工作先进单位	2016年	中共山南市委员会、山南市人民政府
加查县商务局	山南市第36届雅砻物资交流会优秀组织奖	2016年	中共山南市委员会、山南市人民政府
加查县洛林乡人民政府	创先争优强基础惠民生活动第五批市级优秀组织单位	2016年	中共山南市委员会、山南市人民政府
市检察分院派驻洛林乡扎西岗定工作队	创先争优强基础惠民生活动第五批市级先进驻村（居）工作队	2016年	中共山南市委员会、山南市人民政府
加查县派驻洛林乡贡玛村工作队	创先争优强基础惠民生活动第五批市级先进驻村（居）工作队	2016年	中共山南市委员会、山南市人民政府
加查县洛林乡	全区“先进双联户”创建活动先进乡镇	2016年	中共山南市委员会、山南市人民政府
加查县洛林乡	民族团结进步模范集体	2016年	中共山南市委员会、山南市人民政府
加查县洛林乡	创先争优强基惠民活动优秀组织单位	2016年	中共山南市委员会、山南市人民政府
加查县安绕镇惹米村	“十星级模范村”	2016年	中共山南市委员会、山南市人民政府
加查县派驻拉绥乡苏夏村工作队	第五批优秀驻村工作队	2016年	中共山南市委员会、山南市人民政府
市科技局派驻吉巴村	第五批优秀驻村工作队	2016年	中共山南市委员会、山南市人民政府
巧巴村	第五批优秀驻村工作队	2016年	中共山南市委员会、山南市人民政府
市石油公司派驻叶云村	第五批优秀驻村工作队	2016年	中共山南市委员会、山南市人民政府
加查县派驻安绕镇拉宇村工作队	第五批优秀驻村工作队	2016年	中共山南市委员会、山南市人民政府
加查县派驻冷达乡宇措岗村工作队	第五批优秀驻村工作队	2016年	中共山南市委员会、山南市人民政府
山南团市委派驻加查镇龙巴村工作队	第五批优秀驻村工作队	2016年	中共山南市委员会、山南市人民政府
市检察分院派驻扎西定岗村	第五批优秀驻村工作队	2016年	中共山南市委员会、山南市人民政府

续表 1

获奖单位	获奖名称	表彰时间	授予单位
市人大工委派驻索囊村	第五批优秀驻村工作队	2016年	中共山南市委员会、山南市人民政府
贡玛村	第五批优秀驻村工作队	2016年	中共山南市委员会、山南市人民政府
加查县工商局	山南地区工商系统2015年度目标考核先进县局	2016年	山南地区工商行政管理局
加查县工商局	2016年度目标管理考核二等奖	2017年	山南市工商行政管理局
加查县人民检察院	民族团结进步模范集体	2016年	中共加查县委员会、加查县人民政府
加查县人民检察院	加查县创先争优强基惠民生活动优秀组织单位	2016年	中共加查县委员会、加查县人民政府
加查县司法局	2016年度县（中）直单位综合考评	2016年	中共加查县委员会、加查县人民政府
加查县司法局	2016年度社会治安综合治理工作先进单位	2016年	中共加查县委员会、加查县人民政府
加查县统战部	2016年度社会治安综合治理工作先进单位	2016年	中共加查县委员、加查县人民政府
加查县工商局	2015年度综合考评先进集体	2016年	中共加查县委员会、加查县人民政府
加查县工商局	2016年度县（中）直单位综合考评先进集体	2017年	中共加查县委员会、加查县人民政府
加查县水利局	优秀组织单位	2016年	中共加查县委员会、加查县人民政府

说明：由于各单位资料提供不全，可能有遗漏

受区（县）级以上表彰的先进个人名录

表 2

姓　名	性别	民族	工作单位	获奖名称	表彰时间	授予单位
朱　兴	男	汉	加查县司法局	全国司法系统先进个人	2016年	人力资源和人社保部、司法部
格桑欧珠	男	藏	加查县冷达乡派出所	全国情满万家派出所好民警	2016年	公安部
格　桑	男	藏	加查县农牧局	“全国农牧渔业丰收奖”二等奖	2016年	农业部
次旦次仁	男	藏	加查县创先争优强基础惠民生活动领导小组办公室	创先争优强基础惠民生活动第五批自治区级先进工作者	2016年	中共西藏自治区委员会、自治区人民政府
扎　珍	女	藏	加查县宗教办	自治区创先争优强基础惠民生活动先进驻村（居）工作队员称号	2016年	中共西藏自治区委员会、自治区人民政府
白玛央金	女	藏	加查县民宗局	西藏自治区宗教工作优秀干部	2016年	中共西藏自治区委员会、自治区人民政府
贵　桑	女	藏	自治区农科院	第五批优秀驻村工作队员	2016年	中共西藏自治区委员会、自治区人民政府
扎西朗杰	男	藏	山南市藏医院	第五批优秀驻村工作队员	2016年	中共西藏自治区委员会、自治区人民政府
巴桑仓决	女	藏	加查县县委办	第五批优秀驻村工作队员	2016年	中共西藏自治区委员会、自治区人民政府
尼玛次仁	男	藏	加查县检察院	第五批优秀驻村工作队员	2016年	中共西藏自治区委员会、自治区人民政府
央　金	女	藏	山南市民宗局	第五批优秀驻村工作队员	2016年	中共西藏自治区委员会、自治区人民政府
单巴欧珠	男	藏	加查县教育局长	第五批优秀驻村工作队员	2016年	中共西藏自治区委员会、自治区人民政府
达娃次仁	男	藏	山南泽当饭店	第五批优秀驻村工作队员	2016年	中共西藏自治区委员会、自治区人民政府
梁立水	男	汉	山南市委党校	第五批优秀驻村工作队员	2016年	中共西藏自治区委员会、自治区人民政府
刘国一	男	汉	自治区农科院	第五批优秀驻村工作队员	2016年	中共西藏自治区委员会、自治区人民政府
加　措	男	藏	中国人民银行山南支行	第五批优秀驻村工作队员	2016年	中共西藏自治区委员会、自治区人民政府
邓承宇	男	汉	山南市交通局	第五批优秀驻村工作队员	2016年	中共西藏自治区委员会、自治区人民政府
央　金	女	藏	加查县卫生局	第五批优秀驻村工作队员	2016年	中共西藏自治区委员会、自治区人民政府
次仁贡布	男	藏	山南市交通执法大队	第五批优秀驻村工作队员	2016年	中共西藏自治区委员会、自治区人民政府

续表2

姓　名	性别	民族	工作单位	获奖名称	表彰时间	授予单位
扎　西	男	藏	加查县人大常委会	第五批优秀驻村工作队员	2016年	中共西藏自治区委员会、自治区人民政府
巴桑潘多	女	藏	山南市食品药品监管局	第五批优秀驻村工作队员	2016年	中共西藏自治区委员会、自治区人民政府
索朗旺堆	男	藏	山南市人大工委	第五批优秀驻村工作队员	2016年	中共西藏自治区委员会、自治区人民政府
朱安民	男	汉	山南市审计局	第五批优秀驻村工作队员	2016年	中共西藏自治区委员会、自治区人民政府
陈　伟	男	汉	加查县财政局	第五批优秀驻村工作队员	2016年	中共西藏自治区委员会、自治区人民政府
德　庆	女	藏	加查县民政局	第五批优秀驻村工作队员	2016年	中共西藏自治区委员会、自治区人民政府
土旦次仁	男	藏	山南市农技推广中心	第五批优秀驻村工作队员	2016年	中共西藏自治区委员会、自治区人民政府
其米热布丹	男	藏	山南市总工会	第五批优秀驻村工作队员	2016年	中共西藏自治区委员会、自治区人民政府
拉巴次仁	男	藏	山南市藏医院	第五批优秀驻村工作队员	2016年	中共西藏自治区委员会、自治区人民政府
布　琼	男	藏	山南泽当饭店	第五批优秀驻村工作队员	2016年	中共西藏自治区委员会、自治区人民政府
琪　梅	女	藏	山南市外事办	第五批优秀驻村工作队员	2016年	中共西藏自治区委员会、自治区人民政府
索朗欧珠	男	藏	加查县崔久乡	第五批优秀驻村工作队员	2016年	中共西藏自治区委员会、自治区人民政府
达瓦扎西	男	藏	山南市烟草公司	第五批优秀驻村工作队员	2016年	中共西藏自治区委员会、自治区人民政府
索朗欧珠	男	藏	山南市委宣传部	第五批优秀驻村工作队员	2016年	中共西藏自治区委员会、自治区人民政府
次　桑	男	藏	加查县洛林乡	第五批优秀驻村工作队员	2016年	中共西藏自治区委员会、自治区人民政府
索朗次仁	男	藏	加查县拉绥乡	第五批优秀驻村工作队员	2016年	中共西藏自治区委员会、自治区人民政府
王　伟	男	汉	山南市中院	第五批优秀驻村工作队员	2016年	中共西藏自治区委员会、自治区人民政府
次　仁	男	藏	山南市石油公司	第五批优秀驻村工作队员	2016年	中共西藏自治区委员会、自治区人民政府
米　玛	男	藏	山南市科技局	第五批优秀驻村工作队员	2016年	中共西藏自治区委员会、自治区人民政府
许军花	女	汉	山南市检察分院	第五批优秀驻村工作队员	2016年	中共西藏自治区委员会、自治区人民政府
王振华	男	汉	加查县纪检委	第五批优秀驻村工作队员	2016年	中共西藏自治区委员会、自治区人民政府
夏朝红	男	汉	山南市审计局	第五批优秀驻村工作队员	2016年	中共西藏自治区委员会、自治区人民政府

续表2

姓　名	性别	民族	工作单位	获奖名称	表彰时间	授予单位
白玛次仁	男	藏	山南市中院	第五批优秀驻村工作队员	2016年	中共西藏自治区委员会、自治区人民政府
白玛旺扎	男	藏	团市委	第五批优秀驻村工作队员	2016年	中共西藏自治区委员会、自治区人民政府
白玛央金	女	藏	加查县民宗局	山南市宗教工作优秀干部	2016年	中共山南市委员会、山南市人民政府
洛桑卓玛	女	藏	加查县司法局	山南市“六五”普法先进个人	2016年	山南市法制宣传教育工作领导小组
揣丽颖	女	汉	加查县检察院	全区道德模范、感动山南十大人物	2016年	中共山南市委员会、山南市人民政府
白玛拉珍	女	藏	加查县	优秀党务工作者	2016年	中共山南市委员会、山南市人民政府
白玛龙宗	女	藏	加查县商务局	山南市第36届雅砻物资交流会先进个人	2016年	中共山南市委员会、山南市人民政府
何冰梅	女	汉	自治区农科院	第五批优秀驻村工作队员	2016年	中共山南市委员会、山南市人民政府
格桑占堆	男	藏	山南市检察分院	第五批优秀驻村工作队员	2016年	中共山南市委员会、山南市人民政府
张　伟	男	汉	加查县拉绥乡	第五批优秀驻村工作队员	2016年	中共山南市委员会、山南市人民政府
江　措	男	藏	山南市联通公司	第五批优秀驻村工作队员	2016年	中共山南市委员会、山南市人民政府
边　巴	男	藏	人行山南支行	第五批优秀驻村工作队员	2016年	中共山南市委员会、山南市人民政府
平措旺堆	男	藏	加查县拉绥乡	第五批优秀驻村工作队员	2016年	中共山南市委员会、山南市人民政府
拉巴次仁	男	藏	人行山南支行	第五批优秀驻村工作队员	2016年	中共山南市委员会、山南市人民政府
强巴次成	男	藏	加查县坝乡	第五批优秀驻村工作队员	2016年	中共山南市委员会、山南市人民政府
德庆措杰	女	藏	山南市交通局	第五批优秀驻村工作队员	2016年	中共山南市委员会、山南市人民政府
洛桑欧珠	男	藏	山南泽当饭店	第五批优秀驻村工作队员	2016年	中共山南市委员会、山南市人民政府
次旺加措	男	藏	加查县洛林乡	第五批优秀驻村工作队员	2016年	中共山南市委员会、山南市人民政府

续表2

姓　名	性别	民族	工作单位	获奖名称	表彰时间	授予单位
其米贡布	男	藏	加查县洛林乡	第五批优秀驻村工作队员	2016年	中共山南市委员会、山南市人民政府
次　仁	男	藏	山南市石油公司	第五批优秀驻村工作队员	2016年	中共山南市委员会、山南市人民政府
次　珍	女	藏	加查县拉绥乡	第五批优秀驻村工作队员	2016年	中共山南市委员会、山南市人民政府
尼玛扎西	男	藏	山南泽当饭店	第五批优秀驻村工作队员	2016年	中共山南市委员会、山南市人民政府
卓玛央金	女	藏	加查县环保局	第五批优秀驻村工作队员	2016年	中共山南市委员会、山南市人民政府
张　川	男	汉	山南市国资委	第五批优秀驻村工作队员	2016年	中共山南市委员会、山南市人民政府
杨　涛	男	汉	山南市检察分院	第五批优秀驻村工作队员	2016年	中共山南市委员会、山南市人民政府
扎西巴珠	男	藏	山南市客运公司	第五批优秀驻村工作队员	2016年	中共山南市委员会、山南市人民政府
仁增多吉	男	藏	中国人民银行山南支行	第五批优秀驻村工作队员	2016年	中共山南市委员会、山南市人民政府
达娃卓玛	女	藏	山南市交通局	第五批优秀驻村工作队员	2016年	中共山南市委员会、山南市人民政府
国莎卓玛	女	藏	加查县电视台	第五批优秀驻村工作队员	2016年	中共山南市委员会、山南市人民政府
措　姆	女	藏	山南市司法局	第五批优秀驻村工作队员	2016年	中共山南市委员会、山南市人民政府
洛桑罗布	男	藏	山南市总工会	第五批优秀驻村工作队员	2016年	中共山南市委员会、山南市人民政府
格　桑	男	藏	加查县扶贫办	第五批优秀驻村工作队员	2016年	中共山南市委员会、山南市人民政府
白玛拉珍	女	藏	加查县安绕镇	第五批优秀驻村工作队员	2016年	中共山南市委员会、山南市人民政府
林映辉	男	汉	山南市司法局	第五批优秀驻村工作队员	2016年	中共山南市委员会、山南市人民政府
央　珍	女	藏	加查县加查镇	第五批优秀驻村工作队员	2016年	中共山南市委员会、山南市人民政府
阿　牛	女	藏	加查县冷达乡	第五批优秀驻村工作队员	2016年	中共山南市委员会、山南市人民政府

续表2

姓　名	性别	民族	工作单位	获奖名称	表彰时间	授予单位
卓　玛	女	藏	山南市人大工委	第五批优秀驻村工作队员	2016年	中共山南市委员会、山南市人民政府
索朗坚参	男	藏	山南市中院	第五批优秀驻村工作队员	2016年	中共山南市委员会、山南市人民政府
拥　嘎	女	藏	山南市农业推广中心	第五批优秀驻村工作队员	2016年	中共山南市委员会、山南市人民政府
嘎玛钻珠	男	藏	加查县崔久乡	第五批优秀驻村工作队员	2016年	中共山南市委员会、山南市人民政府
平措云丹	男	藏	加查县安绕镇	第五批优秀驻村工作队员	2016年	中共山南市委员会、山南市人民政府
刘　力	男	汉	加查县拉绥乡	第五批优秀驻村工作队员	2016年	中共山南市委员会、山南市人民政府
次旦扎西	男	藏	加查县安绕镇	第五批优秀驻村工作队员	2016年	中共山南市委员会、山南市人民政府
扎西顿珠	男	藏	加查县崔久乡	第五批优秀驻村工作队员	2016年	中共山南市委员会、山南市人民政府
蒋小兰	女	汉	加查县林业局	第五批优秀驻村工作队员	2016年	中共山南市委员会、山南市人民政府
蒋　姬	女	汉	山南市委宣传部	第五批优秀驻村工作队员	2016年	中共山南市委员会、山南市人民政府
朱　彬	男	汉	加查县农牧局	2016年度科技先进工作者	2016年	市科技局、科协
格桑旦增	男	藏	宗教办	文明家庭	2016年	中共加查县委员会、加查县人民政府
王晓锋	女	汉	加查县总工会	优秀个人驻村工作队	2016年	中共加查县委员会、加查县人民政府
朱　兴	男	汉	加查县司法局	文明创建工作先进个人	2016年	中共加查县委员会、加查县人民政府
白玛措姆	女	藏	加查工商联	县综治先进个人奖	2016年	中共加查县委员会、加查县人民政府

说明：由于各单位资料提供不全，可能有遗漏

统计资料

加查县行政区划表

表3

乡（镇）名	驻 地	行政村	合 计	备 注
安绕镇	仲巴村	索囊村、嘎堆村、嘎吉村、嘎麦村、拉岗村、热果村、思木村、扎雪村、仲巴村、桑东村、达堆村、拉宇村、惹米村、塘麦村	14	
加查镇	扎西定岗村	百琼村、奴巧村、扎西定岗村、热麦村、江塘村、龙巴村、联麦村、联堆村、尼塘村、久堆村、香木村	11	
坝 乡	坝村	念村、坝村、定贡岗村、秋巴村	4	
崔久乡	普麦囊村	崔久村、普麦囊村、吉隆囊村	3	
拉绥乡	拉绥村	拉索村、叶云村、拉绥村、昂达村、滚追巴村、岗巴村、玛罗村、巧巴村、苏夏村	9	
洛林乡	扎西岗定村	日岗布村、贡玛村、加热村、雪巴村、圭堆村、帮新村、门卡村、多察村、扎西岗定村、帮卡村、日达村、岗雪巴村、果西村、莎那布村、扎西林村、雪姆村、尼巴村、色拉村、吉日普村、伦麦村、达热村、江惹村、加果村、吉巴村、普姆村	25	
冷达乡	嘎玛吉塘村	林堆村、玛岗村、仲沙村、联村、嘎玛吉塘村、帮达村、热当村、扎雪村、帮麦村、玛尼村、宇措岗村	11	

主要经济指标统计表

一、加查县2010—2016年国民经济和社会发展主要指标

表4

指标名称	单位	2010	2011	2012	2013	2014	2015	2016
国民经济核算								
地区生产总值	万元	46165	59841	68706	88173	105025	118654	113063
第一产业	万元	4250	4663	5066	5490	5886	6256	6958
第二产业	万元	32643	44117	51357	69450	83509	89072	76722
第三产业	万元	9272	11061	12283	13233	15630	23326	29383
人均生产总值	元	22378	28390	31798	40612	47467	52236	47474
投　资								
全社会固定资产投资	万元	159748	140489	170871	234000	291096	253561	201948
国家投资	万元	149839	129625	156922	216275	271622	237598	184554
招商引资	万元	5219	4560	3720	8286	6350	7042	9120
援藏投资	万元	681	600	2448	497	1540	1632	–
民间投资	万元	4009	5704	7781	8942	11584	7289	8274
人　口								
年末总户数	户	6181	6514	6850	6920	7166	7741	7911
农村户数	户	5018	5416	5652	5768	5896	6930	5864
年末总人口	人	20630	21078	21607	21814	22438	23770	23862
农业户口	人	18680	18881	19293	19775	19685	19903	19970
非农业户口	人	1950	2197	2314	2039	2753	3867	3892
财　政								
财政收入	万元	4116	4733	5539	6481	7524	8728	8215
税收收入	万元	2853	3013	3540	5441	7925	7399	6647
人民生活								
农牧民人均可支配收入	元	4950	6181	7225	8815	10026	11278	12383

续表4

指标名称	单位	2010	2011	2012	2013	2014	2015	2016
城乡储蓄存款余额	万元	16119	20272	26296	30768	–	–	–
社会消费品零售总额	万元	9442	12152	12094	15419	20041	25128	29500
农牧业								
农林牧渔业总产值	万元	8106	8963	9690	10414	11190	11991	12803
农业产值	万元	5373	6252	6951	7462	7932	8512	9075
林业产值	万元	305	153	193	81	90	118	140
牧业产值	万元	2363	2488	2476	2766	3063	3246	3464
耕地面积（年末）	公顷	1666.3	1666.68	1670.02	1670.02	1606.93	1606.93	1588.15
播种面积	公顷	1936.23	2044.79	2013.39	2104.10	2177.66	1965.15	1968.44
主要产品产量								
粮食产量	吨	7452	7459	7949	8113	8233	8317	8341
油料产量	吨	363	368	404	450	507	511	522
肉类产量	吨	1772	1837	1955	2038	2074	2116	2114
蔬菜产量	吨	1615	2047	3004	3649	3713	3825	4035
奶类产量	吨	5110	4707	4502	4647	4753	4863	4866
年末牲畜存栏	万头只	8.39	811	7.52	6.23	5.71	5.70	5.31
大牲畜	万头	6.68	6.47	6.36	5.44	5.1	5.12	4.68
猪	万头	0.34	0.27	0.21	0.16	0.15	0.17	0.15
羊	万只	1.37	1.36	0.95	0.63	0.46	0.41	0.48
工　业								
工业总产值	万元	289	231	395	8309	–	–	–
金　融								
存款余额	万元	33199	48515	63684	76447	86809	126797	–
贷款余额	万元	9672	7816	22651	31641	57208	91284	–
教　育								
中学	个	1	1	1	1	1	1	1
小学	个	7	7	7	7	7	7	7

续表4

指标名称	单位	2010	2011	2012	2013	2014	2015	2016
中学在校生	人	1081	1024	887	827	863	975	–
小学在校生	人	1962	2022	2022	1870	1718	1570	–
卫　生								
县医院	个	1	1	1	1	1	1	1
乡镇卫生院	个	7	7	7	7	7	7	7
床位数	张	55	55	55	55	99	99	–
全县医生数	人	54	59	66	72	82	90	–

二、加查县各乡镇2010—2016年国民经济和社会发展主要指标

表5

指标名称 乡镇名称	单位	2010	2011	2012	2013	2014	2015	2016
安绕镇								
农村经济总收入	万元	5066.77	5942.70	6732.99	8686.05	10006.34	11590.43	11933.4
第一产业	万元	3104.39	3846.30	4229.61	5506	5475.53	5137.74	4573.39
第二产业	万元	566.35	596.77	689.43	953.75	914.34	1151.15	1268.66
第三产业	万元	1396.03	1499.63	1813.95	2226.30	3672.47	5301.54	6091.35
人均纯收入	元	6941	8363	8815	11318	13808	15682	16067
人均现金收入	元	4827	6026	6877	9627	10877	13249	13912
人　口								
年末总户数	户	1052	1128	1156	1204	–	–	–
年底总人口	人	3650	3722	3819	3904	–	–	–
农牧业								
年末耕地面积	公顷	329.88	329.88	329.88	329.88	266.75	266.75	247.97
播种面积	公顷	405.41	493.62	428.31	459.88	372.34	340.99	322.68
粮食产量	吨	1857.15	1878.36	1900.62	1916.36	1376.95	1420.48	1425.89
油料产量	吨	97.15	109.12	109.15	128.59	170.62	171.63	171.63
蔬菜产量	吨	338.15	824.00	864.45	1038.37	1343.89	1363.11	1370

续表5

指标名称 乡镇名称	单位	2010	2011	2012	2013	2014	2015	2016
肉类产量	吨	275.38	276.48	220.59	216.44	280.99	381.61	355.46
奶类产量	吨	407.04	474.36	378.82	487.32	593.46	560.5	449.31
牲畜存栏数	头（只）	10541	10706	9666	7581	6872	6689	5532
牲畜出栏数	头（只）	3817	3085	2598	3103	3312	2837	3117
加查镇								
农村经济总收入	万元	2973.58	3936.10	5293.62	6097.68	5848.52	6255.43	7097.8
第一产业	万元	1773.33	2678.33	3602.02	4325.22	3709.32	3484.14	4123.38
第二产业	万元	121.01	174.73	285.82	289.07	458.25	660.25	538.34
第三产业	万元	1079.24	1083.04	1405.78	1483.39	1680.95	2111.04	2436.08
人均纯收入	元	5050	6483	8107	9186	9220	10078	11084
人均现金收入	元	3691	4668	6843	7553	7123	8113	8830
人　口								
年末总户数	户	773	878	891	911	–	–	–
年底总人口	户	3121	3180	3265	3319	–	–	–
农牧业								
年末耕地面积	公顷	297.37	297.37	297.37	297.37	297.37	297.37	297.37
播种面积	公顷	350.70	382.39	396.14	404.04	433.61	363.72	381.48
粮食产量	吨	1332.08	1043.57	1302.38	1478.55	1617.75	1677.96	1689.71
油料产量	吨	39.51	65.80	41.98	66.89	68.64	69.75	69.75
蔬菜产量	吨	349.65	253.23	271.36	592.52	511.55	530.77	672.2
肉类产量	吨	219.6	222.89	172.48	355.09	227.52	180.49	274.31
奶类产量	吨	388.92	402.6	395.52	332.28	270.58	285.42	361.39
牲畜存栏数	头（只）	8552	8881	9676	6977	6048	6200	4586
牲畜出栏数	头（只）	3005	2812	1772	3825	2135	1427	2259

续表5

指标名称 乡镇名称	单位	2010	2011	2012	2013	2014	2015	2016
坝 乡								
农村经济总收入	万元	1173.43	1529.41	2267.92	2851.67	3499.4	3943.26	4370.41
第一产业	万元	940.65	893.85	1584.62	2242.13	2457.93	2702.81	3024.28
第二产业	万元	50.85	52.12	101.50	17.47	291.88	348.82	384.8
第三产业	万元	181.93	583.44	581.80	592.07	749.59	891.63	961.33
人均纯收入	元	4936	6115	7831	9641	12506	14546	15961
人均现金收入	元	3139	4582	5916	8048	9432	11056	12095
人 口								
年末总户数	户	328	353	424	408	–	–	–
年底总人口	人	1260	1310	1448	1479	–	–	–
农牧业								
年末耕地面积	公顷	30.23	30.23	30.23	30.23	30.23	30.23	30.23
播种面积	公顷	30.23	30.21	30.23	30.23	31.23	30.23	30.23
粮食产量	吨	20.94	23.44	48.11	22.78	25.44	32.85	32.91
油料产量	吨	7.83	8.72	33.71	14.19	22.5	22.63	22.63
蔬菜产量	吨	105.73	76.86	196.75	176.77	184.8	189.8	189.8
肉类产量	吨	96.72	97.31	96.28	212.04	323.22	308.69	344.92
奶类产量	吨	779.28	727.92	849.12	744.84	795.85	855.14	1047.38
牲畜存栏数	头（只）	11579	11338	10901	9752	8742	8950	8460
牲畜出栏数	头（只）	879	886	807	1846	2542	2245	2776
崔久乡								
农村经济总收入	万元	733.62	836.95	1094.79	1567.87	1955.19	2112.07	2196.86
第一产业	万元	601	648.08	736.89	900.30	1185.16	1198.88	1276.72
第二产业	万元	6.13	6.29	60.50	116.48	70.68	120	120
第三产业	万元	126.49	182.57	297.40	551.09	699.35	793.19	800.14
人均纯收入	元	6312	6839	8269	11816	14335	16269	16994

续表5

指标名称 乡镇名称	单位	2010	2011	2012	2013	2014	2015	2016
人均现金收入	元	4191	4753	6321	9800	12140	13037	13537
人 口								
年末总户数	户	170	196	213	217	–	–	–
年底总人口	人	616	641	662	675	–	–	–
农牧业								
年末耕地面积	公顷	46.35	46.35	46.35	46.35	46.35	46.35	46.35
播种面积	公顷	8.88	46.35	46.35	46.35	46.35	78.35	78.55
粮食产量	吨	4.59	25.53	5.70	10.00	10	85.65	84.92
油料产量	吨	3.20	3.70	3.90	12.47	12.47	12.54	12.54
蔬菜产量	吨	27.78	27.78	28.03	0.38	98	103	103
肉类产量	吨	81.9	75.47	63.75	143.98	229.38	224.31	267.15
奶类产量	吨	497.31	452.4	457.6	687	505.9	630.61	678.87
牲畜存栏数	头（只）	8088	7879	8443	7706	7459	7643	7860
牲畜出栏数	头（只）	865	633	561	1487	2013	1816	2244
拉绥乡								
农村经济总收入	万元	2307.86	2643.54	3584.01	4921.05	5196.28	5780.11	6722.22
第一产业	万元	1647.77	1954.41	2521.57	3088.77	3552.58	3105.91	3945.00
第二产业	万元	116.40	302.24	206.95	731.96	325.26	397.71	435.81
第三产业	万元	543.69	389.89	855.49	1100.32	1318.44	2276.49	2341.42
人均纯收入	元	3374	3786	4845	6776	7455	8585	10025
人均现金收入	元	2344	2681	3642	5570	6049	6970	7966
人 口								
年末总户数	户	985	1067	1082	1163	–	–	–
年底总人口	人	3625	3657	3699	3631	–	–	–
农牧业								
年末耕地面积	公顷	270.77	270.77	270.77	270.77	270.77	270.77	270.77

续表5

指标名称 乡镇名称	单位	2010	2011	2012	2013	2014	2015	2016
播种面积	公顷	370.77	322.35	350.71	337.44	372.52	309.43	309.68
粮食产量	吨	1215.78	846.52	960.29	1194.27	1304.02	1177.76	1190.25
油料产量	吨	112.77	43.74	78.88	61.59	67.79	68.19	74.15
蔬菜产量	吨	186.17	255.44	737.07	781.75	885.4	904.62	926.62
肉类产量	吨	608.91	413.93	442.32	221.71	349.9	239.58	209.96
奶类产量	吨	1212.12	870.84	927.60	932.16	947.76	915.93	560.41
牲畜存栏数	头（只）	11020	10691	12018	11226	10823	9788	8643
牲畜出栏数	头（只）	5320	3785	4031	2315	2922	2320	1854
洛林乡								
农村经济总收入	万元	2640.15	3843.75	4939.24	5668.12	6063.49	6203.02	6798.43
第一产业	万元	1279.27	2496.05	3097.51	3324.64	3352.19	3033.39	3347.12
第二产业	万元	331.15	371.96	640.94	687.80	684.69	778.17	795.17
第三产业	万元	1029.73	975.74	1200.79	1655.68	2026.61	2391.46	2656.14
人均纯收入	元	3452	4901	5999	6829	7683	8162	8984
人均现金收入	元	2429	3517	4561	5695	6308	6620	7436
人口								
年末总户数	户	1068	1140	1204	1201	–	–	–
年底总人口	人	4053	4108	4117	4150	–	–	–
农牧业								
年末耕地面积	公顷	378.97	379.35	382.69	382.69	382.73	382.73	382.73
播种面积	公顷	378.97	383.15	382.72	383.17	443	432.77	433.09
粮食产量	吨	1517.30	1689.30	1702.76	1671.78	1714.33	1960.64	1970.22
油料产量	吨	44.30	69.15	69.18	49.97	51.61	52	52.92
蔬菜产量	吨	384.4	374.20	554.95	395.33	392.02	411.22	413.22
肉类产量	吨	304.22	586.50	793.04	607.76	506	552	500.56
奶类产量	吨	1356.12	1387.32	1008.62	901.44	1049.6	1101.46	1132.95

续表5

指标名称 乡镇名称	单位	2010	2011	2012	2013	2014	2015	2016
牲畜存栏数	头（只）	25052	23883	16210	13291	12185	12836	13303
牲畜出栏数	头（只）	6796	9021	13003	8020	7459	5435	4171
冷达乡								
农村经济总收入	万元	2743.60	3547.14	3965.33	4500.76	4419.18	4928.19	5842.41
第一产业	万元	1574.55	1673.55	2012.94	2911.49	2516.49	2612.15	3021.64
第二产业	万元	306.74	704.32	702.28	490.55	635.01	863.57	1101.7
第三产业	万元	862.31	1169.27	1250.11	1098.72	1267.68	1452.47	1719.07
人均纯收入	元	6451	8210	8684	9814	10170	11603	13995
人均现金收入	元	4339	6543	7095	8257	8143	9451	11462
人口								
年末总户数	户	642	654	682	664	–	–	–
年底总人口	人	2254	2263	2283	2293	–	–	–
农牧业								
年末耕地面积	公顷	312.73	312.73	312.73	312.73	312.73	312.73	312.73
播种面积	公顷	391.27	386.72	378.94	442.99	479	409.66	412.73
粮食产量	吨	1503.72	1952.27	2029.60	1819.39	2184.88	1961.91	1946.74
油料产量	吨	58.51	67.70	67.11	116.48	113.3	114.04	118.34
蔬菜产量	吨	223.15	235.67	351.39	664.02	297	322.76	349.79
肉类产量	吨	198.14	164.10	166.64	281.19	156.8	229.85	161.43
奶类产量	吨	469.2	389.52	485.04	562.20	590.25	514.4	635.88
牲畜存栏数	头（只）	9106	7548	8267	5764	4952	4905	4699
牲畜出栏数	头（只）	2584	2100	2358	3184	2126	1768	1409

索 引

说 明

一、本索引采用主题分析法编制。索引范围包括篇目、类目、部(门)目、条目等。

二、本索引按主题词首字汉语拼音音序(同音按音调)排列,若首字拼音相同则按第二字音序排列,以此类推。

三、索引款目后的数字表示内容所在的页码,数字后的拉丁字母(a、b)表示栏别(从左至右)。

四、篇目、类目、部(门)目用黑体字。

A

B

C

D

E

F

G

H

J

K

L

M

N

P

Q

R

S

T

W

X

Y

Z

中共加查县委员会

加查县委书记李贤荣在加查县经济工作会议上作重要讲话

2016年11月30日，县委书记李贤荣出席加查县安全生产工作会议并作重要讲话

县委书记李贤荣看望慰问加查县参加第36届雅砻物资交流会商户

加查县县委书记李贤荣到洛玉沟慰问虫草工作组

中国共产党加查县第九次代表大会于2016年9月12日至13日胜利召开。县委书记李贤荣（左一）代表中国共产党加查县第八届委员会作工作报告

2016年9月14日，县委九届一次会议闭幕后常委合影

2016年9月14日，县委九届一次会议县委委员、候补委员合影

加查县人民代表大会常务委员会

2016年12月19日，县委副书记、县人大常委会主任扎西到安绕镇进行代表培训

中共加查县委副书记、县人大常委会主任扎西带领县人大代表参观加查电站和藏木电站建设及运行情况

2016年7月8日，中共加查县委副书记、县人大常委会主任扎西主持召开支部“两学一做”学习教育专题讲课

2016年8月4日，县人大常委会副主任扎西组织召开“人大代表之家”和“代表小组”创建工作推进会

2016年3月28日，县人大常委会副主任巴珠到拉绥乡检查指导代表换届工作

加查县人大常委会组织人大代表视察莫热坝异地搬迁点工作开展情况

加查县人民政府

2016年12月28日，自治区林业厅厅长云丹到冷达乡莫热坝调研，县长西洛次仁陪同

2016年9月，国家义务教育均衡验收组到加查县检查义务教育均衡发展工作开展情况

2016年10月14日，加查县召开经济工作百日大会战动员大会

2016年12月13日，召开全县虫草采集表彰大会

2016年10月17日，加查县召开旅游发展座谈会

县政府领导参加县十三届人民代表大会第一次会议

中国人民政治协商会议加查县委员会

2016年11月10日，县政协组织政协委员到加查县道德模范教育基地参观学习

2016年11月13日，县政协组织政协委员到藏木电站视察电站运行情况及电站建设过程中环境保护方面的工作

召开委员提案督办会

2016年11月11日，县政协组织政协委员到莫热坝精准扶贫易地搬迁点视察

2016年11月10日，县政协组织政协委员到加查县达布艺术中心视察文化工作

2016年11月，举办第二期政协委员培训

中共加查县纪律检查委员会（监察局）

2016年3月11日，县委书记李贤荣与纪委书记马文清签订党风廉政目标责任书

2016年8月，县委常委、纪委书记巴桑次仁，纪委副书记、监察局局长罗廷坤到拉绥乡检查乡镇换届工作

2016年4月1日，县纪委主任科员朗萨到坝乡向农牧民群众反馈案件初核情况

2016年3月11日，召开中国共产党第八届加查县纪律检查委员会第四次全体会议

2016年7月，组织加查县“中国梦、清风颂”党风廉政建设主题演讲比赛

2016年9月16日，县纪委参加安全生产月宣传活动

加查县廉政文化宣传栏

中共加查县委办公室

2016年5月12日，时任县委常委、办公室主任、机关党委书记李晓鸣在直属机关党委"两学一做"学习教育动员会上讲话

2016年3月13日，时任县委常委、办公室主任李晓鸣主持召开无领导小组讨论

2016年5月17日，办公室全体党员参加支部党课

2016年7月1日，办公室党员重温入党誓词

2016年4月1日，办公室学习例会

中共加查县委组织部

加查县委常委、组织部部长边旦次仁到加查镇督导党建工作

加查县委常委、组织部部长边旦次仁到加查镇参加党建观摩会

2016年6月30日，加查县委组织部举行纪念建党95周年暨“两学一做”知识竞赛活动

加查县2016年基层党建工作部署暨组织工作会议

召开加查县第九次党代会

2016年5月30日，加查县委组织部组织党员干部收看山南市委书记张永泽专题讲党课

中共加查县委宣传部

县委常委、宣传部部长罗江群组织宣传系统全体干部职工召开座谈会

县委常委、宣传部部长罗江群检查加查县各广告牌藏汉双语文字用字情况

加查县召开第二期理论中心组学习会

加查县文化市场综合执法大队工作人员对加查县文化市场非法出版物品进行检查

加查县举行“3·28”西藏百万农奴解放纪念日升旗仪式

加查县委宣传部、文广局和民间艺术团开展五下乡文艺汇演

2016年3月28日，加查县百万农奴解放纪念日文艺汇演活动现场

中共加查县委统战部

2016年5月31日，区党委常委、西藏军区政委刁国新、山南市委副书记巴珠一行到加查县琼果杰寺开展慰问调研工作

2016年6月24日，市人大常委会副主任、市委组织部常务副部长沈百存到达拉岗布寺开展实地调研工作

2016年6月8日，县委常委、统战部部长白玛多吉一行到琼果杰寺管会开展驻寺干部履职评估测评工作

2016年6月9日，县委常委、统战部部长白玛多吉深入林拉康管委会开展驻寺干部履职评估测评工作

2016年11月8日，县委常委、统战部部长白玛多吉一行到白塘日追看望慰问僧尼

2016年4月，达布夏珠林寺管会副主任强巴次仁向寺庙僧尼发放领袖像

中共加查县委政法委员会

2016年3月17日，县委政法委副书记、综治办主任索朗卓嘎到联户增收项目点调研

2016年1月9日，县委政法委工作人员到加查镇尼塘村慰问联系村贫困户

2016年4月11日，召开加查县委政法工作会议

2016年11月3日，加查县2016年度“先进双联户”创建活动表彰大会

2016年6月15日，县综治委对全县综治、“双联户”工作督导检查

2016年3月17日，加查县双联户户长培训

2016年5月21日，县委政法委开展法制宣传活动

加查县总工会

2016年8月，县委常务副书记向军、县委宣传部部长罗江群带领湖北省宜昌市援藏干部到加查县总工会开展实地调研工作

2016年5月，加查县委常务副书记丁绪欢、县总工会主席黎宇带队到加查县虫草采集卡点进行慰问活动

2016年8月，加查县委常务副书记向军、县总工会主席黎宇带队开展“送清凉”活动

2016年11月，加查县总工会到加查县园艺二场开展果树栽培及病虫害防治培训工作

2016年2月，加查县冷达乡热当村农民工工会小组成立仪式现场

2016年3月，加查县总工会在加查县人民医院开展为期两天的“春送健康”体检活动

2016年7月，加查县总工会到加查县达布文化艺术中心举办庆祝建党95周年棋牌比赛活动

2016年6月，加查县总工会参加“安全生产月”活动

共青团加查县委员会

纪念建团94周年暨五四运动97周年文艺活动现场

2016年5月4日，共青团加查县委员会召开优秀团组织、团干部、团员表彰大会

2016年7月14日，拉绥乡藏木点小学少先队员入队仪式

2016年9月26日，共青团加查县委员会组织志愿者参与第五届加查县达布核桃节开幕式

2016年11月12日，加查县第三届青年杯足球竞赛活动现场

2016年3月5日，组织志愿者开展“学雷锋送温暖”活动

加查县妇女联合会

2016年7月6日，县妇联组织召开妇女儿童工作委员会成员单位会议

2016年6月16日，山南地区妇联党组书记、主席徐梅（右后）、副主席格桑美措（右前）到加查县安绕镇达堆村了解村妇女工作开展情况

2016年8月28日，县纪委、县妇联联合举办廉政“进家庭”专项活动

开展精准扶贫建档立卡贫困妇女温室大棚技术培训

2016年3月21日，县妇联、团县委到加查县完小开展“预防青少年违法犯罪　助推青少年健康成长”为主题的青少年法律知识宣传活动

加查县人民政府办公室（法制办公室、外事办公室）

2016年6月11日，县政府办召开党支部会议

2016年4月19日，县政府办召开办公室会议

2016年12月15日，县政府办参加莫热坝易地扶贫搬迁现场会议

2016年11月23日，县政府办参加2016年办公室系统培训会议

2016年3月13日，县政府办参加植树活动

2016年8月27日，县政府办打扫卫生

加查县公安消防大队

2016年7月20日，副县长曹勇指导消防队站建设

大队长颉均组织开展思想政治教育活动

排查社会面火灾隐患

开展消防知识宣传活动

开展执勤安保任务

开展加查县“119消防宣传月”活动

大队官兵重温入党誓词

加查县公安局

山南市市委书记张永泽在崔久乡派出所检查指导工作

山南市委常委、政法委书记、市公安局党委书记龚兵到坝乡派出所视察指导工作

山南市公安局局长洛桑次仁到湿地综合检查站视察指导工作

山南市公安局局长洛桑次仁到坝乡检查指导工作

自治区公安厅公安基层演出队送演出到加查，慰问基层民警

宜昌市公安局安排专人到加查县公安局作情报工作交流

加查县人民检察院

2016年9月12日，西藏自治区人民检察院党组书记、检察长张培中（左二）一行到加查县人民检察院调研了解司法体制改革落实情况

2016年5月8日，加查县人民检察院党组书记、检察长尼玛次仁一行到加查县华能藏木水电站开展职务犯罪预防工作

2016年10月1日，加查县人民检察院党组书记、检察长尼玛次仁走访慰问冷达乡联村贫困户

2016年7月19日，加查县人民检察院副检察长彭毛（左二）、反贪局局长郑红娟（左一）、刑事执行检察局局长次仁德吉（右一）到牧区牧民家中开展信访事件调解工作

2016年1月5日，加查县人民检察院党组成员、反贪局局长郑红娟（左一），刑事执行检察局局长次仁德吉（右一）到冷达乡联村向当地村民开展惠农政策宣讲

2016年11月2日，西藏自治区人民检察院“挖潜增效”工作组到加查县人民检察院开展政法专项编制问题调研活动

2016年8月11日，加查县人民检察院民事行政检察科干警到各学校周围食品商店开展食品安全检查工作

2016年6月3日，加查县人民检察院全院干警组织开展全县反腐倡廉警示教育活动

加查县人民法院

2016年，自治区高级人民法院党组书记、院长索达一行到加查县实地调研县人民法院刑审判业务用房和对口支援“温馨工程”建设情况，县委副书记、县长西洛次仁陪同调研

2016年7月，加查县人民法院党组书记、院长次仁罗布专题讲党课

2016年11月，加查县人民法院党组书记、院长次仁罗布主持召开贯彻落实十八届六中全会精神传达学习大会

2016年12月，加查县人民法院院长次仁罗布看望慰问结对帮扶贫困户

2016年4月，加查县人大代表、政协委员到加查县人民法院视察科技法庭运行情况

加查县人民法院召开2016年度总结表彰暨2017年工作部署会议，并与各部门负责人签订2017年目标管理责任书

加查县司法局

2016年2月，县委书记李贤荣到达拉岗布寺指导法治宣传工作

2016年8月24日，县委常务副书记向军到县司法局调研指导工作

2016年4月7日，加查县司法局副局长王兵向车辆买卖当事人提供专业法律服务

2016年6月11日，全县普法工作交叉检查验收组到加查县进行“六五普法”检查指导工作

2016年4月，加查县司法局开展“法律进校园”活动

2016年4月，加查县司法局开展“法律进乡村”活动

加查县民政局

自治区民政厅政权处处长卓嘎到加查县检查指导低保工作

山南地区副专员张永林到加查县民政局看望慰问工作人员

加查县民政局副局长罗布到拉绥乡调查低保发放情况

加查县民政局干部职工同“五保”集中供养中心护理人员一道为老人做晚饭

加查县消防中队为县“五保”集中供养中心老人宣传安全知识

加查县“五保”集中供养中心欢度80岁老人集体生日

加查县发展和改革委员会

副县长仁青旺堆（右侧中）参加县发改委工作部署会议

加查县发改委到工地检查工程质量

加查县发改委邀请监理公司讲解建筑工程专业知识

加查县发改委到崔久乡参加钢筋验收工作

加查县发改委到坝乡检查工地安全防护工作

加查县商务局

山南市商务局党组书记范和平到坝乡考察偏远乡镇加油站建设选址

县委书记李贤荣看望慰问加查县参加第36届雅砻物资交流会商户

加查县文化新闻出版广电局（文物局）

2016年7月22日，国家新闻出版广电总局电影专项资金管理委员会财务处处长李红纳到达布数字影剧院调研工作

2016年3月18日，西藏自治区厅长尼玛检查指导达布文化艺术中心工作

2016年9月27日，加查县委常委、宣传部部长罗江群出席第五届达布核桃节美术书法摄影展颁奖仪式

2016年8月22日，分管县长援藏干部孙砯主持县长见面会

加查县财政局

县财政局局长陈伟、副局长妮尼到冷达乡宇措岗村开展慰问活动

县财政局副局长普布扎西召开政府采购相关事项工作会议

县财政局组织全体干部职工安排部署三月敏感时期维稳工作

县财政局组织全体干部职工开展“两学一做“学习活动

2016年，县财政局开展驻村人员换届工作

县财政局组织开展街头综治宣传活动

县财政局组织全体干部职工开展卫生大扫除活动

加查县国家税务局

2016年3月8日，西藏自治区国家税务局局长胡苏华、山南市国家税务局党组书记冯留性到藏木电站调研

加查国税干部队伍

2016年4月21日，加查县国税局开展建筑行业营改增纳税人座谈会

2016年3月15日，加查县国税局干部深入企业开展税收政策宣传活动

县国税局组织干部职工开展“两学一做”学习教育活动

加查县工商行政管理局

2016年11月12日，自治区工商局副局长江源、山南市副市长张永林一行到加查县开展竞争执法和打击传销工作调研

2016年12月1日，加查县工商行政管理局局长强巴多吉发放加查县首张“两证合一”营业执照

2016年9月18日，加查县工商行政管理局局长强巴多吉到加查县冷达乡调解消费纠纷

2016年9月23日，加查县工商行政管理局局长强巴多吉到众信大酒店查处加查县首例反不正当竞争案件

2016年12月30日，加查县工商行政管理局副局长苏小刚到娱乐场所开展“不公平格式条款”专项整治

2016年12月29日，加查县工商行政管理局副局长苏小刚到加查县加气站检查危化品台账记录情况

加查县人力资源和社会保障局

2016年4月，县人社局局长阿林接受西藏电视台记者采访

2016年7月13日，县人社局劳动监察大队工作人员到葛洲坝集团拉林铁路检查企业用工情况

农牧民技能培训开班仪式

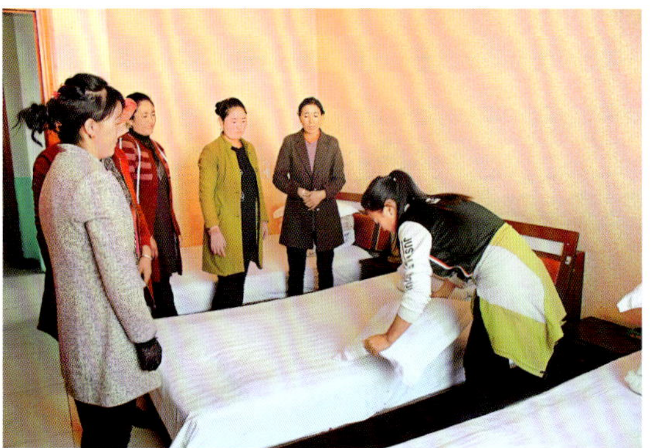

2016年，加查县“农家旅馆”技能培训现场

水电五局工程一队为县人社局赠送锦旗

社保窗口微笑服务

2016年，召开加查县第二届人力资源洽谈会

加查县卫生局

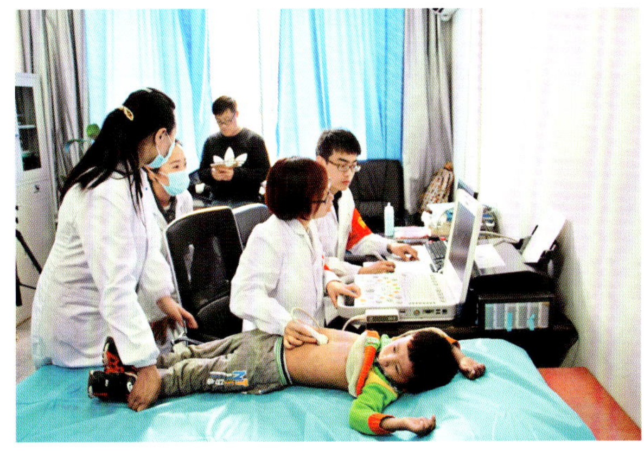

2016年5月20日，湖北省卫计委医政处处长王汉祥带领湖北省同济医院专家组一行8人到加查县开展先天性心脏病免费筛查工作

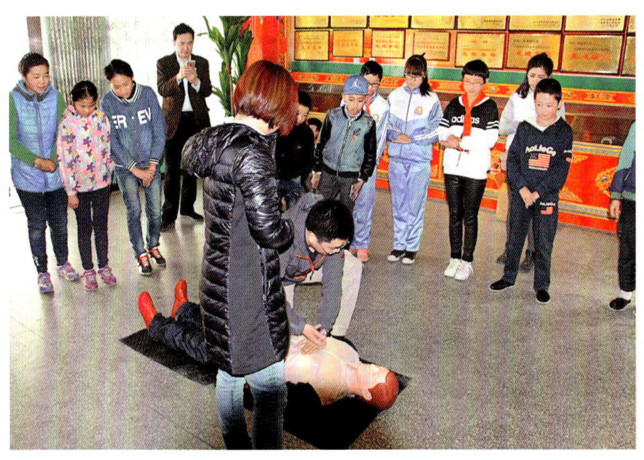

2016年5月20日，湖南省同济医院专家组到加查县安绕镇小学为在校师生现场示范心肺复苏急救方法

2016年6月27日，自治区、山南市疾控地方病专家一行到加查县坝乡聂村随访慰问病人

2016年5月28日，组织召开加查县人民医院创建二级综合性医院预审反馈会议

2016年10月15日，宜昌市第四批援藏工作队到寺庙开展免费义诊活动

2016年10月11日，宜昌市第四批援藏工作队到加查镇白琼村开展免费义诊活动

2016年6月8日，县卫计委组织县疾控中心到县中学开展卫生科普知识宣讲活动

2016年6月7日，县卫计委组织开展大型卫生科普知识宣讲暨血压血糖免费检测活动

加查县食品药品监督管理局

2016年10月20日，加查县食品药品监督管理局局长陈梅（右一）到加查县为民大药房开展药品专项检查

2016年6月13日，加查县食品药品监督管理局援藏干部方忠波（左一）对加查县学校小考期间餐饮定点单位进行检查

2016年8月4日，加查县食品药品监督管理局援藏干部方忠波（右一）到安饶镇小学食堂进行食品安全现场指导

2016年10月13日，加查县食品药品监督管理局联合工商、公安等部门对检验不合格核桃油进行现场销毁

2016年11月18日，加查县食品药品监督管理局举办食品药品、医疗器械和保健品安全知识培训

2016年2月9日，加查县食品药品监督管理局联合驻村工作队开展“送医、送药、送温暖”暨食品药品安全宣传活动

加查县安全生产监督管理局

2016年11月1日，自治区安监局副局长成燕市、山南市副市长张永林、市安监局局长达瓦次仁督导检查加查县安全生产工作

2016年10月4日，山南市委常委、常务副市长王友华督导检查加查县安全生产工作

2016年11月30日，县委书记李贤荣出席加查县安全生产工作会议并作重要讲话

2016年11月17日，县委副书记、县长西洛次仁出席整改区、市安全生产工作巡察反馈意见推进会议

2016年1月12日，县安监局局长黄远军对拉林铁路加查段施工建设现场开展安全生产检查

2016年11月7日，县安监局执法人员依法查封违法生产的砂石厂

2016年6月16日，县安委会各成员单位及重点企业集中开展“6·16”全国安全生产咨询日宣传活动

加查县农牧局

自治区农科院农业研究所书记杰布到加查县调研“冬青18号”长势情况

加查县县委书记李贤荣到洛玉沟慰问虫草工作组

加查县叶云村孔雀养殖基地

加查县园艺二厂核桃油加工厂基地

加查县嘎玛吉塘村蓝莓基地-蓝莓果实

加查县核桃

加查县创先争优强基础惠民生活动领导小组办公室

县委常务副书记向军到安绕镇索囊村调研

县委常委、组织部部长边旦次仁陪同自治区强基惠民检查组检查指导驻村工作

县委常委、组织部部长边旦次仁陪同市强基惠民巡回检查组到虫草采集地检查指导工作

县强基办组织召开创先争优强基惠民第五批干部驻村工作总结暨第六批动员大会

县强基办主任拉巴次仁验收强基惠民“短平快”项目

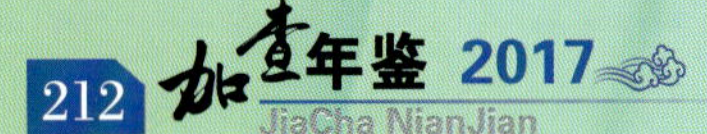

加查县扶贫开发办公室（农业综合开发办公室）

2016年8月，县委常委、副县长李宁到拉绥乡入村调研精准扶贫工作

2016年10月，县委常委、副县长李宁到拉绥乡贫困户家中调研

2016年8月，加查县政府组织召开脱贫攻坚周例会

扎西定岗村粮油加工设备

冷达乡嘎玛吉塘村木碗加工厂

洛林乡江热村水塘项目

2016年8月22日，拉绥乡康桑顶水塘项目竣工验收

加查县农牧民安居工程
领导小组办公室

2016年9月20日，加查县安居办主任扎西达杰查看拉绥乡拉索村放线交桩进展情况

山南市安居办主任普布带领项目设计单位、监理单位、施工企业负责人对安绕镇思木村基层政权建设项目进行竣工验收

2016年7月26日，加查县安居办召集各乡镇安居负责人安排部署2016年农村危房改造任务

2016年11月2日，加查镇江惹村村委会项目维修完工验收

2016年3月25日，县安居办开展验收已建房屋抗震加固工作

2016年11月21日，安绕镇惹米村围墙工程通过验收

加查县藏语文工作委员会

办公室（编译局）

2016年10月8日，自治区藏语委办（编译局）副主任（副局长）加永曲加等一行到加查县调研宗教活动场所名录编撰工作

2016年8月6日，加查县藏语委办（编译局）主任（局长）旺堆到洛林乡检查社会用字规范使用情况

2016年8月6日，加查县藏语委办（编译局）主任（局长）旺堆到藏木完小了解“双语”方针落实情况

2016年3月3日，加查县藏语委办（编译局）联合工商、交通、城管等部门检查社会用字规范情况

2016年8月3日，加查县藏语委办（编译局）工作人员排查会议室桌签用字情况

2016年，加查县藏语委办（编译局）推广新词术语展板

加查县林业局

自治区林业厅副厅长一行视察加查县核桃基地

山南市副市长张福成到加查县核桃基地调研

林业防火培训会暨实战演练

核桃种植培训现场

全县干部职工开展义务植树造林活动

县林业局组织开展群众果树嫁接、修剪、防病虫害技能培训活动

加查县气象局

2016年1月2日，山南地区气象局局长毛时成到加查县气象局慰问职工

2016年6月28日，自治区气象局工作组到加查县考察蓝莓种植基地

2016年7月14日，加查县气象局工作人员到洛林乡调查群众房屋因降水受损情况

2016年9月12日，地面观测标准化建设实地检查

2016年4月24日，加查县气象局联合地区气象局防雷中心组成临时宣传小组，到加查县崔久乡虫草采挖点进行防雷知识宣传

2016年9月15日，加查县气象局宣传防雷避险知识

2016年8月29日，加查县气象局开展气象科普进寺庙活动

加查县旅游局

2016年6月，自治区工商局市场科主任汪远到加查县督导检查旅游服务标准化建设工作

2016年10月17日，山南市旅发委党组副书记、主任罗云到加查县调研考察旅游市场

2016年10月27日，副县长孙砯在山南旅游推介会上介绍加查旅游资源

拉姆拉措风景区

“神湖”拉姆拉措

田园风光

加查核桃树

加查县水利局

2016年11月18日，山南市水利局副局长张伟对2013年小农工程项目进行验收

2016年6月16日，山南市水利局调研员丁在亭到加查县藏木水电站防汛检查

2016年6月16日，县长、防汛抗旱指挥部指挥长西洛次仁与各乡镇签订防汛抗旱责任书

2016年10月27日，县政府分管水利工作副县长周凯带队检查城区防护工程

2016年7月4日，加查县水利局组织人员安装山洪灾害预警系统

2016年6月6日，县水利局积极开展综治宣传周宣传活动

2016年11月25日，加查县水利局检查龙南水库水质及环境

加查县教育（体育）局

2016年5月29日，山南市副市长扎西加措带队对加查县推进义务教育均衡发展工作进行的督导检查

2016年6月15日，县长西洛次仁带队开展全县弱势群体学生关爱行动

2016年5月10日，湖北宜昌市西陵区政协代表到加查县开展爱心书屋捐赠仪式

2016年5月25日，加查县教育局到山南市兄弟县考察交流工作会议

2016年3月2日，加查县召开推进义务教育均衡发展第二次专题会议

2016年1月28日，加查县农牧民子女大学生资助金发放仪式

2016年8月1日，加查县派出农牧民群众代表队参加西藏雅龙文化节民族体育赛事

加查县民族宗教事务局

2016年10月22日，自治区民宗委副主任多吉次仁到加查县检查少数民族扶贫项目落实情况，县民宗局局长加央陪同

2016年12月27日，山南市民宗局民族宗教科科长巴桑到拉布拉康检查指导工作

2016年12月28日，山南市民宗局民族宗教科科长巴桑到达拉岗布寺实地查看寺庙维修项目

2016年3月9日，山南市委统战部副部长嘎玛扎西到加查镇检查指导工作

2016年1月8日，加查县民宗局同各寺管会签订目标责任书

2016年9月11日，召开加查县民宗局民族团结进步表彰大会

加查县住房和城乡建设局

2016年3月17日，加查县住房和城乡建设局局长次仁尼玛与设计、地勘部门检查验收2016年保障性住房项目基槽

2016年9月9日，加查县住房和城乡建设局局长次仁尼玛陪同山南市住房和城乡建设局党组书记阿旺朗杰一行视察加查县水源地

2016年6月26日，加查县住房和城乡建设局局长次仁尼玛视察加查县县城道路绿化

2016年9月12日，加查县住房和城乡建设局局长次仁尼玛对照施工图纸检查工程施工情况

2016年12月10日，加查县住房和城乡建设局副局长阿旺次仁慰问驻村工作人员

2016年10月10日，加查县住房和城乡建设局组织设计、质监、消防等部门对2015年公共租赁住房项目进行竣工验收

2016年6月11日，加查县住房和城乡建设局城管大队工作人员运送城区内违规放养牛到崔久乡放生

加查县环境保护局

山南市环境监察支队副队长普布次仁到加查县开展环境专项检查

2016年4月19日，副县长索朗格桑到隆子县学习环境综合整治工作

2016年5月30日，县环保局局长罗布次仁到帮扶联系点慰问贫困户

县环保局为加查镇配备垃圾转运车

开展重点建设项目现场检查

2016年6月5日，县环保局开展世界环境宣传日宣传活动

组织志愿者参加环保活动

加查县国土资源局

西藏自治区国土资源厅副厅长、测绘局局长陈新湖检查指导加查县国土测绘相关工作

加查县国土资源局局长索朗为村委会成员普及国土法律法规知识

加查县国土资源局副局长索朗果杰为农牧民发放征地补偿费

加查县国土资源局工作人员到农牧民家里开展普法工作

加查县国土资源局开展征地补偿前期工作

加查县国土资源局在驻村联系点开展普法工作

加查县交通运输局

2016年6月20日，加查县交通运输局局长钟云建组织召开扎西林公路项目协调会

2016年8月23日，加查县副县长仁青旺堆组织召开崔久乡湖底公路交桩现场协调会议

2016年5月22日，加查县交通运输局工作人员到冷达乡帮麦村慰问贫困群众

2016年6月22日，加查县交通运输局组织开展交通安全隐患排查大检查活动

2016年7月21日，加查县交通运输局组织机械抢修水毁道路现场

2016年3月15日，加查县交通运输局组织开展道路运输安全宣活动

中国邮政集团加查县分公司

加查分公司荣获山南市邮政公司2016年度先进集体荣誉称号

虫草采挖期间加查对崔久乡农牧民群众提供便民服务

营业人员正在收寄包裹

县城投递人员正在投递用户邮件

开展服务礼仪培训

中国电信集团山南分公司 加查县电信局

2016年10月，加查县电信局局长白玛朗杰带队营销人员到加查镇江唐村向村民演示天翼高清

2016年11月，加查县安饶镇光揽终端、传输局工作人员光缆抢修现场

2016年5月，加查县坝乡虫草采挖点业务宣传现场

2016年9月，加查电信局仲巴街营业厅升级

中国移动通信集团西藏有限公司加查县分公司

2016年，加查县移动公司代维人员抢修基站

① 2016年6月，加查县移动公司经理卓玛曲珍到热当望果节进行驻点服务

② 2016年5月，加查县移动公司经理卓玛曲珍到崔久虫草采挖点进行促销

③ 微笑服务

④ 2016年7月，加查县移东公司全体员工在二楼会议室内拍集体照

加查县供电有限责任公司

2017年7月5日，国网山南供电公司运检部主任达瓦次仁等人一行到洛林乡变电站检查防汛工作

2016年9月19日，加查县供电公司总经理旺堆到莫热坝异地搬迁现场指导电力线路迁改工作

2016年9月22日，加查县供电公司总经理旺堆带队到国网宜昌供电公司学习交流

2019年9月19日，加查县供电公司综合部援藏主任盛宁宁组织公司全体干部职工健康体检

2017年6月15日，加查县供电公司运检、营销部员工到水泥厂安装变压器

2017年6月15日，加查县供电公司营销部职工到加查电站宣传用电安全小知识

中国农业银行股份有限公司加查县支行

2016年9月，加查县县委书记李贤荣（右一）、县长西洛次仁（左一）、人民银行山南市中心支行行长次旺朗杰（右二）参观农行加查县支行新网点

农行加查县支行邀请县直各单位参加保险知识讲座

2016年5月4日，农行加查县支行全体员工到加查县养老院看望慰问孤寡老人

农行加查县支行工作人员积极参与全县的综治安全宣传活动

农行加查县支行开展建党95周年庆祝活动

农行加查县支行新办公大楼

加查县人民医院

2016年6月，湖北援藏医生与加查县人民医院干部职工签署带教协议书

2016年11月，县人民医院召开安全生产工作专题会议

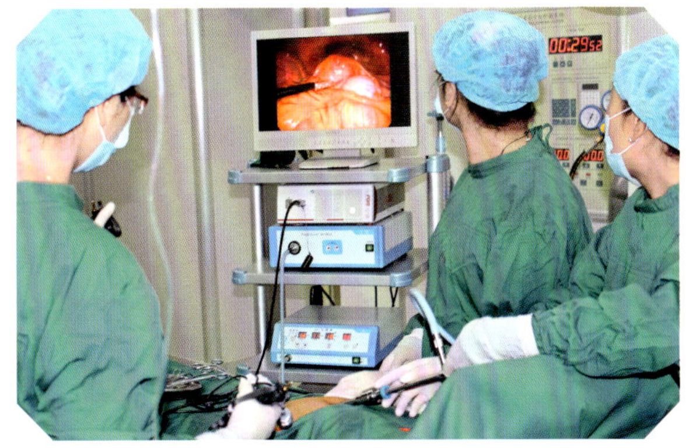

2016年7月，加查县人民医院妇产科首例腹腔镜卵巢肿瘤剥除术

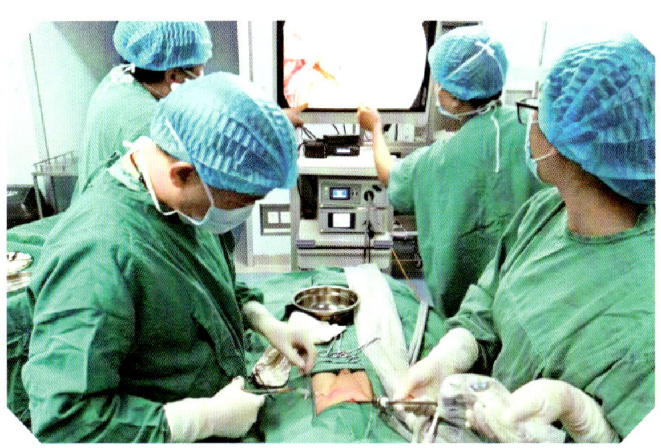

2016年7月，加查县人民医院外科独立开展腹腔镜胆囊切除术

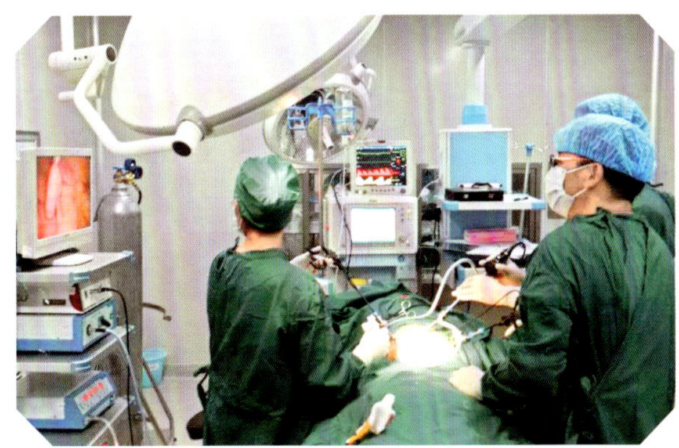

2016年11月，加查县人民医院独立开展腹腔镜下阑尾切除术

2016年11月，县人民医院组织三基三严考试

加查县加查镇

西藏自治区党委常委、纪委书记王拥军到加查镇检查指导纪检工作

西藏自治区党委常委、组织部部长曾万明到加查镇检查指导党建工作

加查县人民医院院长达瓦多吉到扎西定岗村开展送医送药活动

2016年，加查镇政府工作人员为困难家庭发放慰问品

2016年，加查镇举办第三届乡土民俗文化节

加查镇第十四届人民代表大会第一次会议召开

加查县安绕镇

2016年7月15日，县委常委、副县长李宁，县政府副县长黄勇到仲巴村进行基层调研

2016年1月5日，安绕镇召开优化发展环境专项行动宣讲大会

2016年2月10日，安绕镇惹米村召开优化发展环境专项行动宣讲大会

2016年7月18日，安绕镇召开党员评议会

惹米村加强宣传教育力度，提升群众宣传教育覆盖面

2016年9月10日，安绕镇开展“保护生态 我爱我家”环境提升活动

加查县安绕镇荣誉墙

加查县冷达乡

区党委副书记、主席齐扎拉到加查县冷达乡蓝莓基地查看蓝莓生产情况

区党委副书记、人大常委会主任洛桑江村视察莫热坝易地扶贫搬迁项目

县委常委、副县长李宁到冷达乡指导精准扶贫工作

冷达乡召开颁发土地确权证动员大会

冷达乡小学开展“四讲四爱”宣讲大会活动

达布木碗加工厂

冷达乡全景

加查县洛林乡

加查县人大常委会主任扎西，副主任赵小云到洛林乡莎那布村慰问困难群众

2016年7月4日，乡长达曲查看汛情并现场督导防汛工作

洛林乡党委书记程永亮、乡长达曲看望慰问困难群众

洛林乡党委书记程永亮到受灾现场督导防汛工作

湖北省援藏干部到洛林乡考察调研

山南市交通局对口帮扶洛林乡交通项目座谈会

2016年3月28日，洛林乡莎那布村开展庆祝“3·28”百万农奴解放纪念日文艺演出活动

加查县拉绥乡

2016年6月24日，山南市组织部副部长沈百存、加查县县委书记李贤荣、加查县县委组织部部长边旦次仁到拉绥乡检查指导工作

2016年9月25日，县长西洛次仁一行到拉绥完小检查指导工作

2016年，副县长曹勇到拉绥乡检查防汛工作

2016年10月20日，乡长卓玛次仁、人大主席洛桑旺堆看望慰问拉绥乡贫困户

2016年，拉绥乡召开优化发展环境教育大会

2016年7月20日，拉绥乡叶云村开展人大代表选举推行工作

2016年10月20日，拉绥乡干部到玛罗村调节矛盾纠纷

加查县崔久乡

加查县人大常委会副主任巴珠到崔久乡检查指导工作

加查县副县长洛桑尼玛到虫草采挖点视察并指导清山工作

加查县县委组织部部长边旦次仁听取崔久乡吉隆囊村各项工作开展情况汇报

加查县崔久乡党委书记益西加措走村入户，听取农牧民对牲畜草场意见建议

加查县崔久乡党委书记益西加措和部分联户长群众交流谈心

加查县崔久乡乡长平治伟慰问吉隆囊村贫困人员

崔久乡崔久村组织开展“两学一做”学习教育活动

加查县坝乡

2016年8月26日，市政法委副书记革新一行赴坝乡检查指导工作

2016年9月，党建督导检查

2016年7月7日，坝乡全体干部集体学习

2016年6月22日，换届选举

2016年7月1日，奖励优秀党员

2016年5月18日，察日松多法律宣讲

坝乡全景图